これからの琉球は
どうあるべきか

藤原書店編集部編

大田昌秀
安里英子／安里進／伊佐眞一／海勢頭豊
我部政男／川満信一／三木健

藤原書店

これからの琉球はどうあるべきか

目次

〈インタビュー〉なぜ沖縄は日本から切り離されたのか　大田昌秀　（聞き手）藤原良雄　11

II 討論 127

3　一八七二―七九年の琉球処分以後　218

III　座談会を終えて　289

装丁・作間順子
写真・市毛　實

これからの琉球はどうあるべきか

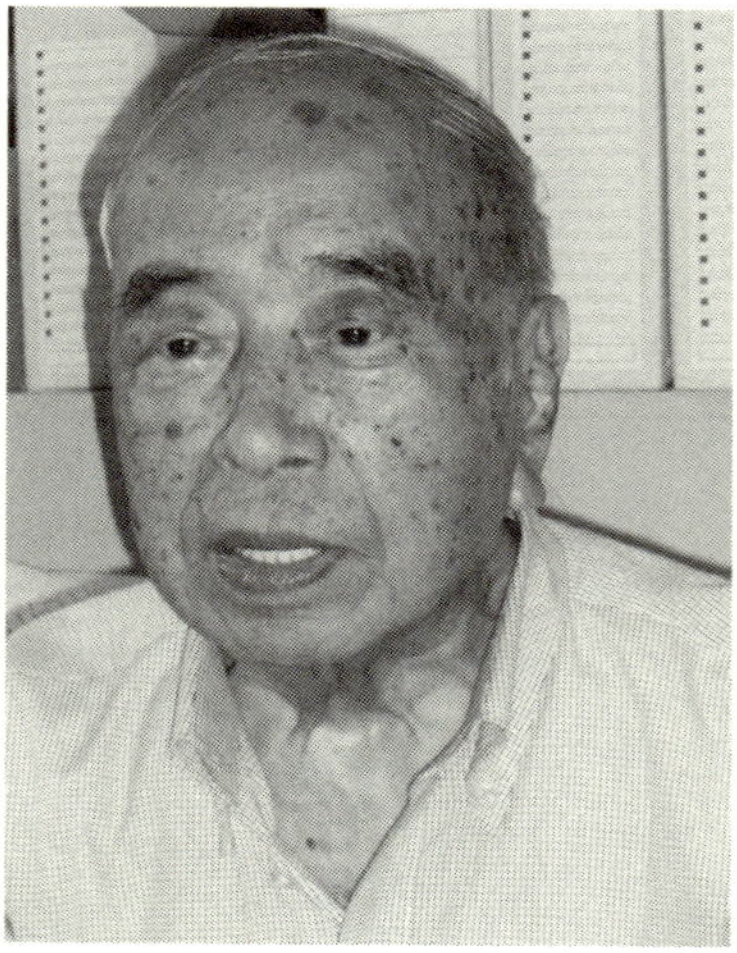

大田昌秀（おおた・まさひで）

1925 年沖縄県久米島生まれ。元沖縄県知事。1945 年、沖縄師範学校本科 2 年在学中に鉄血勤皇師範隊の一員として沖縄守備軍に動員され沖縄戦に参戦。1954 年、早稲田大学卒業。その後、ニューヨーク州シラキュース大学大学院修了（ジャーナリズム修士号取得）。東京大学新聞研究所で 3 年間研究。1973 年、ハワイ大学イースト・ウェストセンターで 1 年間教授・研究。1979 年、フルブライト交換教授としてアリゾナ州立大学で 1 年間教授・研究。1957 年～ 89 年、琉球大学教授、法文学部長。1990 年～ 98 年（2 期 8 年）の沖縄県知事時代は、「平和の礎」や「新沖縄県立平和祈念資料館」「沖縄県公文書館」などをつくった。2001 年～ 07 年、参議院議員。知事退任後、大田平和総合研究所（現在は NPO 法人沖縄国際平和研究所）をつくり平和研究を続ける。

〈インタビュー〉

なぜ沖縄は日本から切り離されたのか

大田昌秀

（聞き手）藤原良雄

はじめに

アメリカ退役軍人が組織する平和団体からのアプローチ

――小社の学芸総合誌・季刊『環』は、二〇〇〇年に創刊し、約一五年刊行して二〇一五年春で第一期終刊ということにしました。『環』は本誌でも別冊でもたびたび沖縄の問題をとりあげてきましたが、今日は大田先生にぜひお話を伺いたいと思って参りました。

貴社の『環』は、第六号「『日本』を捉え返す」や第四三号「『沖縄問題』とは何か」といった特集を組んだり、本当に重要な問題を取り上げてきましたね。第五七号の特集が「今、『国家』を問う」でしたが、どうして日本はこんな国になったのでしょうかね。

先ほど「ベテランズ・フォー・ピース」（VFP）というアメリカの退役軍人が組織する平和団体の会員が私の研究所を訪れ、二〇一五年八月にカリフォルニアのサンディエゴで開かれるVFPの大会に、メッセージを送ってほしいと頼まれました。その本部はワシントンとニューヨークにあり、八千名の会員を擁しているようです。沖縄でも英語を教えている人が、「ベテランズ・フォー・ピース・イン・オキナワ」を設立したいと動いていて、現在、問題となっている辺野古問題についても世界に

辺野古基地建設反対を訴えるVFPメンバー
（写真提供　琉球新報）

訴えようと努めています。

私はニューヨーク本部に行ったことがあります。そこでは「ベテランズ・フォー・ピース」と書いたTシャツを二〇ドルで売っていましたので、買って帰りました。同組織の会員は、熱心に平和運動に取り組んでいるようです。沖縄の会員はさほど多くはないと思いますが、先ほど来てくれた会員らは、とても熱心に活動しているようです。

翁長知事訪米の評価と対米直接交渉の難しさ

今朝（二〇一五年六月一七日）の地元新聞に、今回の翁長知事の訪米を七三％が評価しているという世論調査の結果が出ていますが、ちょっと甘すぎるように思われます。残念ながら、今回の訪米はそれほど成果があったとは言えないのではないでしょうか。なぜかと言いますと、辺野古基地反対という考えを具体的にどういう形で解決するかという方策がまったく表明されていないからです。解決の方策をきちんと決めて、それを県民に知らせた上で、日米両政府に訴えるべきだったと思われるからです。

翁長知事は、この四月、ワシントンに初めて沖縄県事務所を設けて平安山英雄《へんざんひでお》君を代表に据えました。彼は、二九年間在沖アメリカ総領事館に勤務し、二〇〇一年から政治担当特別補佐官を務めた人です。沖縄に米軍基地を過重に受け入れる仕事をしているアメリカ総領事館に勤めた人物を、基地に反対する県の代表としてアメリカに送り込んだのです。知事のこのような人事はまずかったのではないかと思います。アメリカ人のものの見方、考え方、行動の仕方からすると、総領事館で基地を誘致した人が一八〇度態度を変えて基地反対を唱えても信用されないように思われるからです。

しかも今回の訪米では、知事はアメリカの国防長官や海兵隊の総司令官など、責任のある当事者とは会っていません。ジョン・マケイン上院議員が知事が会見した最高位の人ではないでしょうか。私は二期八年（一九九〇―九八）の在任中、毎年七回訪米して、ウィリアム・ペリー国防長官（一九九四―九七年在任）らとじかにお会いしました。その際、カート・キャンベル国防副次官補とは、基地問題について激しく議論し合ったものです。その際、意見は真正面から対立して議論し合っても、人間関係は大事にすべく心掛けてきました。ですから米海兵隊総司令官のカール・マンディ氏（一九九一―九五年在任）とお会いして基地問題解決について議論した際には、昼食をご馳走になったほどでした。また次の海兵隊総司令官チャールズ・クルラク氏（一九九五―九九年在任）とも、ペンタゴンで会食しながら沖縄の基地公害について善処策を話し合うことができました

しかし話し合いの結果、アメリカ側がわが方の要望に応えようとすると、それを日本政府の方が止めてしまうので、結果は思わしくいかないのです。

1 沖縄戦の実相を追う

沖縄戦はいつ始まって、いつ終ったのか

二〇一五年は戦後七〇年の節目の年です。私たちは沖縄戦の実相をきちんと後世に伝えるべく改めて検証し直しているところです。なぜかというと、沖縄戦については一千冊余も本が書かれていますが、小学校や中学校の教科書に、沖縄戦がいつ始まって、いつ終わったかということが間違って記述されているのもあるからです。

それらの教科書には、沖縄戦は昭和二十年四月一日に始まって、同年六月二十三日に終わったと書かれています。しかし四月一日というのは米軍が沖縄本島に上陸した日であって、米軍はその前の三月二十六日に慶良間《けらま》諸島に上陸して、約七百人もの地元住民が強制的集団死を遂げています。四月一日に始まったとしたら、この慶良間諸島における住民の悲劇が沖縄戦の歴史から消えてしまうことになります。

また現在、沖縄では六月二十三日に県主催の慰霊祭が催されていますが、実は一九六〇年頃までは、六月二十二日に慰霊祭が行なわれていました。それがなぜ六月二十三日に変わったのかと言いますと、

沖縄守備軍の八原博通《やはらひろみち》という作戦参謀が、戦後に読売新聞社から出した『沖縄決戦』(一九七二年)という本に起因しているようです。同参謀は戦前、アメリカに留学して、ワシントンの日本大使館の駐在武官をしていたので英語も達者で、アメリカ人のものの見方、考え方、行動の仕方をよく知っていました。沖縄戦の過程で同参謀の上司の牛島満《うしじまみつる》司令官と長勇《ちょういさむ》参謀長の両首脳は自決しましたが、彼は自決せずに捕虜になりました。その彼が戦後に公刊した前述の本の中で、昭和二十年六月二十三日の午前四時半から五時半の間に、牛島司令官と長参謀長が自決したと書いているのです。

もう一人、萩之内清という沖縄守備軍司令部憲兵隊長も、同六月二十三日の午前四時半から五時半の間に牛島司令官と長参謀長が切腹して、剣道五段の坂口勝副官が両首脳の首を介錯したあげく両者の首を持って難を避けようとした時、至近弾をくらって首もろともふっとんだと書いています。この萩之内説は、アメリカの作家ジョン・トーランド氏のピューリッツアー賞受賞作『大日本帝国の興亡』(原書一九七〇年)でそのまま採用されています。

ところが、私がワシントンの米国立公文書館に通い続けて、沖縄戦の記録や写真をとっていると、八原作戦参謀が捕虜になって、米軍の諜報機関のG2から尋問を受けた記録が見つかりました。その尋問記録によると、八原参謀は、牛島司令官と長参謀長が自決する前に現場を離れていて、自決を見ていないことが判明しただけでなく、萩之内憲兵隊長も現場にはいなかったことが判明しました。

また、沖縄守備軍の両首脳が切腹して副官がその首を介錯したという説も真実ではありません。筆者がアメリカの国立公文書館から持ち帰った両首脳の最後の場面の写真には、首もついているし、切腹した気配もありません。最近になって両首脳の衛兵を務めていた指揮官が、遺書で「青酸カリを使用した」と証言していますが、恐らくそれが真実でしょう。ところが、その事実を知らない沖縄観光協会の会長が八原作戦参謀の『沖縄決戦』の記述を鵜呑みにして、当時の琉球政府の立法院（今の県議会）に申し入れて、六月二十二日を同二十三日に変えさせたのです。これがそもそもの間違いのもとになったのです。

その後の六月二十六日に米軍は那覇市西方海上約九〇キロにある久米島《くめ》に上陸していますが、同島の海軍通信隊の鹿山正隊長らによって地元住民二〇名が惨殺されています。二十三日に沖縄戦が終わったとすると、この悲劇も沖縄戦史から消えることになります。沖縄戦が正式に終結するのは九月七日です。

私は、沖縄戦で鉄血勤皇師範隊*の一員として沖縄守備軍司令部の直属隊になり、最初の首里《しゅり》から最期の摩文仁《まぶに》の守備軍司令部壕までほとんど軍司令部と行動を共にしました。昭和二十年六月十八日の夕方、牛島司令官と長参謀長や配下参謀たちが軍服で正装して、摩文仁の守備軍司令部壕で最後の酒盛りをしているのを目撃しました。一行には、私が所属する情報宣伝を任務とする千早隊の益永董隊長も含まれていました。益永隊長は、スパイ養成学校として知られる東京の陸軍中野学校の卒業生で、中国で地下工作など数々の謀略宣伝をやった人物として知られていました。

＊　鉄血勤皇隊は沖縄戦で召集された少年兵部隊。師範隊は沖縄師範学校の男子学生により組織されていた。

その翌十九日の夕方には、驚いたことに参謀たちが軍服を地元女性の黒い着物に着替えて、私の同僚三名の隊員を道案内として壕を出て行くのを見送る羽目となりました。本土出身の参謀たちは、色が白いうえ、米軍が上陸して後は一歩も壕外に出ないので、ますます色が白くなっていました。地元の女性の着物は筒袖で、男性が着ると丈は膝までしかありません。そのため参謀たちの後姿の手と足のすねが夜目にも白く映って見えました。その姿を見送りながら私は、戦は敗けたなと思わずにはおれませんでした。

当時、沖縄県下には一二の男子中等学校と一〇の女学校がありました。そのすべての学校の十代の生徒たちが軍に動員され戦場に駆り出されました。通常、十代の若い生徒たちを戦場に動員する場合には、まず国会で法律をつくって、その法律に基づいてはじめて可能なはずなのですが、沖縄の場合はその法律がないまま超法規的にすべての学校の生徒たちを戦場に駆り出して、その過半数を犠牲にしてしまったのです。男子生徒は学校毎に鉄血勤皇隊を組織して、また女子生徒たちは即席の看護訓練を受けただけで准看護婦として戦場に出されたのです。

米国の沖縄上陸第一歩で、奇怪な「分離占領」の公布

沖縄戦は、日・米・琉の三者が死力を尽くして戦った一大決戦だっただけにその実態を知るのは容易でありません。『ニューヨーク・タイムズ』紙の著名な従軍記者のハンソン・ボールドウィンが、沖縄戦について「戦争の醜さの極致だ。それ以外どうこれを説明しようもない。その規模において、その範囲の広さにおいて、その激烈さにおいて、かの英本土航空決戦すら顔色なからしめる」と報じたほどでした。

たしかにそのとおりで、日・米の軍事力の差異からみても到底わが方が勝てる戦争ではなかった。地元から召集した二万五千名余の防衛隊を含め旧日本軍は一一万足らずの陣容に対し、米軍は当時の

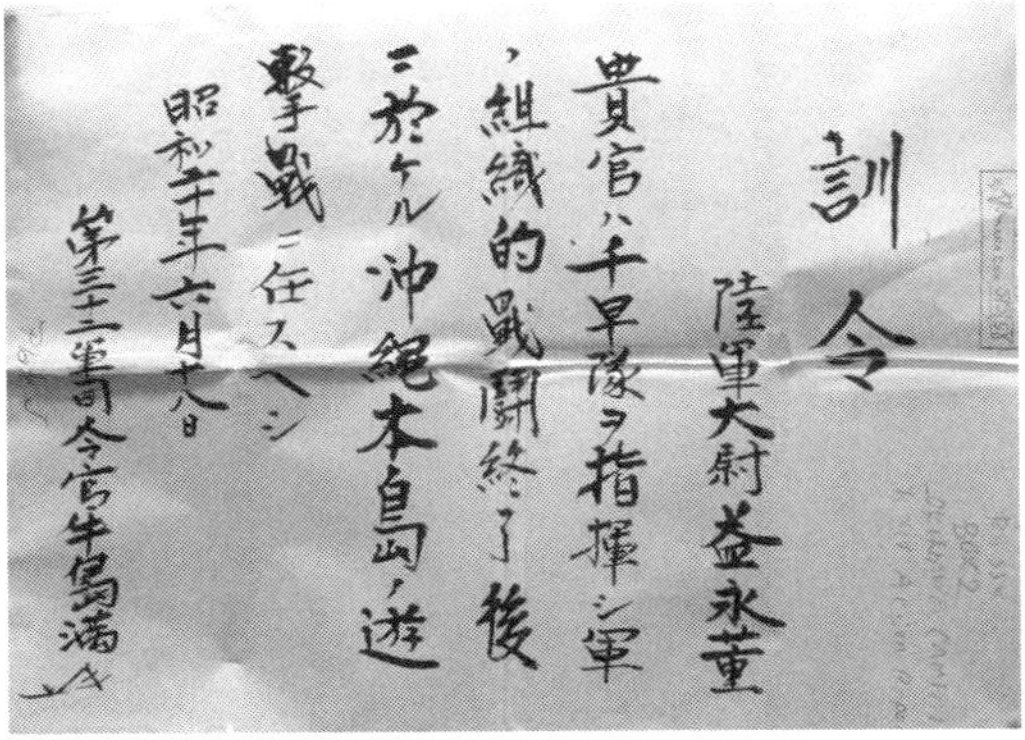
訓令
陸軍大尉 益永董
貴官ハ千早隊ヲ指揮シ軍ノ組織的戦闘終了後ニ於ケル沖縄本島ノ遊撃戦ニ任スヘシ
昭和二十年六月十八日
第三二軍司令官 牛島満

牛島満司令官の命令文
（アメリカ国立公文書館蔵）

沖縄の総人口を上回る延べ五四万八千名もの大軍で押し寄せてきたからです。

　米軍は、慶良間《けらま》諸島に上陸するや、座間味《ざまみ》島の民家から畳を持ち出して人通りの多い所に立て掛け、それに米国海軍軍政府布告第一号を貼付して公布しました。それによって南西諸島及びその近海における日本の施政権、司法権は停止され、沖縄は米軍の直接軍政下に置かれるに至りました。こうして早くも沖縄は、実質的に日本から切り離されてしまったのです。

　一般に沖縄が米軍に分離占領されるようになったのは、日本が無条件降伏をした結果と理解されていますが、実際には米軍が沖縄に足を踏み入れた第一歩で切り離されたのです。その理由として米軍布告は、「日本ノ侵略力破壊及日本帝国ヲ統轄スル軍閥ノ破滅上必要」とその目的を明言しています。

　しかし国際法に照らすとこれには疑問なしとしません。国際法の専門家によりますと、「占領とは、交戦国の一方の軍隊が敵国の領土に侵入して、敵軍隊を駆逐し、領土の一部または全部を事実上の支配下においたときをいう」のです。「ハーグ陸戦法規」も四二条で、「一地方ニシテ事実上敵軍ノ権力下ニオカレタトキ、同地域ハ占領セラレタモノトス。占領ハ右権力ヲ樹立シタル且之ヲ行使シウル地域ヲモツテ限（界）トス」と規定しています。

それにも拘わらず上陸第一歩で、つまりまだ勝敗も定まってもいない段階で、鹿児島県の管轄下にあった奄美大島まで沖縄同様に占領下に置いたのです。このように戦時においては、平和時の理屈が通用しない様々な事態や誤解がしばしば発生するのです。

ところで、話は前後しますが、昭和二十年、沖縄守備軍司令部は、六月十八日に沖縄戦に参加していた学徒隊に解散命令を出しました。当時、県下の一二の男子中等学校と一〇の女学校のすべての学校から十代の生徒たちが学徒隊として戦場に駆り出されていました。日本本土で義勇兵役法が制定されたのは、沖縄守備軍首脳が自決して組織的抵抗が終結した翌六月二十三日になってからです。この法律によって、男性は十五歳から六十歳まで、女性は十七歳から四十歳までを戦闘員として戦場に送り出すことができたのです。

私たち学徒隊は、解散命令が出たのでそれ以後は自由に行動できた筈なんですが、そうはなりませんでした。私が所属していた千早隊は、解散命令が出たまさにその日に牛島司令官から隊長宛に、本島北部に集結して最後までゲリラ戦を戦えと命じられたからです。その墨で書かれた日本文の命令文は、私が戦後になってアメリカの国立公文書館で英文資料を収集している時、一枚だけ飛び出してきたので、驚くと共に自らとの因縁を感じざるを得ませんでした。

県内の七四五字の『字誌』で見る沖縄戦の証言

戦後七〇年の節目にあたり、沖縄戦について後世に語り継ぐ本を書かねばならないと思っていますが、世論調査の度ごとに、沖縄戦体験者の数が減っていて、話を聞くのも思うようにいきません。沖縄戦を後世に語り継ぐべきだと考えている人々は、常に六〇％から八〇％を占めているので、ニーズは多大です。こうした人々の要望に応えるべく取り組んでいますが、人手が足りなくて仕事も停滞しがちな実情です。沖縄戦についてはこれまで県史や市町村史などが大分取り上げていますが、戦争が複雑多岐にわたっているので今以てその全容は十分に明らかではありません。

慶良間《けらま》諸島では、住民が捕虜になるのも許されず、一本の木や草も天皇の所有物として取ると厳罰に処せられるので、食糧難で七百名ほどの地元住民が強制的集団死を遂げています。しかもこうした集団死は沖縄の四一の市町村のうち一〇の市町村で起きています。

現在、県内の四一の市町村には、七四五の字《あざ》がありますが、これらの字が戦後七〇年の節目の二〇一五年に、次々に『字誌』を出していて、その中にも沖縄戦の証言が沢山載っています。しかもそれらの証言は県史や市町村史には見られない具体的で生々しいものが数多く記載されています。

そのため、これらの『字誌』を参照し、あらためて沖縄戦を総浚いしなければならないと痛感しています。しかし、『字誌』が多すぎるので作業は難航しています。

2　在沖米軍基地問題は、なぜなくならないか

広島で行なわれたパグウォッシュ会議での発言

沖縄の抱える基地問題、とりわけそこに貯蔵されている核兵器問題について考えると、私は一九九五年に広島で開催された第四五回パグウォッシュ会議のことを思い出さずにはおれません。パグウォッシュ会議は核兵器廃絶を訴える科学者たちの国際会議で、私は同会議に招かれて、湯川秀樹先生や朝永振一郎先生も参加された議論を傍聴していました。

会議は、アメリカ人の学者が議長として取りしきっていました。当時、沖縄では米軍基地に核兵器が導入されたとして、大騒ぎになっていました。そこで私は質疑応答の時間に手をあげて「議長はアメリカから来られて、核兵器廃絶を訴えておられるが、現在、肝心の貴国が沖縄に核兵器を持ちこんでいますが、これについてどう考えられますか」と質問してみました。すると、同議長は、憤然とされ「世の中には大きな真理と小さな真理がある。国際的な人類規模のテーマについて議論するのが大きな真理で、小さな地域の問題を議論するのは小さな真理である。ここは人類規模の大きな真理について議論する場であって、小さな真理を議論する場ではない」と言われるのです。そこで私は、「で

は私たちは人類のうちに入らないんですか」と反問しましたが答えはありませんでした。たまたま東京大学の坂本義和教授が司会をされていたので、私はそれ以上追及はしませんでした。

アメリカ国立公文書館の機密文書を見る

アメリカの国立公文書館には、沖縄関係の資料が無尽蔵と言ってもよいほど、実に多数所蔵されています。私が同館を最初に訪れた時、担当者が「あなたが生涯かけても収集できない程沢山の資料がありますよ」と言ったほどです。そこで私はアメリカで修士号を取得した県出身の仲本和彦君を県の職員に特別採用して、九年間、同国立公文書館に張り付けて、解禁になった文書類を県立公文書館に送付させていました。

これらの資料から、現在大問題になっている普天間基地の辺野古への移設問題の背景が明らかになりました。すなわち、日本政府は、最初、普天間飛行場の代替基地を沖縄本島の東海岸につくると言って、特定の場所について言及しませんでした。それが後になって辺野古、つまり大浦湾に決まったので、その背景を知るため県立公文書館に入った文書類をチェックしてみました。

すると、案の定それまで未知だったいろんな背景があることが分かりました。その一つにアメリカでは二〇一五年の世界情勢を予見して書かれた本が数冊出ていましたが、その中に二〇〇〇年一二月に出された『二〇一五年の世界情勢』NIC "GLOBAL TRENDS 2015:A Dialogue About the Future With Nongovernment Experts", 2000. という本があります。この本はアメリカの軍事評論家や安全保障問題の専門家の学者たち一六名が共著で出したものです。同書によると、二〇一五年には台湾海峡の問題も落ち着いてくる。すなわち中国本土と台湾との経済交流が緊密になって、もはや心配いらなくなると記されています。さらに朝鮮半島の問題も北朝鮮の脅威も薄れてほぼ落ち着いているから、在沖米軍は必要なくなるだろうと予言されています。一方、日本については、二〇一〇年になると、憲法を変えているだろうし、二〇一五年になると、日本は核兵器を持っているだろう、などと書かれています。

なぜ、日本は核兵器を持つかというと、中国が核兵器を持っているだけでなく、近年いちだんと軍事力を強化しつつある。しかも、中国は二〇一五年になると戦争のできる世代が急激に増える。ところが、日本は逆に少子高齢化が進んで、戦争のできる世代が急激に減ってしまう。そうなると日本人の潜在的反中国ナショナリズムが燃え広がって、核兵器を持つようになるというのです。日本は核兵器をつくる技術を持っているので、いつでもつくれるから、というわけです。

細川護熙元総理の『フォーリン・アフェアーズ』論文の波紋

一九九八年に細川護熙元総理が、アメリカの『フォーリン・アフェアーズ』という外交雑誌に論文を発表して、二〇〇一年になると日本が在日米軍に支払っている「思いやり予算」の期限が切れるから、もうこれを延長しないで断ち切って、在日米軍を六年以内に日本から撤退させ、その二年後に安保条約を破棄して、日米平和友好条約に変えるということを、日本政府はアメリカ政府に通告すべきと主張しています。ところが、日本のマスコミはこの重大なニュースを無視して報道しませんでした。そのことに私は愕然としました。

一方、アメリカに「ケイトー・インスティテュート*」というシンクタンクがありますが、私は知事在任中、毎年七回も訪米して、米政府をはじめこれらのシンクタンクなどを訪れ、何故に沖縄住民が米軍基地に反対しているかを説明して回りました。「ケイトー・インスティテュート」にダクラス・バンドウという上級研究員がいて、基地問題に強い関心を抱いていました。同氏は、もともとレーガン大統領の安全保障担当補佐官を務めていたとのことで、在沖米軍基地問題についても、ことのほか問題視していたようです。そこで私は「沖縄にやってきて自分の眼でじかに基地をご覧下さい」と言って、彼を沖縄に招待しました。すると彼は来沖して米軍基地を見て、「まだアメリカはこんな巨大な基地を持っているのか」と言って、アメリカに帰ってすぐに、「沖縄は米軍の軍事的植民地だ」という論文を発表して、基地に反対する私たちを応援してくれました。

＊　一九七七年サンフランシスコで設立。保守的自由主義のシンクタンク。本部はワシントンD・C。

そして細川元総理の論文が発表されたのと同じ一九九八年ごろに、「ケイトー・インスティテュート」が、アメリカの連邦議会に勧告書を出して、在日米軍を五年以内に撤退させて、その二年後に日米安保条約を平和友好条約に変えることを、アメリカ政府は日本政府に勧告すべきだと論じています。

私たちはそれより前の一九九六年一月の段階で、前引の『二〇一五年の世界情勢』という本などを参考にして「基地返還アクションプログラム」を策定して、これを日米両政府の正式の政策にするよう要請しました。その内容は、二〇〇一年までに一番返しやすいところから一〇の基地の返還、次いで二〇一〇年までに一四の基地の返還、そして二〇一五年には嘉手納基地を含め残りの一七の基地を全部返してくれ、そうしたら二〇一五年には沖縄は基地のない平和な社会を取り戻すことができるから、というものでした。

普天間基地移設問題についての最終報告書が日米で違っていた

ご承知のように、一九九五年九月に沖縄で三名の米兵による少女暴行事件が起きました。それで八万五千名もの住民がすぐに抗議大会を開いて抗議すると共に、基地の撤去を訴えました。すると、日米両政府はあわてて住民の怒りを鎮めるために、沖縄に関する「特別行動委員会」（SACO）を設立して、それぞれ中間報告と最終報告を公表しました。ところが、それを厳密にチェックしてみると、普天間基地移設問題について、日米両政府の最終報告書の中身が違うことが判明しました。

日本政府は、普天間飛行場の規模を五分の一に縮小して辺野古に移すと述べています。すなわち普天間飛行場の二七〇〇メートルの滑走路を一三〇〇メートルに短縮し、前後に百メートルずつの緩衝地帯を設ける、したがって最長でも一五〇〇メートルの滑走路にする。建設期間は五年から七年、建設費用は五千億円以内、と発表しています。

一方、アメリカ政府の最終報告は、基地移設の建設期間は少なくとも一〇年はかかる、しかもMV―22オスプレイを二四機配備するので、これらが安全に運航できるようにするためには二年間の演習期間が必要なので、建設期間は少なくとも一二年はかかる。また建設費用も一兆円はかかるというのです。その上、運用年数四〇年、耐用年数二百年になる基地をつくる、と明言しているのです。耐用年数二百年になるような基地をつくられたら、沖縄の人々は、半永久的に基地との共生を強いられることになるので、私たちは、そんな計画は到底受け入れることはできない、と拒否したのです。

辺野古への基地移設の原点とその真相

話は前後しますが、吉田茂総理がサンフランシスコ平和条約を結ぶときに、条約の締結を早めたいから、平和条約を結ぶ日本側の条件を早くつくってアメリカに提示するよう外務省の西村熊雄条約局長に指示しています。その際、吉田総理は、日本側の条件の中に、琉球諸島については、将来は日本に返してほしいけど現在は米軍が軍事基地として使いたがっているから、バミューダ方式で使わせるということを書き入れるよう指示しています。バミューダ方式というのは九九カ年の期限付きです。そんな事情もあってか、吉田総理はサンフランシスコ条約について説明した中で、沖縄については一言も言及していません。

普天間飛行場のトーマス・キング副司令官は、ＮＨＫのインタビューに答えて、普天間飛行場を辺野古に移す場合、普天間飛行場の代替基地ではなくて、二〇％軍事力を強化した基地を作ると語っています。現在、普天間飛行場からヘリ部隊がアフガン戦争やイラク戦争に出撃する時に、普天間では爆弾が積めず、嘉手納《かでな》飛行場で積んでいるので非常に不便です。辺野古に基地を移したら、陸からも海からも自由に爆弾を積める施設を作るのが一点、ＭＶ―22オスプレイを二四機配備するのが二点目の強化策だというわけです。そうすると、現在の普天間飛行場の二八〇万ドルの年間維持費が、辺野古に移ると一挙に二億ドルに跳ね上がるが、それを日本の税金でまかなってもらおうというのです。

前述したとおり、政府は、普天間基地を沖縄本島の東海岸に移す、と述べていましたが、今になって辺野古に移すというので、県立公文書館にある米軍の文書類をチェックしてみました。現在米軍が一番重要視している基地は、嘉手納《かでな》以南に集中しています。普天間飛行場や浦添市のキャンプキンザーのほか瑞慶覧《ずけらん》には海兵隊司令部があるという具合に、県都那覇市に近い、つまり人口の一番多い所に集中しています。そのため、一九五三年から五八年にかけて沖縄で発生した反米的「島ぐるみの土地闘争」を目撃した米軍は、沖縄が日本に復帰して日本国憲法が適用されるようになると、沖縄住民の権利意識がこれまで以上に強まって、一番重要なこれら嘉手納以南の基地の運用ができなくなる恐れがあると考えて、一九六五年に日本復帰の話が持ち上がった時、これらの重要基地を一まとめにしてどこかに移そうと計画していました。そのため翌六六年から六七年にかけてアメリカのゼネコンを招いて西表島から本島北部の今帰仁《なきじん》港まで調査させた結果、大浦湾が最適地であると決定して青図面まで作成していました。しかも普天間飛行場の代替滑走路だけでなく、大浦湾は水深が三〇メートルもあるので、海軍の航空母艦を横付けできる巨大な桟橋を作るほか、反対側の陸地には核兵器を収納できる陸軍の巨大な弾薬庫を作る計画を立てていました。

ところが、当時はベトナム戦争の最中なので、軍事費に金を使い過ぎて資金繰りができずにいました。当時は移設費も建設費も維持費も、米軍の自己負担だったので、移設計画は頓挫する形となりました。そのため米政府は、日本政府と密約を結んで、沖縄が日本に復帰して日本国憲法が適用されても、基地の自由使用は認める、核兵器はいつでも沖縄に持ち込めることが日米間で合意されたので、折角図面までできていた計画を放置していました。それが今日、半世紀ぶりに息を吹き返している次第です。今では移設費から建設費、維持費、思いやり予算（駐留経費）に至るまで、全て日本の税金でまかなわれることになるので、米軍にとっては有難いきわみです。

最近の世論調査によると、辺野古に基地を移すのに沖縄住民の八三%が反対していますが、日本本土では、過半数の五六%が賛成しています。それというのも、基地移設の具体的中身を知らないからだと思います。つまり、実際に普天間基地を辺野古に移したらどれだけの予算がかかるのか、個々人の納税者の頭上にどれだけの財政負担が覆いかぶさるか、知らないからこそ賛成できるのではないでしょうか。そんな金があったら、福島の復興を一日でも早く達成することに使ったらどうですか、と私たちは言っているのです。

ことほど左様に、沖縄県立公文書館には貴重な資料が多数収蔵されています。しかるに今では、折角アメリカの国立公文書館に張り付けていた県の職員も呼び戻され、資料収集ができなくなっています。あと五年程かけないと沖縄関係の資料収集は終らないので、情けない限りです。

ちなみに日本政府は、辺野古に基地を移したら滑走路を一五〇〇メートルに縮めると公表していたのが、今では一八〇〇メートルの滑走路をV字型に二本つくる計画に変わっているので、滑走路は縮小どころか普天間基地のそれよりより大きくなっているのです。その分、予算もはるかに増大することが予想されます。

移設を強行すると、日米安保条約がつぶれる可能性が

それにも拘わらず、安倍政権は移設を強行する企図を変えていません。もしも強行したら血を見る事件・事故が起きかねません。そうなると、何が起こるか。おそらく一九七〇年末のコザ騒動*どころ

の騒ぎではなくて、安保条約がつぶれる可能性さえある事態になるように思われます。以前に嘉手納《かでな》で催された県民大会で県内の四一の市町村長たちが、「今は安保条約破棄とは言わないが、次に何か起きたら安保条約破棄と言う」と宣言していました。ですから、もしも血を見る事件・事故が起きたら、行政がコントロールできない事態が発生して、沖縄を犠牲にして成り立っている日米安保条約がつぶれるかも知れません。そうすると、安保条約の拡大強化を図る安倍政権にとっても不利になるのではないでしょうか。

＊　一九七〇年十二月二十日未明、コザ市（現沖縄市）中心部で、米兵による交通事故が続いたことをきっかけに発生。米軍車両八二台が炎上、米国人と沖縄の住民八八人が負傷し、計二一人が逮捕された。詳細は本書三一二頁を参照。

復帰前の一九七〇年に発生したコザ騒動の時には、自衛隊は沖縄に駐留していませんでしたが、今は駐留しています。自衛隊は米軍基地を守る責任を負わされているので、沖縄住民と米軍が直接対決するような事態となったら、いったいどういう対応をとるのでしょうか。大いに懸念されます。

コザ騒動の時には、コザ市（現沖縄市）の住民が米軍の車ばかりを八〇台余も焼き払ったほか、嘉手納《かでな》基地の金網を断ち切って中に入り、一棟の建物を焼き払いました。あの時は、コザ市民だけがやったのですが、今回は普天間基地移設をめぐって沖縄中が怒っているので、万が一にも血を見る事件・事故が起きたら、本当に深刻な事態になりかねません。それにも拘わらず、政府は住民意思を無視して一方的に移設を強行しようとしているので、非常に懸念されます。

辺野古には、九十二歳のお婆さんや八十八歳のお爺さんたちが座りこんで抵抗しています。ふつう座りこみは大体二カ月程度で終わるのですが、もう一六年以上も座りこみが続いているのは、彼らが沖縄戦の体験者だからできることです。二度と沖縄で戦争をさせてはいけないという強い思いで、自らの生活を犠牲にして座りこんでいるのです。

しかも辺野古のごく普通の漁師や農家の主婦なども、「今の憲法は、人間のいのちは平等だと謳っている。それなのに普天間飛行場は都市地域にあり、そこで事件・事故が起これぱたくさんの犠牲者が出るからといって、人口の少ない辺野古に基地を移そうとしている。しかし基地を辺野古にもってきても、基地から派生する事件・事故を防ぐことはできない。たしかに普天間に比べると事件・事故が起きた時の犠牲者の数は減るかもしれないが、今の憲法では、人間のいのちは平等だと規定しているので、犠牲者の数の問題ではないのではないでしょうか」と正論を吐いているのです。

遺憾ながら日本のマスコミも沖縄のマスコミも、その正論を取り上げようとはしていません。これらの家庭の主婦たちの率直な正論をしっかりと取り上げるべきなんですが、それをやっていないので問題をいちだんとこじらせているのです。

基地と経済、米軍駐留経費の実態を知らされぬ一般国民

沖縄にはかつて一坪反戦地主が三千名もいました。その中には本土の人たちが嘉手納《かでな》基地の土地を一坪ずつ分有して、土地を軍用地に奪われた反戦地主たちの苦しみを分かち合おうという人たちも含まれていました。しかるに今では反戦地主たちは二百名足らずに減っています。反戦地主たちは、祖先から受け継いだかけがえのない土地は、人殺しと結びつく軍事基地に使用させるのではなくて、人

間のしあわせに結びつく生産の場にしたいと言って基地に貸すのに反対しているわけです。このような正論がもっと広がっていくといいのですが、政府や自衛隊が反戦地主たちの親兄弟、親戚らを説得したり圧力をかけるなどして一坪反戦地主の数を減少させたのです。

私は参議院にいた時、外交防衛委員会に入っていましたが、同外交防衛委員会の議員の中には、米軍基地がないと沖縄の経済は破綻すると主張する人が何人もいました。しかし、それは全くの誤解でしかありません。

県では三年かけて、返されたら基地跡地がその後どう使われているかを全部チェックしてみたことがあります。その結果、基地が返還されてそこを民間が使うようになると、なんと確実に雇用が一〇倍も増えることが確認されました。那覇新都心*はかつて米軍軍政府職員の住宅が一二〇〇戸ありましたが、当初の雇用はわずか五二名でした。多い時でも一三〇名ぐらいです。ところがそこが返されると、今では万を越す人々を雇用している実情です。那覇市に支払われる固定資産税なども基地の時とは比較にならないほど増えています。北谷町なども、基地が返されその跡地が民間に利活用されたら、所得が百倍近くも増えています。

＊　那覇市北部。一九八七年五月に全面返還された米軍牧港（まきみなと）住宅地区の跡地を再開発し、大型ショッピングセンターや総合運動公園などがある。

千葉県の高校のある先生が、基地内外の一ヘクタール当たりの生産高を比較したところ、基地外の土地のほうが一ヘクタール当たり八六〇万円くらい多く生産する、ということを明らかにしています。こうした実情について、本土選出の国会議員たちは知ろうともせずに、前引のような言葉を繰り返しているのです。

米軍基地がとくに問題なのは、生命を危険に晒す日常的な事件・事故の多発だけでなく、日本の大方の納税者が、思いやり予算がどういうふうに使われているか、日本がどれだけの駐留費を負担しているかなどについてほとんど知らないことです。思いやり予算の支出は、一九七八年に金丸信元防衛庁長官が、六二億円を支出して始まったものですが、今では、それが二七〇〇億円位に増えています。平均すると一八八〇億円位になるようです。この思いやり予算で嘉手納《かでな》基地周辺や北谷町郊外などに立派なマンションが作られていて、米兵たちがそこに住むようになっています。その結果、「基地外基地」ができていて問題視されています。基地の中では、兵士たちはいつも人殺しの話ばかりで戦場の空気が漂っていて住み心地が悪いので、米兵たちは基地の外に住みたがり、それを思いやり予算で叶えさせているのです。

現在、在日米軍は四万七千名足らずしかいません。一方、沖縄には一四二万の人間が住んでいます。双方の予算を二〇〇九年度で見ると、四万七千名の米軍を日本に駐留させるための駐留費が七一四六億円なのに対し、沖縄の一四二万名の人口を養う予算は六七三〇億円余しかありません。わずか四万七千名の米軍駐留費の方が、沖縄の予算よりも四一六億円余も多いのが実情なのです。

こういう実態が知れ渡ったら、おそらく米軍を日本から撤退さすべきだという声がもっと出るはずですが、一般国民はそれらの実情を知らないので、声を上げようともしないのです。その意味でいったい日本の報道機関は何をしているのかと言いたくもなります。

3　琉球処分から太平洋戦争を経て、米軍統治下へ

アメリカは戦後、北緯三〇度線を境に、日・琉を民族分離させた

――大田先生にとって沖縄戦は終わっていないわけですね。

終わっていません。おそらく私が生きている間は終わらないと思います。

――日本が戦争に負けて、その後、二七年間も沖縄はアメリカ軍の統治下にあって、本土復帰後も今に至るまで、米軍基地は存在しています。戦後七〇年、戦争を知らない世代が大半を占めるようになっても状況は変わりません。このような沖縄県の状況は、明治新政府が行なった琉球処分まで溯って考えなければならないのではないですが。

まさにおっしゃるとおりです。

――七二年に沖縄が本土復帰して、半世紀近くなります。本土復帰というのは、おそらく「本土並み」になるということだと思いますが、この考えがどこから起こってきたのか、何か条文に書いてあるのか、また本当に本土並みの返還だったのか、「本土並み」を沖縄の方たちはどう考えていたのか、教えていただきたいと思います。

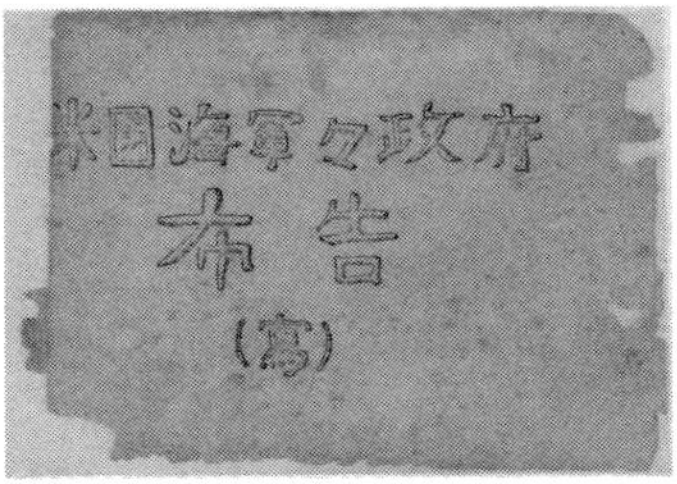

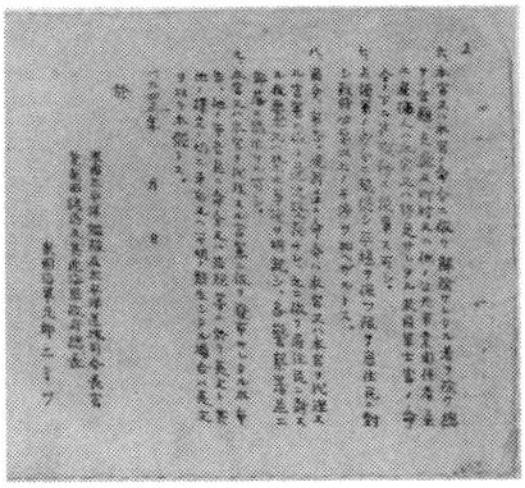

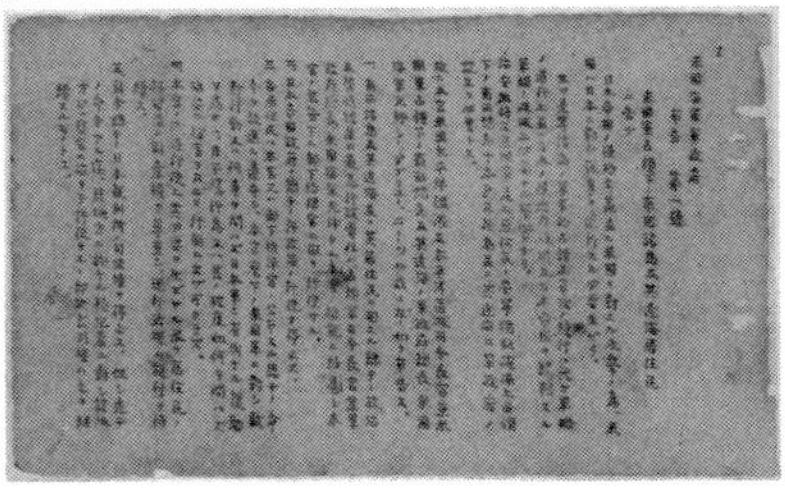

米国海軍軍政府布告第1号「権限の停止」(沖縄県公文書館蔵)

琉球処分に溯らないと、今の沖縄問題の背景は分からないと思います。私はこのことを一九七〇年代の日米学者の共同研究プロジェクト「日本占領の研究」(同書名で一九八七年東京大学出版会より刊行)の過程で確認することができました。すなわち東京大学の坂本義和教授を日本側の代表者にして九名の日本の学者と、アメリカのミシガン州立大学の日本研究所長のロバート・ウォード教授を米側チーフに七名の学者と三カ年にわたって共同研究をしたわけです。そのさい、日本国憲法を研究しているメリーランド大学のセオドア・マクネリー教授が、沖縄問題については「アメリカ政府が編集刊行した資料集『米国の外交関係』(FRUS: Foreign Relations of the United States)があるので、それを読めばアメリカの基本的な外交政策がよくわかる」と勧めてくれました。そこで私は、その膨大な文献を読んだ後にワシントンの国立公文書館に通い続けて、なぜ沖縄が平和条約で日本から切り離されて、二七年間もいかなる憲法も適用されないまま米軍の直接軍政下に置かれ

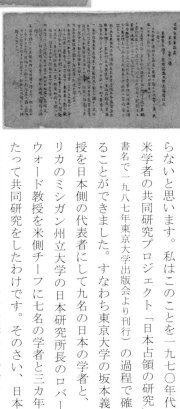

たかについて調べることができたのです。

アメリカで調査して驚いたことは、沖縄の日本からの分離は、敗戦後どころか、真珠湾攻撃が始まって半年後には、沖縄を日本から切り離して、その管理を国際機関に委ねて二五年ごとに沖縄が軍事基地化されていないかをチェックさせる計画が、米国務省で議論されていた記録が発見されたことでした。この計画はスタンフォード大学のマスランド教授たちが中心になって立案したもののようですが、最初は、なぜ日米開戦半年で沖縄の日本からの分離を計画したのか、その理由が分かりませんでした。

それで改めて沖縄戦を振り返ってみますと、前述したとおり米軍が慶良間《けらま》諸島に上陸した第一歩の時点で米軍は南西諸島軍政府総長チェスター・W・ニミッツ元帥の名前で「米国海軍軍政府布告第一号」を公布していますが、それには、日本がアメリカに戦争をしかけたから、アメリカはその戦略上、南西諸島およびその近海における日本の施政権、司法権を停止して米軍の占領下に置く旨、明記されていました。さらに日本を誤った方向に導いてきた軍閥を解体して、日本の非軍事化を図るために沖縄を占領下に置く必要がある、という目的が明記されています。つまり、沖縄は、そのための手段に供されたことが判明しました。

ところが、南西諸島の位置付けがはっきりしなかったので、後で調べたところ、それは北緯三〇度線以南の島々だということが分かりました。北緯三〇度線というのは、奄美大島北方の屋久島と口之島の間の線です。当時、奄美大島は鹿児島県の管轄下にあって沖縄県ではなかったにも拘わらず、沖縄といっしょくたに日本から切り離されて米軍占領下に置かれたのです。

何故に北緯三〇度線以南を日本から切り離したのか。アメリカに通い続けて五年目にやっとそれが分かりました。ディーン・アチソン国務長官が記者会見で発表した記録によると、北緯三〇度線以北は純然たる日本民族であり、それ以南は琉球民族だから、その民族の境目の線で切り離した、しかも、将来沖縄に米軍基地をつくりたいので、できるだけ広い範囲をとっておくために奄美大島も含めたと述べているのです。

ちなみに沖縄戦当時、旧日本軍は北緯三〇度以北の軍隊を「本土防衛軍」、それ以南の軍隊を「南西諸島防衛軍」、すなわち「沖縄守備軍」と呼んではっきりと区別していました。

沖縄分離の根源は、明治政府の琉球処分に遡る

それでも私は依然として、なぜ沖縄が切り離されたのか、その理由が良く理解できなかったのでずっと調べ続けてみました。すると、なんとその根源は明治十二年の廃藩置県まで遡ることがわかりました。明治政府は、廃藩置県に際し、日本との一体化を図るため数種の指示事項を琉球王府に突きつけました。その中で琉球王府が受け入れを拒否したのは、清国との進貢関係を断ち切ることと、熊本の第六師団の分遣隊を沖縄に常駐せしめる事案でした。琉球王府は、何度も折衝を重ねたあげく、清国との関係を断ち切ることは受け入れましたが、琉球という小さな島にいくら軍隊をもってきても、守ることはできない。守るどころか、逆に危険を招くおそれがあるから軍隊は一切いらないと主張して、最後の最後まで日本軍の常駐を拒否したのです。

琉球王国では、三司官《さんしかん》といって三名の国務大臣が政治、行政を司っていましたが、その中の一人池《いけ》城安規《ぐすくあんき》が東京で明治政府と折衝に当たっていました。明治政府は、琉球王府の拒否を無視して軍事

力に物を言わせてでも軍隊を沖縄に常駐せしめる、と強硬に主張して聞かないため、彼は政府と琉球王府の間に板挟みとなって苦悩したあげく悶死したほどです。

『琉球の歴史』（一九五六年）の著者でスタンフォード大学のジョージ・H・カーは、沖縄の人々は日本人になろうとして必死になって努力したけれども、日本本土の人たちは沖縄の人たちを同胞として迎え入れようとはせずに、もっぱら軍事的思惑から沖縄の人ではなく土地がほしかったと記述しています。また拓殖大学の図書館長を務めていた郷土学者の東恩納寛淳《ひがしおんなかんじゅん》教授（一八八二―一九六三）も、日本は沖縄の人がほしかったのでなく、土地がほしかった、と同じことを書いています。

しかるに明治政府は、どこに軍隊や鎮台を置くかは政府が決めることであり、よそからくちばしを入れる問題ではないと脅して、強制的に熊本の第六師団の分遣隊四二三人と一六〇人余の警察官を派遣し、強制的に首里城を占拠して、国王の尚泰王《しょうたいおう》を東京の麹町に移しました。しかも那覇と首里の間の古波蔵《こはぐら》の農家の肥沃な土地を二万坪近くも取り上げて、兵舎や演習場などを作りました。これがそもそも沖縄の軍事基地化の端緒となったのです。

そのため琉球王府は、兵隊を常駐させることはやむを得ないが、古波蔵は琉球の表玄関で、外国の人たちがやって来た時に、すぐに目につく場所に軍隊がいるのはまずいので、現在の那覇空港近くにある琉球王家所有の土地を無償で提供するから、そこに兵舎をつくってくれ、と要請したけど聞き入れられなかったのです。

こうした日本政府の武力を背景にした琉球の強制併合に対し、清国の李鴻章《りこうしょう》（北洋通商大臣――外交を管轄）が怒って、あわや日中間で戦争になる土壇場まで行きました。明治八（一八七五）年ごろから十年ごろにかけてです。中国は当時、ロシアと国境問題でもめていたので、結局、戦争にはなりませんでしたが、李鴻章は、日本が軍事力にものを言わせて、沖縄を強制的に併合すると、次は必ず台湾をとるだろう。そして朝鮮半島を植民地にしたあげく、中国、さらにアジア侵略をするだろうと予言していました。その後、日本はまさに彼の予言どおりにいずれも実現しています。

そのような歴史的背景からアメリカの戦後の対日政策は、二度と再び日本がアメリカの脅威にならないようにすることと、二度とアジア侵略をさせないということでした。そのため日本の軍閥を解体し、徹底して非軍事化を図り民主改革を行なうとともに、二度とアジア侵略をさせないために、アジア侵略の踏み台になった沖縄を日本から切り離して、非軍事化する計画を立てたのです。

ところが、日本の敗戦後、マッカーサーが三〇万余の連合軍を率いて進駐した当時、日本国内にはまだ四三四万人の軍隊が残っていました。そのためイギリスやオーストラリアの司令官たちが、「日本軍が反乱を起こしたらどうするか」と懸念したら、マッカーサーが「沖縄を基地にして、そこに米軍を駐留させておけば、いつでも対応できる」と言って、せっかくの非軍事化計画を一変させて軍事基地化し、それが今日に至っているのです。ここでもまた沖縄は、他人の目的を達成する手段に供され、無機質のモノ扱いにされたわけです。

明治の日本への琉球併合が沖縄の軍事基地化のスタートとなったことは否めません。しかも明治政府は、沖縄の表玄関ともいえる古波蔵に軍事基地を作っただけでなく後に沖縄本島東海岸の佐敷《さしき》集落にも、民間の土地を地代も払わずに強制的に接収して、海軍の基地を置いたりもしています。そのため明治三十年代の半ばに土地整理事業が実施されたさいに、本土出身の国会議員が国会でこの土地収奪問題を取り上げて政府を追及したほどです。

防衛大臣を務めた石破茂前自民党幹事長は、昨今の普天間基地の辺野古への移設問題にからめ、どこに基地を置くかは政府、国が決めるべき問題で、他人がくちばしを入れる問題ではないと、明治政府とまるで同様の発言をしている始末です。このように日本政府の対沖縄政策は今もって明治時代となんら変わってはいないのです。その点はむしろアメリカ側の方が沖縄住民感情に配慮を見せています。

人権評議会議長ロジャー・ボールドウィン氏の沖縄での人権活動

一九五〇年代に「島ぐるみの土地闘争」が生じた時、アメリカの自由人権協会会長で世界人権評議会議長のロジャー・ボールドウィン氏が、沖縄での人権問題の解決に取り組んだのは、その一好例と言えます。戦後沖縄で一九五三年に米軍が「土地収用令」を出して、農家の土地を強制的に取り上げて、軍事基地化するなどひどい人権侵害が起きました。すると沖縄在住のオッティス・ベル牧師が『クリスチャン・センチュリー』誌に、「沖縄人を公平に扱え」という論考をのせました。

それを読んでボールドウィン氏は、日本弁護士連合会の人権部会の海野普吉《うんのふきち》弁護士に依頼状を出し、沖縄で土地収用問題にからんだ人権侵害の調査を依頼しました。海野弁護士らはこれに応えて調査して、報告書を作成しました。それを朝日新聞が、「米軍の『沖縄民政』を衝く」というタイトルで、一九五五年一月十三日に初めて全国に報じました。これが戦後沖縄の実情を日本全国に伝える画期的な報道になったのです。

その後、ボールドウィン氏は、折から「沖縄のガンジー」と称されていた阿波根昌鴻《あはごんしょうこう》氏が、非暴力で、徹底的に米軍の土地収奪に抵抗して、強制的に接収された伊江島《いえ》の六〇%の土地を半分に減らすなどして活躍している時に、わざわざ沖縄までやって来られて、阿波根氏らを激励されたりもしています。ですから今もロジャー・ボールドウィン氏は、多くの人たちから尊敬されています。

たまたま私はアメリカに留学中、この『クリスチャン・センチュリー』誌を読んで、アメリカ人の中にもこのように沖縄を支持する人がいるのかと感動したことを憶えています。

ボールドウィン氏が依頼する前に、東京在住の沖縄の学生たちが、『祖国なき沖縄』(沖縄県学生会編、一九五四年、日月社)という本を書いていて、その中で沖縄の農家の土地が強制的に取り上げられ、地主たちは沖縄本島の東海岸の久場崎《くばさき》のテント小屋に集められて、非常にみじめな生活をしていることを暴露しています。そのためアメリカ政府は、土地を失った地主たちを五百世帯単位で南米のボリビアに移民させましたが、彼らは異国で「棄民」と称されたほど、悲惨な生活を送るのを余儀なくされました。彼ら移民だけに流行る病気で二〇名近くが死亡したほどだったからです。

戦中・占領期の日本研究、および現在の各国での沖縄研究

——日米決戦がはじまった半年後に、アメリカは、沖縄を日本から切り離すという戦後処理を戦略的に考えていたとのことですが、アメリカの日本研究がそこまで進んでいたということになりますね。

アメリカの日本研究は、日本のアメリカ研究よりはるかに進んでいたと思います。ミシガン州立大学には日本研究所もあり、戦前には日本語学校などもできていました。ところで、マッカーサー進駐

軍が日本に進駐した時、最初は日本を直接軍政下に置く考えでしたが、アメリカ政府は、天皇制を維持して日本政府を利用した方がアメリカにプラスになると考え、直接軍政を諦めて日本政府を通して間接的に統治することにしました。ところが、沖縄の場合はすべてが破壊されて政府らしい政府もありませんから、直接占領下に置いたのです。後に沖縄民政府という行政機関をつくりましたが、むしろそれは米軍政府の補助機関でしかなく、権限は一切ありませんでした。

ところで私がここで申し上げたいことは、日本政府が本気でマッカーサー連合軍総司令官に、沖縄を日本から切り離さないで欲しいと訴えていたならば、その可能性はあったのではないかということです。それを日本政府はやらないどころか、前述したとおり吉田総理自身が沖縄を九九カ年のバミューダ方式で米軍に基地として提供したのです。

――日米開戦の半年後にアメリカは沖縄の基地化ということを考えていたのでしょうか。

アメリカ政府は真珠湾攻撃が始まった時、どうせ日本は勝てないとの見通しから、その半年後には沖縄を日本から切り離すことだけでなく、日本の敗戦後の領土問題についても検討していました。そして沖縄の軍事基地化については、国防総省は、戦前から構想していたようです。もっともその点については、国務省との間で意見が違っていたことを示す様々な記録があります。[*1]

ただ米政府は、沖縄戦が始まる二年も前の一九四三年からニューヨーク州のコロンビア大学に沖縄研究チームを組織し、イエール大学やハーバード大学、プリンストン大学の一流の教授たちを集めて徹底的に研究させています。[*2]

＊1　一九四三年六月一〇日付、政治研究部のP230文書。
＊2　これらの研究の成果をもとに、一九四四年十一月に米海軍省作戦本部は『琉球列島民政の手引き』『琉球列島の沖縄——日本の少数集団』という二冊の小冊子を発行し、沖縄での戦闘部隊に配布した。この冊子には沖縄の政治や経済のほかあらゆる情報が網羅されていて、沖縄戦やそれに続く軍政の過程で、米軍政要員の〝バイブル〟として重宝がられたという。

——明治以降の日本の沖縄政策をきちんと調べ上げて、占領政策にのぞんだということですね。

そうです。沖縄研究チームの人たちの何人かは沖縄戦にも参加しています。そしてその中には、戦後に琉球の歴史を書いたジョージ・H・カー教授や沖縄の宗教について本を書いたウィリアム・リーブラ教授やプリンストン大学のジョージ・マードッグ教授など一流の教授たちが含まれています。沖縄における戦後初期の海軍軍政府首脳たちはこれらの大学教授たちでした。

その海軍軍政府の総務部長にスタンフォード大学のジェームス・T・ワトキンス教授がいましたが、同教授は徹底して沖縄関連の記録や資料を収集していました。同教授は、後にスタンフォード大学の政治学部長になっていますが、沖縄で集めた資料はすべてスタンフォード大学のアーカイブズに寄贈していて「ワトキンス・ペーパー」としてその名を知られています。

宜野湾に榕樹書林という小さな出版社を経営している武石和美という人が最近(一九九四年)、この「ワトキンス・ペーパー」をすべて、一〇一冊の本にして出版、二八〇万円(税抜)で売り出しています。私などはそれ以前に「ワトキンス・ペーパー」の重要部分だけを二七冊分ほどコピーしてアメリカから持ち帰っていましたが、彼は一つ残らずまとめて刊行していて、非常に貴重な記録として研究者から重宝されています。

近年は、ドイツやイタリア、イギリスなどの若い研究者たちが沖縄をテーマに博士論文を書いているのが目立って増えていて、私のところには五百冊ぐらい彼らの書いた論文があります。しかもその学問的レベルが高いのに驚嘆している次第です。

最近は、ワシントンの米国立公文書館から解禁になった沖縄関連資料が、県の公文書館に次々に移送されていて、沖縄研究に大いに役立っています。私は、県にいた時、真先に県立の公文書館を設立しましたが、そこが今では資料の宝の山となっていて、作って好かったと喜んでいます。

アメリカの有名なジャン・ユンカーマン監督が私の研究所に三回ほど訪問されたさい、私は以前に自らが立ち上げた「一フィート運動」がまだ十分に納得のいくような沖縄戦フィルムを作り得ていないので、ユンカーマン監督に、沖縄戦について後世に残る立派な記録映画をつくっていただけないかとお願いしましたが、同監督はすでに「沖縄　うりずんの雨」（二〇一五年公開）という二時間半の映画を手掛けていて、つい最近沖縄でも上映するに至っています。また最近、それとは別にアメリカの世界的に有名な学者のノーム・チョムスキー教授やジョン・ダワー教授らに加えて映画監督のオリバー・ストーン氏らが、沖縄の普天間飛行場を辺野古に移設する問題について反対の声をあげて署名活動を展開し、早くも百余名の著名人がこれに署名して沖縄の人々を支援しています。

4 あるべき沖縄のために

エズラ・ヴォーゲル教授との日本研究をめぐる交友

戦後にハーバード大学のエズラ・ボーゲル教授が『ジャパン・アズ・ナンバーワン』（原書一九七九年）という本を書いてベストセラーになったときに、在沖米総領事館でお祝いがあり私も招かれて参加しました。そのとき私は、ボーゲル教授に「あなたは本当にジャパン・アズ・ナンバーワンと思うんですか」と聞いたら、「もちろん」と言われました。それで私は「あなたが日本政府の対沖縄政策を研究されたうえで、ジャパン・アズ・ナンバーワンと言うなら、私も信用しますが……」と率直に話したことがあります。

そうしたら、同教授は、「日本政府の対沖縄政策については十分に調べたことはない」と言われました。その後、私が渡米中にハーバード大学に寄ったところ、同教授は、小さな歓迎会を開いてくれましたので、とても嬉しく思いました。

アメリカのワシントンDCには、元駐日大使の業績を紀念して「マンスフィールド財団」*というのが出来ていて、アメリカの少壮の議会議員や大学教員らが三〇名ほどそこに集まって、一年間程アジアや日本研究をしています。この人たちが二〇一四年に沖縄にやって来ましたが、そのリーダーがエズラ・ヴォーゲル教授で、旧知のスーザン・ファー教授も含まれていたので私はとても喜びました。スーザン・ファー教授は、先ほど申し上げた坂本義和教授を日本側研究者代表者とする九名の日本の学者と七名のアメリカ人学者による三年間の共同研究プロジェクトに従事したさい、彼女もメンバーに入っていて、ウィスコンシン大学で、日本の女性について研究していました。今はハーバード大学で教えているとのことでした。お二人とお会いするのは十数年ぶりでしたので、私は琉球料理店にでもお招きして旧交を暖めたいと思いましたが、夜の九時まで予定が入っていて、ゆっくり話もできず、九時過ぎに宿泊先のホテルのバーで一杯飲みながら話すことができました。

＊米国のアジア理解を深め、アジア各国との関係を促進することに生涯力を注いだマイク・マンスフィールド大使とモーリーン夫人の意志に基づき、モーリーン&マイク・マンスフィールド財団が一九八三年に設立。事務局はワシントンDC、モンタナ州ミズウラ、東京。モンタナ大学のモーリーン&マイク・マンスフィールドセンターを支援している。

それが今年（二〇一五年）にもまた「マンスフィールド財団」のメンバーが三〇名ほど沖縄にやって来ました。今回はエズラ・ヴォーゲル教授やスーザン・ファー教授は含まれていませんが、私は一行に招かれて、最近の沖縄問題について質疑応答しました。

橋本龍太郎元総理、梶山静六元官房長官の思い出

私は知事在任時代に、当時の橋本龍太郎総理と一七回会談し、沖縄問題について話合いました。私は沖縄戦を体験したので、戦争と結び付く軍事基地だけは絶対に引き受けないとの思いから、その間、

一度も基地を引き受けるとは言ったことはありませんでした。それに対し橋本総理に今もって感謝していることは、同総理が上から一方的に押し付けるようなことはされなかったことです。それどころか、私の要請に応じて、一〇名の国費留学制度をつくって下さっただけでなく、高校生四〇名を一年間アメリカに留学させて英語の勉強をさせることや、県の四カ国語の同時通訳育成事業で、タイ語とフランス語の追加を国費で支援して下さいました。そのため、総理がお亡くなりになった時、私は橋本総理のご自宅に伺って仏壇に手を合わせ、奥さんに総理が以上のようなことを国費で支援して下さったことをご報告しました。すると奥さんは「まったく知りませんでした」とおっしゃってとても喜ばれました。

橋本総理は、歴代の総理の中でも沖縄問題にはとくに深い理解がある方でした。また、梶山静六官房長官も沖縄に対する思いは格別で、お二人は常に「私たち二人がいるあいだに沖縄問題を解決しないとだめですよ。他の人たちは誰も関心をもっていないから」とおっしゃっておられました。お二人のご厚意は理解しながらも、私は沖縄戦を身をもって体験していただけに、二度と沖縄を戦場にしてはいけないと固く決意し、人殺しと結び付く基地だけは絶対に引き受けることはできないと心に決めていたので、その点だけは折り合いが付きませんでした。

それというのも国内外の軍事評論家たちが、次に戦争が起きたら、真っ先に沖縄の嘉手納《かでな》が攻撃の的になると公言していたからです。私はアメリカ下院の軍事委員会のポール・マクヘイル議員を沖縄にお招きして基地を見せたことがあります。すると彼は、全米軍を沖縄から撤退させるべきだと主張しました。なぜかと言うと、陸、海、空、海兵隊の四軍がこの小さな島にいて、次に戦争になったら、真っ先に嘉手納《かでな》が攻撃され、将来のアメリカを背負って立つ若者たちがたくさん死ぬ恐れがあるからだというのでした。

橋本元総理は、ご尊父が厚生大臣で、慶應義塾大学在学時に秘書をしていて、対馬丸の遺族たちが大臣に訴えているのをそばで聞いておられたようです。その後、衆議院の一年生議員になった時に、佐藤栄作総理から、一年生議員は沖縄へ行って勉強してこいと言われて、真っ先に小渕恵三氏と二人で沖縄を訪問したこともあって、沖縄に特別の関心を抱くようになったとのことです。一方、梶山静六官房長官はお兄さんが戦後、沖縄と貿易をしている関係で、常にお兄さんから「沖縄を大事にしなさい」と言われていたそうです。

橋本総理が総理になられる前、宮沢喜一内閣で羽田孜氏が大蔵大臣を務めていました。私たちは、沖縄の基地を全部撤去させて、その跡地に国際都市を形成する構想を計画していたので、羽田大臣には関税をタダにするか、安くしてほしい、そうすると、香港、シンガポールに負けないような国際都市を形成することができるからと要請しました。ところが羽田大臣は、沖縄だけ関税を下げてしまうと一国二制度になってしまう。日本では一国二制度は適用できないと拒否されました。しかし知事を離任した後で梶山元官房長官にその旨を申し上げたら、「一国二制度でいいじゃないか、やろうじゃないか」とおっしゃってくれましたが、その後、長官がお亡くなりになり、残念でした。今では真に沖縄に理解を示し、平和な沖縄を創出するために協力を惜しまない閣僚や政治家はほとんどいなくなりました。その結果、沖縄では日本政府の対沖縄政策に失望した大学教授たちの日本離れが始まり、公然と沖縄の独立論が唱導されるようになっています。

最近の沖縄独立論と、若い高学歴女性たちの「直接民主主義」行動

最近、沖縄では独立論が大方の関心を集め、『ニューヨーク・タイムズ』の記者や『タイム』の記者、ニュージーランドやオランダ、北京の記者などのほか東京在住のアジア記者クラブのメンバー二十余名が訪ねて来て、「本当に独立するんですか」とよく聞かれます。

また朝日新聞ニューヨーク総局長などもはるばるやって来て、独立論の話を持ち出す有様です。そこで私が「朝日は支局長が沖縄にいるから、彼から話を聞けばいいじゃないですか」と言ったら「自分の耳で直接聞きたくて来た」と言われるんですよ。

私は、以前から独立論関連の資料を集めてきましたが、それが随分沢山あって執筆しようにも容易ではありません。

京都の龍谷大学の松島泰勝教授が『琉球独立論』(二〇一四年)という本を送って来られたほか、沖縄国際大学の友知政樹教授からは「独立について研究する学会をつくりたいから、発起人になってほしい」と要請されたので、一応私も研究は大事と思って発起人にはなっています。

すると間もなく「琉球民族独立総合研究学会」という、いかめしい名称の学会ができて、現在二百名ほどの会員がいて、しばしばシンポジウムなどを催して活動を始めています。

それには、アメリカに留学した高学歴の若い女性たちも加入していますが、彼女たちは日本の間接民主主義、議会制民主主義は機能しなくなっているので、直接民主主義に訴えるべきだと主張して、様々な行動を展開しています。一例を挙げますと、嘉手納《かでな》飛行場や普天間飛行場などには、日本の航

空法が適用されず治外法権下にあるのに注目して基地のフェンス近くで風船を飛ばしたりタコを揚げたりして、MV―22オスプレイが飛ぶのを邪魔するなどして、これを直接民主主義だと称しています。また彼女たちは、国連の先住民関連部門を訪れ、沖縄住民を日本の先住民と認め、それに相応しい処遇をなすよう日本政府に勧告してほしいと要望するなど、前代未聞の行動を展開しています。

こうした高学歴の若い女性たちのかつてない活発な行動が目立つにつれて、外国の記者たちの大きな関心を惹き付けているのです。明日も中国の『デイリーニュース』という英字新聞の記者や『チャイナ・デイリーニュース』というテレビ局のスタッフが、当研究所を訪れることになっています。昨日は韓国のテレビ局がやって来て、摩文仁《まぶに》の戦場跡まで連れて行かれ、四時間くらいも取材を受けました。私は、以前から市町村議員や県会議員から国会議員に至るまで半分を女性にしたら日本の政治や社会を変えることができるにちがいないと主張し、全国に先がけて女性副知事を起用し、女性の活動の場となる男女共同参画センター「てぃるる」を作るとともに女性財団も立ち上げました。それがようやく花開こうとしています。それだけに今後、沖縄の女性たちがどのような活躍をするのか、大いなる期待をもって注目しているところです。

ともあれ未来の沖縄を考える場合、どうしても解決しなければならないことは、最優先に人殺しと結び付く軍事基地を撤去させて、平和を発信する沖縄をつくることだと考えています。ところが残念ながら中学や高校の先生たちが戦争を知らない世代に変わっているので、生徒たちはなおさら戦争について知らないだけでなく、関心もほとんどないので、かかる嘆かわしい実態を変え得る人材が不可欠となっています。

沖縄独立論者たちの国連観とアメリカ観

――アメリカの戦略からすれば、沖縄が仮に独立しても米軍基地を存続させるのではないでしょうか。そうなれば、基地問題についてアメリカと独自に交渉しなければなりません。先生のようにアメリカをよく知っている人であれば、またパイプがあればまだしも、難しい問題なのではないでしょうか。

まさにおっしゃるとおりかも知れません。アメリカとしては、沖縄が独立したら、日本と交渉せずにすむので逆にしめたと思うでしょう。自分たちの思うがままに勝手にできるとの発想からです。とはいえ、必ずしもそう上手くいくとも思えません。

ちなみにハワイの沖縄系の人たちは、沖縄の日本復帰には大反対でした。彼らの言い分によると、日本に復帰したら、日本は沖縄の人々に納税させるだけでなくて、再び徴兵令を敷いて沖縄の人間までも納めさせてしまうから、というのがその理由でした。

現在、沖縄の独立論を唱えている若い人たちは、独立して国連に加盟することによって米軍を撤退させることも可能だと踏んでいます。それでも米軍が撤退しない場合は、現行の土地賃借料を大幅に値上げすればよい、そうすれば、米軍は撤退するか、それに応じるしかないから、と案外楽観視しています。

そして前述したように、アメリカなどに留学した高学歴の若い女性たちが実際に国連に出向いて、日本政府の対沖縄政策が差別的で沖縄を国内植民地同様に処遇しているので、国連の名においてそれを改めるよう勧告してほしいと要望し、すでに二回も勧告書を出させていると聞いています。こんなことは前代未聞のことですよ。

また、沖縄の過重な米軍基地負担問題についても、アメリカの裁判所に提訴もしています。そのようなことは、従来の手法とはまったくちがう点です。それでもアメリカからすれば、沖縄を日本から切り離して軍事基地をさらに強化拡充する恐れもありますが、独立論者たちは、沖縄が独立して国連機関に訴えると、国際的な議論を巻き起こせると踏んでいるようです。

——国連は、戦勝国がつくった組織です。その中で一番の力をもっている超大国はアメリカだけです。そうすると、国連が何と言おうが、アメリカがやると言えば、世界は動きます。私はこの一五年間の国連の動きを見ていて、国連の力はもう地に落ちたと思います。そんな国連に訴えるということは、自分たちではだめだから大国の大きな組織を頼りにするということになります。

そうではなくて、私がこれまで考えて来たのは、自治という問題です。たとえば、沖縄には自治憲章を持った島々があります。沖縄自体も自治憲章をつくって、内発的運動として基地問題に取り組むことは可能だと思います。独立の前に自治運動をやり、そのうえで独立を視野に入れるという内発的運動ならいいと思いますが、現状ではどうでしょうか。

宮本憲一さん（元滋賀大学学長、大阪市立大学名誉教授、滋賀大学名誉教授）らが、今、おっしゃった内発的自治ということを絶えず言っておられました。宮本さんは財政問題の専門家なので、沖縄の財政にとても詳しい方です。もともと敗戦後の沖縄では、自治の拡大についていろいろな活動が積み重ねられてきました。ですからポール・キャラウェイ琉球列島高等弁務官（一九六一年—一九六四年在任）の「自治神話論」*といった発言も出て来たわけです。ただ、今の憲法は地方自治を明確に謳っており、中央政府と地方の自治体とは対等だという趣旨のことを規定しているやに思われますが、実際には日本では今以て中央集権に固執しすぎて、地方の自治はなかなか容易でない実情です。しかし沖縄は、諦めるゆとりはありません。

＊　一九六三年三月、「金門クラブ」（米国留学帰還者の親睦団体）でのスピーチで、「沖縄の自治は神話であり、自治権は独立して初めて得られる」と発言した。

アメリカでは二〇一六年に大統領選挙がありますね。仮に民主党候補のヒラリー・クリントン大統領が誕生した場合に、国連との関係はどうなるか、従来どおりで存続できるのか、中国やロシアが国連の場で今後どういう力量を発揮できるかということも注視する必要がありますね。現在、中国が世界第二の経済大国になっていて、どちらかというと、アメリカも対中国関係を良い方向に持っていこうと努めているのではないでしょうか。そのような国際環境のなかで、安全保障理事会の五カ国の常任理事国と非常任理事国一〇カ国が今後どういうふうに動いていくかなどについても見守りたいと思います。

たしかにおっしゃるとおり、国連機関がこれまでのところほとんど何の役にも立たなかったことは、多くの人が指摘しているとおりです。しかし、将来の世界平和を考えるなら、国連という国際的な機関を大いに活用して、真の地球政府みたいなものに改変しなければならないと思います。

進む「日本離れ」と独立論の拡大

ところで最近は、憲法があぶなくなっているので、沖縄では日本離れが急速に進みつつあります。周知のとおり、沖縄の日本復帰のスローガンは、「平和憲法のもとに返る」でした。しかるにいざ復帰してみたら、平和憲法下に復帰したのでなくて、日米安保条約の下に返されただけなので、沖縄の人々は、今更のように日本復帰とは何だったのか、と悔しい思いで問い返している有様です。

憲法といえば、沖縄ほど憲法と無縁なところは日本全国どこにもないと思います。明治の大日本帝国憲法が制定された時も現行の日本国憲法が制定された時も沖縄代表は国会に出ていませんでした。明治時代に沖縄代表が五人正式に国会に出るようになったのは、他府県よりも三〇年も遅れただけでなく、現日本国憲法の場合も二〇年余も遅れました。あまつさえ、一九七二年に沖縄が日本復帰するまでの二七年間、沖縄には日本国憲法は適用されていませんでした。憲法には基本的人権をはじめとして、人間が人間らしく生きるためのもろもろの諸権利が具体的に規定されているので、憲法が適用されなければ、人間は人間らしい生活をすることができません。事実、沖縄の人々はまともに人間らしく処遇されてきたことはなく常に他人の目的達成の手段として物扱いされるか、政治的取引きの具に供されてきたのです。

それにも拘わらず、沖縄の人々は、殊の外、憲法を大事にしてきました。憲法を暮らしに生かそうとの合い言葉をかかげ、自らの手で日本国憲法の中身を一つ一つ勝ち取るだけでなく、憲法手帳を作って市民に配布したり、憲法記念日を設けてその普及を図ったりしたのです。その点は日本本土の場合とは際立った対照を見せています。本土の場合は、マッカーサーから与えられた「押し付け憲法」などと称されて、沖縄ほどそれが大事にはされなかったように思われます。

そのことはまた、日本本土と沖縄の歴史や文化の差異に起因する面も大きいと思います。ハワイ大学の人類学専攻のウィリアム・リーブラー教授は、自著の『沖縄の宗教』（原書一九六六年、邦訳『沖縄の宗教と社会構造』、一九七四年、弘文堂）の中で、こう説いています。「日本の文化と沖縄の文化は、根本的に違う。日本の文化は、武士の文化（Warriors culture）、武力を讃える尚武の文化なのに対し、沖縄の文化は、非武の文化（Absence of militarism）、もしくは文の文化、優しさの文化である。」

たしかに沖縄の文化は戦争を忌み嫌い、紛争も暴力で解決するのでなく話し合いで解決するのを常としています。それには十五世紀後半から十六世紀前半にかけて五〇年も王位についていた尚真王《しょうしんおう》が、地方の支配者たちの武器を取り上げて、中央集権制度を施くと共に、一般住民に武器の携帯を禁止する措置をとった、という歴史的背景があります。また一六〇九年の薩摩の琉球侵略以降、琉球人の反乱を懸念した薩摩がさらに武器の携帯を厳しく禁止した上、武器の輸入も厳禁した結果、沖縄は五百年以上も武器のない「守礼之邦」と称され、人々は「守礼の民」として国内外にその名が知られるようになったのです。

とはいえ、第二次大戦では日本の国策にがんじがらめにされ、沖縄も近隣アジア諸国民に多大の苦難を強いる加害者になったことは否定できません。現在、沖縄の人々が切実に戦争と結び付く軍事基地の撤去を要請して止まないのも、そのような歴史的背景や文化に基づいているとも言えます。

それにも拘わらず、日本政府は、県民の意思を顧慮することもなく無理矢理に普天間飛行場を辺野古に移設すべく図っています。それに対し、いくつもの地獄を束にしたような沖縄戦を体験した老若男女が十数年も生活を犠牲にして座り込んで抵抗している現状です。

そのような厳しい状況下で、日米両政府があくまで基地移設を強行すると、必ずや血が流れる事件・事故が起こる可能性があります。万が一そうなると何が発生するか分かりません。おそらく沖縄を犠牲にして成り立っている日米安保条約それ自体が崩れるかもしれません。そうでなくても行政がコントロールしかねる事態が発生するかも知れないのです。

その一方で、進みつつある「日本離れ」にいちだんと拍車がかかり、独立論が拡大するにちがいありません。現在の沖縄独立論は、これまでの政治家たちの一方的身勝手ともいうべき独立論と違って、大学の教授たちがまともに唱導し論議されているだけでなく、アカデミシャンが協力し合って「琉球民族独立総合研究学会」も設立され、シンポジウムなどを催して真剣に議論を重ねています。

常に初心に立ち返り、沖縄の平和創造をめざしたい

ただ最近は圧倒的に戦無派が増えていることもあって、「戦争と平和」について考える機運が弱まっています。しかし何度も申しますが、沖縄には諦めるゆとりはありません。その意味で、私たちは生きているかぎり、初心に立ち返って、あくまで所期の目的を達成しなければならないと考えています。

二〇〇三年、私の研究所で「沖縄の平和創造と人間の尊厳回復をめざす百人委員会」というのを立ち上げました。以前「平和をつくる沖縄百人委員会」（一九八〇年結成）というのがあり、東京大学名誉教授で沖縄国際大学教授の玉野井芳郎教授たちも入っておられました。これがつぶれたものですから、女性教授たちも含めて新しく立ち上げたのですが、まだ活動らしい活動はしていません。昨今の危機的日本の状況を克服するためにも、会員が協力し合って、各人ができることは何でもやっていこうと思います。

そういうものをつくらないと、日本は本当に危ないなと思っています。わたしは、いま沖縄独自の

政党の社会大衆党が弱すぎるのを残念に思っています。先日、同党のある那覇市会議員が私の研究所にやって来て「ワシントンまで出向き、辺野古への基地移設反対を直接訴えた」と報告したので、「そのことも大事だが、今は君が率先してもっと社大党を強化しなさい」と激励しました。最近は沖縄の独立問題に関心を抱いて、今まで来たこともない外国の記者たちまでがひっきりなしに訪ねてきます。その対応に追われている毎日です。

――先生、今日は長時間、ありがとうございました。

Photo by Ichige Minoru

〈座談会〉

これからの琉球はどうあるべきか

――現在から過去に遡る――

左から海勢頭豊、川満信一、伊佐眞一、安里英子、三木健、安里進、我部政男。

海勢頭豊（ミュージシャン・詩人）
川満信一（詩人）
我部政男（近代日本政治史家）
三木健（ジャーナリスト）
安里進（沖縄県立博物館・美術館館長）
安里英子（ライター）
伊佐眞一（近現代沖縄史家）
司会＝藤原良雄

I

私の原点、私の立ち位置

沖縄の龍宮神信仰を迫害してきた差別の歴史

海勢頭豊

海勢頭　豊（うみせど・ゆたか）

1943 年沖縄県平安座島生。沖縄から沖縄問題と絶対平和を訴え続けるミュージシャン。18 歳よりギターを独習。
代表的な歌に「喜瀬武原」「月桃」「さとうきびの花」など多数。映画「GAMA――月桃の花」を製作し、全国の中高校でロングラン上映中。各地での平和コンサート、オペラやミュージカル製作など、作曲、演奏活動は多岐にわたる。ジュゴン保護キャンペーンセンター（SDCC）代表。著書に『真振　MABUI』（2003 年）『卑弥呼コード　龍宮神黙示録』（2013 年、以上藤原書店）等。

今日は、平安座島《へんざ》にお集まりいただき、ありがとうございます。藤原さんからこの企画について話があったとき、当初は山原国頭《やんばるくにがみ》の奥部落ではどうかと思いましたが、遠すぎるので止めました。そこで前にみなさんと使ったことのあるこのホテルに部屋をとることにしました。川満さんは山原のほうにいきたかったんだと思いますが……。

私が平安座島に生まれたのは、昭和十八年十一月十七日です。沖縄戦のことはほとんど覚えていません。しかし、戦後じきの光景が記憶に残っています。部落の真ん中から島の後ろの耕作地に上っていくウフバンタという石畳道がありますが、毎日のようにこのウフバンタに上っていく葬儀の列を見て、これは一体何だろうと思いました。次第に戦争があったこと、自分の父親が戦死したことを理解するようになり、そして何で人間は戦争をしたんだろうと思うようになりました。私は母の実家にいましたが、ある日、きれいな洋服に着がえて、父の実家の海勢頭家の前に連れていかれて、龕《がん》の前に立たされました。そして石ころの入った骨つぼを見せられて、父の葬儀に向きあいました。人間って不思議な動物だと思いながら、近寄りがたい雰囲気で、葬儀を取り仕切るおばあたち、母親たちの立ち居振る舞いを見ていて非常に不思議な感覚になりましたが、そういう中で私は育ったのでした。

戦争について、平和について、来る日も来る日も考え続けて、島の伝統祭祀といいますか、女性たちが行うまつりごとが一体どういう意味を持っているのか、それにかかわる魂《マブイ》とか、ニライカナイとか、御嶽《ウタキ》とか、島にはいろんな意味不明の言葉があって、それを解明しないと、どうも死んでも死に切れないとの思いに至ったのが中学三年のときでした。雑誌のグラビアに、ノストラダムスの大予言で人類は大破局を迎えるというのがありまして、それを見ながら、どうせ死ぬなら、せめて生きているうちに島の言葉や伝統祭祀の謎を解き明かしてから死のうと思ったのです。

高校のころは、沖縄の自然がどんどん破壊されていくのを見て、沖縄の清ら文化に対する思いが強くなって、自然環境を守ることも大事だけど、それよりも文明による破壊を許している人間の心、精神環境の破壊、それを止めるようにしないといけない、もともと琉球にあった清ら文化、それを復活させたいと考えるようになり、今日に至っています。

私をそういう思いにさせてきたのは、私が島の海勢頭家という家柄に生まれたことと関係がありま す。海勢頭家は島の男神役、神人《かみんちゅ》としていつも島の神事には参加しなければなりません。神屋に行って祈る役、特に龍宮神を祭る立場の家に私は生まれたものですから、龍宮神とは一体何なのかを解き明かさない限り、神人になっても意味がないと思って、それで一所懸命龍宮神についても考えるようになったのです。平安座島では、龍宮のことを「どぅーぐ」といいます。「りゅうぐう」とは言いません。ジュゴンを「ドゥゴン」と言いますが、「DUGON」を沖縄風に言うと「ドゥグン」と発音しますから、それに対する当て字が「籠宮」もしくは「龍宮」になったのだと思います。またジュゴンのことを「ジャン」とか「ザン」「サン」とも言いますが、小学生のころ祖父が捕ってきたジャンを食べたとき、ジャンが龍宮神であるということを祖父から教わりました。ジャンの肉が非常においしかったことを今でも憶えていますが、こんなおいしいものが世の中にあるかねというぐらいおいしかったので、島の周辺にいたジュゴンは激減してしまいました。沖縄中を放浪しているうちに、どうも平安座島だけじゃなくて沖縄中に龍宮神伝説があることに気づくようになりました。

しかも学生時代に、宮古、八重山、西表、与那国に至るまで訪ね歩くうちに、島々が文化的に共通したものをみな持っていることに気づき、龍宮神信仰の分布でもって琉球という国はあったんじゃないかと思うようになりました。だが、しかし長いことなぞは解けませんでした。それが平安座の神屋に飾られている勾玉の写真を見て一挙に解けました。勾玉は巴の形です。勾玉も巴もジュゴンを表す霊玉であり、漢字ですが、巴を二つ、あるいは三つ象徴化してデザイン化したものが巴紋で、琉球士族たちが使っているのは三つ巴紋が主流で、実はこれが龍宮神信仰と関係していたのです。あっちこっちの御嶽《ウタキ》や井《カー》などの聖域に三つ巴紋が記されていることもわかりました。三線や太鼓にも描かれていて、三つ巴紋は沖縄中に広がっていて、愛されていることが分かりました。

そして、ヤマトにもちゃんと三つ巴紋が分布し、広がっていることにも気づきました。

しかし沖縄のまつりごとは女たちが中心になり仕切っていますが、ヤマトのまつりごとは男中心の神道です。そこでこの対立には、ヤマトによる沖縄の龍宮神信仰に対する構造的差別の問題があることに気づいて、それを調べ上げ、二〇一三年『卑弥呼コード　龍宮神黙示録』にまとめて出版した次第です。そして今は書いたことを検証しているところです。

ところがこの検証の旅をしているうちに、面白いことに次々と気がつきました。浦島伝説、かぐや姫伝説、八百比丘尼《やおびくに》伝説、桃太郎伝説など、一つ一つのおとぎ話が琉球対ヤマトの精神的内戦状態を物語っているということです。

特に興味をそそられるのは、奈良の讃岐神社です。そこが「竹取物語」即ちかぐや姫物語の発祥の地とのことですが、そのかぐや姫が平安貴族のプロポーズを次々と断り、何で月の国に帰らなければいけなかったか?というところに、龍宮神信仰への迫害に対する答えがあるように思うのです。讃岐とは香川県のことで、百襲姫《ももそひめ》伝説によれば、奈良に生まれた卑弥呼が香川県に逃れ、十二歳のときまで水主神社にかくまわれたとのこと。そのことも含めて讃岐と奈良の人たちとの信仰の絆は結構長く続いていたのだと思います。その讃岐からさらに追われて高知県の宿毛あたりに大月町というところがありますが、大月は「うふつき」と読みます。大月町に逃れた人たちが、さらにそこから沖縄に逃れ、龍宮神信仰を島々で行なうようになり、沖縄に逃れた人々によってグスク時代が始まり、琉球王国を建国するに至ったという流れが見えてきます。

つまり、グスクというのは、宿神である龍宮神を護るとの意味で、護宿《ぐすく》と理解すべきだと思います。龍宮神信仰が急に差別され迫害されるようになったのは、四世紀の崇神天皇と言われている御間城《みまき》入彦《いりひこ》が、卑弥呼の後を継いだ台与《とよ》の入り婿になり、その彼の暴虐によって、また彼に使わされた四道将軍によって、龍宮神信仰が弾圧されたようです。しかし龍宮神信仰は消えることなく残り、百済から仏教が伝来した欽明天皇（五〇九―五七二）のころ、今のような異常気象が続いたときに人々が、賀茂大明神のたたりであると騒いだために、まつりをして鎮めることになり、それが葵祭の始まりとのことですが……。京都下鴨神社の祭神が玉依姫《たまよりひめ》即ち龍宮神であることから、そのときの情況がよく分かります。そしてその後も龍宮神信仰は続きますが、今度は六八四年に四国で白鳳の大地震が起き、高知の黒田郡が土佐湾に沈んだとのことです。恐らくそのときに、人々の間に龍宮神信仰はさらに盛り返したのでしょう。白鳳大地震の遺跡が最近大月町の柏島の沖から出てきましたが、とかく仏教に対する抵抗は凄まじかったに違いありません。そしてその百年後、空海は龍宮神信仰を排除しないと国家はもたないと考え、宿神信仰つまりジュゴン信仰を四国から追い払うべく鎮圧にかかったわけです。高知県には今も宿神信仰が残っていますが、空海が八八カ所の霊場に真言宗の寺をつくり、弾圧のための監視支配システムを作った所から、琉球国誕生の必然性を感じたわけです。そのシステムが和歌山を始め各地に存在していることから、日本の歴史には、沖縄の龍宮神信仰を迫害し続けてきた大きな差別の流れがあることに気がついたところです。

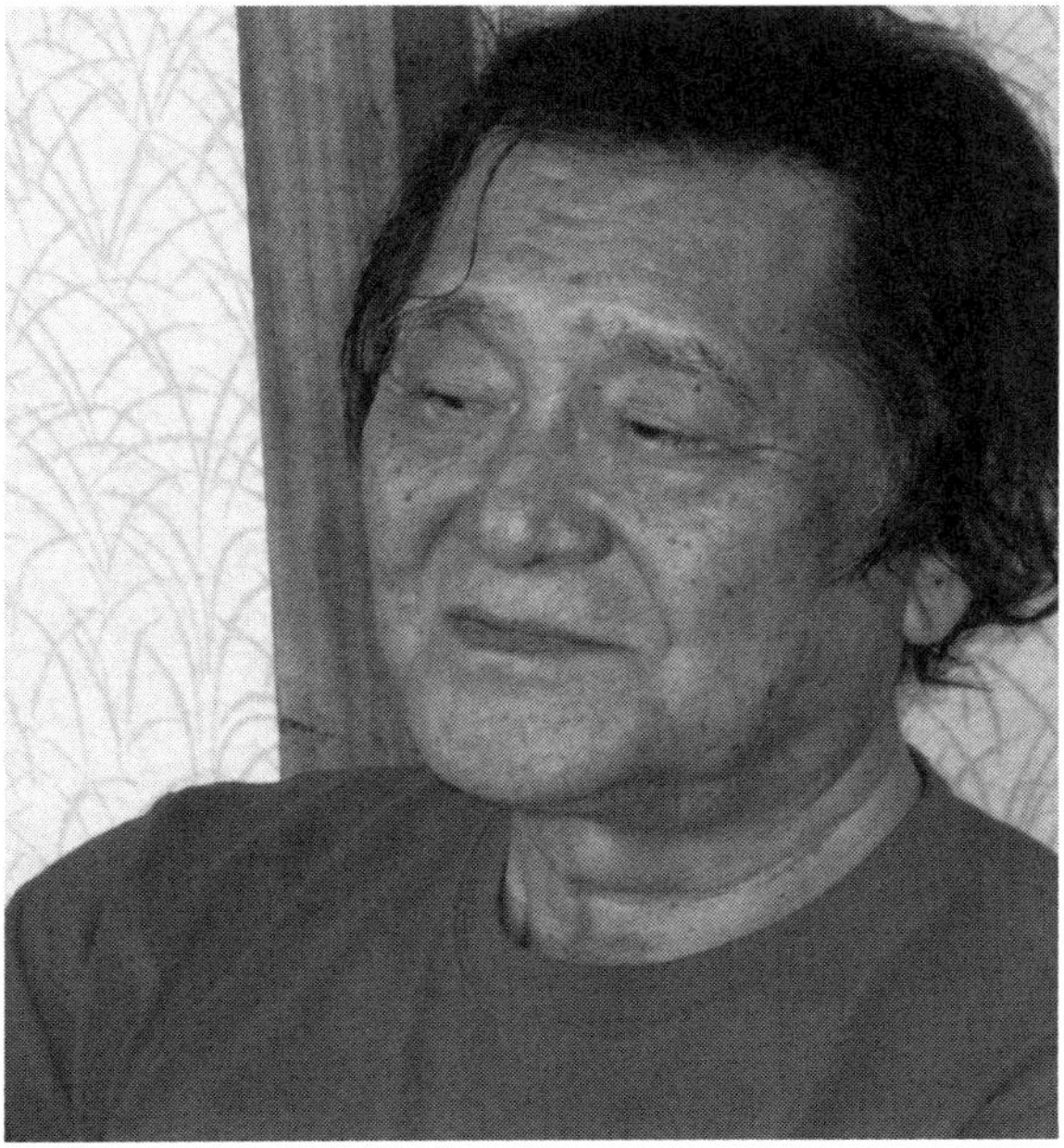

伊佐浜土地闘争の思想的体験から

川満信一

川満信一（かわみつ・しんいち）

1932年沖縄県宮古島市生まれ。琉球大学国文学科卒。国文学専攻。文学を志したのに沖縄問題に拘り雑文屋になった。伊佐浜土地闘争とマルクス資本論への出合いが人生を方向づけた。1981年『新沖縄文学』に「琉球共和社会憲法C私（試）案」を発表。沖縄タイムス記者、『新沖縄文学』編集責任、個人誌「カオスの貌」主宰。

著書に『川満信一詩集』（1972年、オリジナル企画）、『沖縄・根からの問い』（1978年、泰流社）、『沖縄・自立と共生の思想』（1987年、海風社）等。

私は宮古の久松というところで一九三二〔昭和七〕年に生まれました。一九五二年に沖縄本島に渡ってきました。軍作業をやるために沖縄に来たんです。たまたま高校を卒業するときに、友達連中がみんな受験するものだから、僕も受けないと格好悪いと思い、みんなと調子を合わせて琉球大学を受験しました。だけど沖縄に渡っても別に琉大に行く気は全くなく、軍作業に行くつもりで、中部〔現うるま市〕で軍作業の仕事を探していました。先に琉大に入っていた松原清吉という先輩がいて、「合格の告示が出されているのに、どうしておまえは入学手続きに来ないのか」と言われて、「いや、ぼくは琉大に行くつもりはない。軍作業に行くんだ」と返事をしたら、「いや、自分で軍作業を探すよりは、琉大の入学手続きをして、琉大の寄宿舎に入った方がはるかに軍作業は見つけやすい」と教えられました。確かにそうでしたね。入学手続きをしてカマボコ型のコンセット〔米軍払い下げの簡易兵舎〕の寮に入ると、昼の三時ごろにトラックがやってきて、学生を詰められるだけ詰めて、那覇軍港に連れていきました。琉大が米軍関係の肉体労働者を集める下請け機関になっていました。そうして、軍港での荷降ろし作業を徹夜でやるわけです。

昼間は、大学構内のがれき撤去です。当時は首里城全体が瓦礫でした。そこにツーバイフォー〔二インチ×四インチの木材を使う建築構法の通称〕みたいな材木で簡単な長屋風、瓦ぶきの校舎がありました。学校に行くと、すぐもっこ〔縄や竹・蔓を編んで作った吊り綱。二つの輪に棒を通し、前後二人で担ぐ〕を担いで、首里城中庭〔広場〕の瓦礫を運び出す作業をやって、それが終わって初めて一、二時間ぐらい授業をやるというような、そういう時代でした。

そのころは那覇へおりていくと、今の県庁があるでしょう。むかしの琉球政府です。そこから戦災で焼け残っている波上宮《なみのうえぐう》の鳥居が丸ごと直視できました。それくらい、那覇の町は瓦礫になっていました。それに、いま沖縄タイムスがあるあたりとか、琉球銀行があるあたりは、みんな金網で囲われて、米軍が占領して基地にしていました。

琉球政府は、形はできていましたが、米軍政府高等弁務官の下に、米民政があり、琉球政府はその下請けでした。

琉球立法院もできましたが、米国民政府の府令布告一つで、幾らでも立法院の決議が左右されました。形は民主主義ですが、実質は全くアメリカの独裁下にありました。そういう時代が続きます。

軍作業のアルバイトはきついし、宿舎の飯はろくでもない三角パンと水で薄めた粉ミルクだし、空腹は辛かったですね。そうこうしているうちに私費留学で京都大学、東京大学などに行った先輩たちが卒業して帰ってきました。あのころヤマトに留学した先輩たちの多くは、共産主義、社会主義思想を吹き込まれてきました。その先輩たちが呼びかけて、ソヴィエット同盟科学アカデミー経済研究所が出していた『経済学教科書』をテキストにして、秘密の研究会を始めました。そしてその秘密の研究会に集まっている連中も、一年ぐらいであっという間に洗脳されました。

僕は楽譜を読めないのですが、その先輩たちからロシア民謡を習い、学内で歌声運動をやることになりました。最初は五人ぐらい集まって、僕は記念運動場の脇の岩の上に立って、タクトを振りました。それがあっという間に、半年もたたないうちに百人近く集まるようになり、楽譜も読めない僕がいつまでもタクトを振っているわけにもいかない。ちょうどそのころ音楽専攻の学生で阿波根道子といったかな、彼女が「私がやりましょう」と引き受けてくれました。彼女は後に、琉球放送の堺専務の奥さんになります。その歌声運動のときは、多いときで一五〇人ぐらい集まりました。みんな精神的に飢えていたそんな時代でした。

『琉大文学』という雑誌が一九五三年に創刊されますが、四号、五号までは、デカダンスだの、ニヒリズムだの、ペシミズムだの、そういう内容の文章ばかりでした。それが六号からがらりと変わります。なぜ六号があれだけ変わったかというと、ルカーチの社会主義リアリズム論と、それから日本共産党の蔵原惟人《くらはらこれひと》とか宮本顕治とか、そういう人たちの文学論がどっと入って来たからです。同時にプロレタリア文学関係も入って来たので「銃剣とブルドーザー」〔戦後の米軍による強制的な土地収用。抵抗する住民を銃剣で排除し、ブルドーザーで畑や家屋を破壊した。〕という情況下でもあり、みんな洗脳されてしまって、六号から内容もひっくり返ったように過激になりました。

一九五三年ごろから一九五五年にかけて、朝鮮戦争と関連して軍事基地建設のための土地の強制接収が度重なります。洗脳されている連中はすぐ現場へ出かけて行きました。現場へ行くと、逆に現場から思想を鍛えられるという感じになりました。伊佐浜《いさはま》や伊江島《いえ》の土地闘争では、農家のおじさん、おばさんたちとスクラムを組みながら抵抗します。その目の前でブルドーザーが民家や田んぼの稲をすき返すのを見ました。そしてMPがやってきて、銃の台尾でひっぱたきながら、今の五八号線〔当時一号線〕道路の向こうに放り出しました。

そこでは思想的に二つの体験ができました。一つは、僕らが無意識に国家と呼んでいるものが、国家を存続させるためにいかに暴力の壁をつくり上げているかを体感できたことです。そして国家の暴力、支配の暴力に対して僕らがいかに無力かを思い知らされたということです。この無力で武器なしの状態で闘うには、集団を増やすしかないことに思い至り、職場における労働組合結成、あるいは学生の自治会活動の強化というところに、どんどん入って行きました。

もう一つは、目の前の軍事基地の強化によって、沖縄戦の体験を呼び覚まされたということです。そして先輩の作家たちが、自分たちの表現活動の中で沖縄戦をどう扱うかを問題意識として取り込みました。そういうふうにして、『琉大文学』の六号、七号あたりから、先輩作家の山里永吉さんの『塵境《じんきょう》』という小説に対して、あなたは沖縄戦の体験を作品の主人公たちに一つも負わせていないが、戦争中は河童の国にいたのか、みたいな皮肉な物言いをしたりして、浅はかな知識をひけらかしていました。

学校を卒業するとき、島ぐるみ闘争が少しずつ形を整えており、当事者である米軍の方も民衆の立ち上がりに対して非常に警戒心が強くなり、結局『琉大文学』の一級下の後輩たちは、私たちが卒業すると同時に四人も退学処分になったり停学処分になったりしました。そういう時代でした。

一九五六年に琉大を卒業して、すぐ首里高校の定時制の教員になりました。昼間は琉大の図書館を利用して、夜帰りに首里の定時制で何時間か教えれば、学生のころ土地闘争ばかりやってろくに勉強できなかったのを取り返せるはずだという魂胆でした。

ところがね、この経済学研究会のリーダーだった先輩が、先に沖縄タイムスに入っていて、彼が一所懸命、労働組合をつくろうとするんだけど、そのころにちょうど瀬長亀次郎《せながかめじろう》が那覇市長に当選して、この先輩を総務部長に引き抜いてしまったんです。それで僕が沖縄タイムスに入社して、先に入社していた新川明と一緒に労働組合をつくらないかということになったのです。

入社試験に行ったら会社も記者が不足していたんでしょう。編集局長、次長二人と、専務がいたかな、国際問題について自分たちで話をした後、「どう思うかね」と質問を振ってくるんです。「私としてはこういうふうに判断しますけど」と答えたら、「そうか、そうか」と、それでもう入社決まりでした。

今の崇元寺《そうげんじ》の向かいにコンセットのトタンぶき長屋がありました。そこが社屋でした。そのころは大した部数も出してなかったでしょう。わたしが入るまで、まだ活字も十分そろっていませんでした。入社したのは正確に言うと、一九五六年の十一月のことです。ただし、次の新卒の教員を補充しないと困るという校長の言い分で、「高校の方はこういう事情だけどどうしますか」と新聞社に話したら、「うん、夜はそこで授業やって、昼間は新聞社の見習いをやりなさい」と言われました。四月までは両方掛け持ちということです。四月から本格的に沖縄タイムスで働きはじめ、新川明さんと協力して、あのころの中堅記者たちを説得して、一年もしないうちに労働組合を作り上げてしまいました。

ただ組織をつくるときの浅はかな考えは、注意しないといけません。当時、私たちは、新聞社の心臓は輪転機だから、この輪転機の主任を労働組合の委員長に据えて輪転機を止めるぞと迫れば、団体交渉は有利になる、という戦略で、大して組合運動に関心もない輪転機の主任を委員長に立てました。新川さんと僕は、入社早々組合を結成したということで、片方は鹿児島、片方は宮古へと島流しにされました。支局にいる間に、労働組合の委員長は、総会も開かず「私は委員長をやめる」と言って、組合を放置し、わけのわからないような状態になってしまいました。本社に戻って組合再建を一所懸命やり、一九六一年ごろまでには、何とか立て直すことができました。その後、新川さんと二人で、教宣部長、宣伝部長をやり、組合強化を図りました。僕の場合、ちょうど一九六三年に委員長をやっていたものだから、その委員長任期が切れた途端にすぐ、一九六四年には鹿児島へ飛ばされました。しかし、僕にとってこの鹿児島転勤は非常にありがたい機会でした。なぜありがたいかというと、鹿児島支局にいる間、まるで大学院に行っているみたいな気分になれたからです。大して記事もないし、ただ当時は東京や関西に行くには、鹿児島経由ですから、その人たちのちょっとした世話と、それから一年に二回ぐらい鹿児島の企業から広告をとって、支局の体裁をつければもうそれで仕事は終わりみたいな、そういう暇な支局でしたから、六〇年安保を体験した後の新左翼系の人たちの著作をかじりついて読みました。

六〇年安保のときには、沖縄にアイゼンハワーが来たものだから、アイゼンハワー帰れという闘争になりましたが、それがヤマトの安保闘争に相当する沖縄の闘争です。そのときは、僕なんかも銃剣を持った海兵隊員の前で緊張しながらスクラム組んでました。

三つ子の魂百までというように、相変わらず卒業できないまま今でも愚かなことをしております。

沖縄戦の記憶

我部政男

我部政男（がべ・まさお）

1939年沖縄県本部町生まれ。琉球大学卒業・東京教育大学大学院文学研究科博士課程修了。日本近代史。琉球大学教授、山梨学院大学法学部政治行政学科教授を経て、山梨学院大学名誉教授。近代日本政治史に関する著作・論文及び史料集のほか、琉球処分や沖縄戦など沖縄近現代史に関する著作も多数。

著書に『明治国家と沖縄』（1979年）『近代日本と沖縄』（1981年）『明治十五・十六年地方巡察使復命書』上・下巻（1980、81年、以上三一書房）、『沖縄史料学の方法』（1988年、新泉社）色川大吉・我部政男監修『明治建白書集成』全九巻（1986-2000年、筑摩書房）など。

僕の生年月日は、戸籍上、一九四〇年二月二十八日になっていますが、実際はそうでないかもしれません。これは僕がつくった戸籍です。終戦後、戸籍がみんな焼けたので、僕自身が個人申請したんです。それが僕がつくったという意味です。不思議な話ですが、実際にそういうことがおこったのです。私のほんとうの生年月日は昭和十四年一月六日だと思います。後でみつかった戦前の保険書類の中にその記録が残っておりました

戦争の少し前に両親と弟とは奄美大島に疎開しましたが、私は長男で、航路の危険もあるので、おまえは残れということで、僕は祖母と沖縄に残りました。しかし戦争が激しくなる前、沖縄に戻ってきました。そのころの沖縄の本部の家は、海岸近くにありました。そのころ各地に日本軍が配備されました。その軍のことを人々は「友軍」と呼んでおりました。僕らの漁村部落にも船舶工兵隊が駐留していて、そこに朝鮮から来た朝鮮人軍夫がたくさん住んでいました。彼ら朝鮮人軍夫は山や丘にある陣地に弾薬を運んだり陣地の避難壕をつくったりする仕事をしていました。その朝鮮人軍夫たちがコーレーグス、つまりトウガラシが大好きでしたので、子供はあっちこっちの庭にまで入って、探して食べさせていました。辛いコーレーグスを好むのを見ていました。学校の施設は、ほとんど軍隊に接収されていました。私の家も船舶工兵隊の隊長の宿舎になっていました。なぜかは知りませんが、父が軍隊との協力連絡係をしていたからかもしれません。僕の家の半分の上の座敷は軍が使用していました。そのこともあって、隊長と一緒に食事をしたこともありました。軍の食べる食事は、屋敷内で調理されていました。

家の前を五〇メートルも行くとすぐ海岸に出ます。海岸から瀬底島《せそこじま》の方を見ると潜水母艦迅鯨《じんげい》とい

う大きな戦艦が停泊していました。沖縄への輸送任務についていた迅鯨は、途中で魚雷攻撃を受け航行不能となり、曳航されて瀬底島の方に避難していたのです。迅鯨は帰路、学童を疎開させることになっていました。ところが十月十日の空襲で米軍がこれを爆撃して沈めました。沈めて、そこに乗っていた乗組員、兵士の多くが焼け死にました。鎮火した後、漁師が、屍体を探し集めて、海岸で荼毘に付していました。そのときにもう一隻、寄留商人が鹿児島に帰るという船が止まっていましたが、この船も沈められました。十・十空襲では、そんな光景を記憶しています。潜水母艦迅鯨は戦後になって、朝鮮戦争の始まる前のスクラップ景気で、日本サルベージという門司の会社が浮上させ、八幡製鉄所に持っていきました。

沖縄戦では、伊豆味《いずみ》の山の中に家族で避難しておりました。ここは那覇からの人もたくさん流れこんできていました。狭い地域に多くの人がひしめき集結していました。ここでは戦闘らしい戦闘はなかったようです。ただ艦砲射撃の砲弾は、ボンボン、ビュービューと飛んできました。砲弾がビューと音を立てて飛んでくるというのは怖かったですね。ボンと大きな音がすると、自分のところに飛んでこなかったとわかりほっとします。明かりの記憶はありません。夜も照明灯が昼みたいに輝いていましたので、それを頼りに山の中に避難していました。寝るといっても平坦な場所はないので斜面で横になりますが、目が覚めたら下に滑り落ちています。

伊江《いえ》島の爆撃も見ましたが、何か花火みたいですごくきれいだったことだけが印象に残っていています。艦砲射撃は砲弾がどこからともなく飛んで来ます。そして石とかにぶち当たると、破片が剃刀みたいに飛んで来ます。

結局、伊豆味の避難中に、米軍が上陸したということがわかったから、我々の家族は、逆に今帰仁《なきじん》城の後ろ側の下の川を通って、長浜という海岸の穴の中に家族で移り住んでいました。その海岸の穴の中に潜んでいるときに黒人兵士が現れて、何か変な日本語を使って、「出てこい、心配するな」とか言っていました。穴から出ると、日の丸の旗を示して、これを持っていないかと、短刀をかざしての尋問でした。確か、祖母が持っていたようだが、風呂敷のつもりで、つい忘れていました。もしとっさに提示すれば、今思い出すと、即座に銃殺の雰囲気でした。

朝鮮人軍夫、日本軍兵士が使っていた軍専用の車は、多くが木炭車でした。馬力がないので、伊豆味の坂も上れず、押して歩いていました。よくこれで戦争をすることになったなと、今はただ感心します。そのころ、浜崎の自分の家から避難場所の伊豆味まで子供の足で歩くというのは、大変なことだったけれども、さらに、隠れ逃れて今帰仁《なきじん》の海岸の穴までいって、そこで捕まってしまいます。はたして、どれだけの避難、逃げ隠れだったのか、はっきりとは覚えていません。日時の感覚はないが、相当に長かったようにも思います。

もう戦争が終わったと、集められた住民に米軍は告げました。したがって、自分の家に帰れとの命令でした。その命令を避難者が、どう受け止めたのかは定かではありません。帰れといわれて、本部に帰ってみたら、戦禍の被害もなく、小さな集落はそのままの姿で、静まり返っていました。家も残っていたので、しばらくそこに住んでいました。住んでいたらまた突然、久志村《くしそん》、辺野古《へのこ》、羽地村《はねじそん》に、本部《もとぶ》町民が移住させられることになりました。何のために移住するかわからないけど、本部を基地に使用したいと考えたことでしょう。羽地《はねじ》なんかに行ったら大変だと感じた父は、すぐ向かい側の「治外法権」の瀬底島《せそこじま》に渡って、またしても島の後ろの穴の中で生活をはじめます。

その島で幼稚園に通いました。毎日アメリカの兵士が来ていましたので、子供たちは、シガレット・ギブミーと言って、お菓子やタバコを強請《ねだ》りました。タバコをもらって、火もつけてくれるものだから、タバコも吸いました。それからやみつきになり、小学校四年ごろまではタバコを吸っていました。ただ家で吸うわけじゃなくて、学校に行く道すがら吸ってました。みんなタバコに自分の名前を書いて、誰か管理者がいて預かって、学校に行くときに配っていました。そのタバコも学校内には持ち込まず、学校の近くの木の下に隠しておいて、帰りに吸い、また回収していました。そういうことをしていたときに、僕はたまたま隠すのを忘れて教室内に持ち込んでしまいました。そうしたら、女の子の弁当がなくなり、誰が食べたかということで持ち物検査が始まって、僕のカバンからタバコが出てきてしまい、これが大騒ぎになりました。父兄が学校に呼ばれる羽目になりました。僕の父もかつての校長の教え子ということもあり、「君もだめだけど、子供までだめにしてどうするか」と校長に叱られました。気骨のある校長でした。その校長の前で、父は、僕に「君ね、学校をやめるかタバコをやめるか、どっちかにしてくれ」と言うから、僕は泣く泣くタバコをやめました。その時に見つからなかった連中はそのままずっと吸っていました。

小学校、中学校は本部《もとぶ》で過ごしまして、高校は名護に出て、途中から那覇に出て、琉球大学に入りました。

実際に沖縄の歴史の研究を始めると、史料が全くないということに気づきました。全くないと言ったら言い過ぎなんだけど、まとまってはいない。まとまっていなければ、探さないといけないということで、結局史料収集の仕事が自分の人生の後半の主な仕事になってしまいました。内容を検討するのに、まだ時間が幾らか残されているかもしれません。

いまは自分一人の体験の中には、沖縄人の経験した歴史が内包されており、それぞれの人の体験の中に、沖縄の歴史が個体発生みたいに繰り返しているんじゃないかという印象を持っています。沖縄に生を受けてここで生活をした人たちの多くは、沖縄の歴史の繰り返しを、自分の短い人生の中で再現しているのではないかな、個体発生と系統発生の話で、よく生物学的には説明するけれども、歴史の中にもそういうことがあるんではないかなという感じがします。アイゼンハワーが来たときの安保闘争の話はまた後でやりますが、沖縄の人がみな体験した大変な時期に、自分もいろんなことを勉強させられたなという気持ちを今も持っています。大学を終えて、就職先もないので、上京して大学院に入学し研究を志しました。

＊　＊　＊

幼児期の戦争体験の中で、話してないことがあります。補足させてください。先ほど申しましたように私の家に船舶工兵隊の隊長がいました。その隊長と父が那覇にでかけたそうです。

その帰り道での出来事ですが、乗っていた飛行機が故障し、落下傘でおりてきたアメリカ兵を、首里の陣地の下側の方に壕をつくって収容していました。それを隊長が見たいというので、見学に首里に行くと、松川のほとりで父の名前を呼ぶ女性がいました。その女性を隊長の許可を得て車に乗せて本部に連れてきました。その女性は、那覇の辻町で働いていたが、空襲で焼け出され、松川の排水溝のところに来ていたようです。その女性は、その後、隊長の身の回りの世話をしていましたが、その後、戦闘が激しくなり、部隊が解散状態になると、女性は、父に預けられ行動を共にすることになります。

母親はあまりいい気はしなかったけれども、そのころ妹がお腹におり、大きなお腹を抱えて逃げ回るだけでも大変で、弟の方はおやじが手を引いているけれども、僕を見る人がいないもんだから、その女性にずっと手を引いてもらって避難生活を生き延びてきました。その人の名前はキヨコさんというんだけど、「キヨちゃん、キヨちゃん」と言ってなついていました。後年、キヨコさんがどこにいるかということを僕が父に聞いても、教えてくれませんでした。彼女の過去を暴き立てると思ったのかもしれません。慰安婦の問題を語る場合には、厳しい問題がありますが、僕自身の中では、ずっと面倒を見てくれた姉ちゃんという親しみがある存在です。

朝鮮の人ではありません。同じ本部《もとぶ》の人だと思います。そのことで、僕は他の人が経験できない貴重な体験をしたと思います。今帰仁《なきじん》で捕虜になったときもキヨコさんは一緒でした。

みんなはっきり言いたがらないのですが、戦争で死んだ人間のほかに、戦後になって爆弾いじりをして死んだ人も結構います。戦後になって生活しようというときに、父は漁民だから魚を取って暮らしをたてていました。しかし、実際は魚をとる網がありません。船もありませんが、上陸用舟艇のガソリンタンクみたいなものを小舟に作り替えました。そしてダイナマイトを海中に投げ込んで、漁をしたこともあったと思います。そうやってぎりぎりの生活をしていましたが、事故も少なくないと思います。住民全体がひどく貧しかったんですね。ちょっと話が飛びますが、ビギンの歌の中にも「貧しいときにはみんな同じ夢を見た」という歌詞がありますね。すごいことを歌っているなと思います。

そういう貧しい時代がどういう形で今の自分の意識の中に取り込まれているのか、それを理解することが沖縄の今を理解することにつながる面があります。一人の人間の持っている過去はその人固有の体験ではあるけど、その後の歴史とそれは大きなかかわりを持つので、ちゃんと語っておいた方がいいし、それが日本人に伝える最大の財産だと、僕は思います。自分の中に生きている沖縄、地域を語ることによって、沖縄の理解を深めさせることができます。今回話すことで足りないところは、いろいろ補ったりしながら後世に残したいですね。我々はいずれいなくなりますが、我々が話したり、書いたものが残るとすれば、沖縄を理解するための導きの糸になるんじゃないかという気がします。

八重山の地域史を掘り起こす

三木健

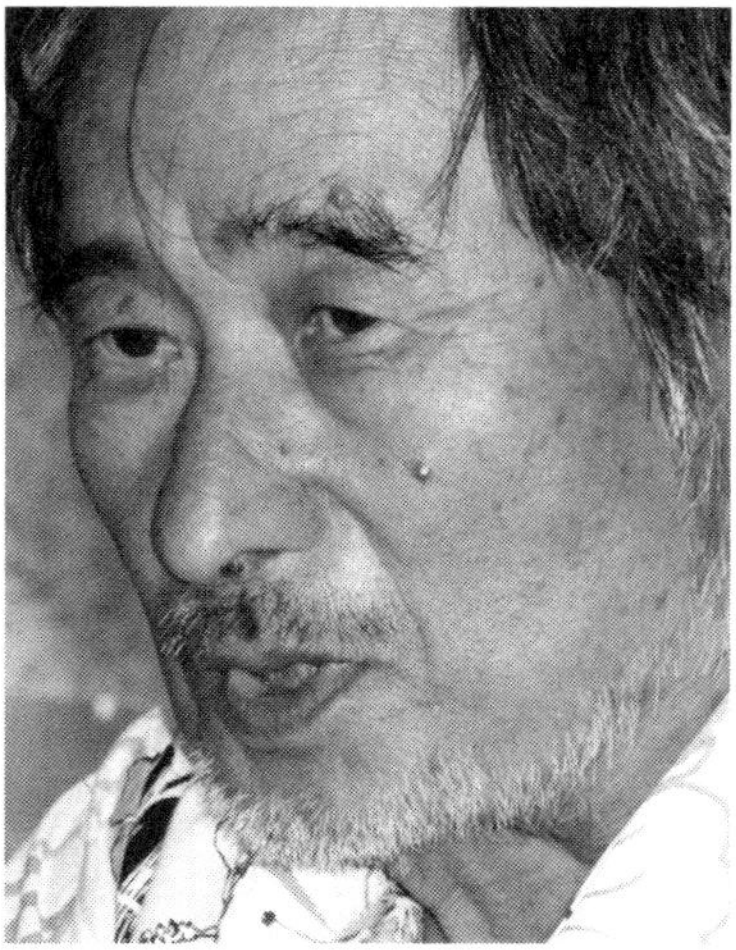

三木健（みき・たけし）

1940年沖縄県石垣市生まれ。明治大学政経学部卒。ジャーナリスト、石垣市史編集委員長、竹富町史編集委員、沖縄八重山文化研究会会員。琉球新報記者をしながら八重山の地域史掘り起こしに従事。琉球新報記者、編集局長、副社長で退職。

主著に『西表炭坑概史』（1983年、ひるぎ社）、『八重山近代民衆史』（1980年、三一書房）、『八重山研究の人々』（1989年、ニライ社）、『ドキュメント沖縄返還交渉』（2000年、日本経済評論社）、『八重山を読む』（2000年、南山舎）等。

私は我部さんより一年後、一九四〇年二月二日に石垣島で生まれました。もう戦時体制に入りつつある時代です。私の生家は石垣で、製材業をやっていました。私の祖父は専太郎といいますが、この人はもともと香川県高松の生まれで、明治の日露戦争のときに二〇三高地まで行って生き延びた人です。その戦争から帰ってきて、日露戦争後の日本の不況時代に、高松の農民の出だったんですけど、食えなかったんでしょうね。それで台湾に移民しました。明治四十三年です。東海岸の花蓮《かれん》に日本人の入植地があって、そこにどうも入っていたらしい。

花蓮《かれん》で生活するんですが、この人は元気者で、農民でいることに満足せず、山の木を切って製材関係の仕事をして、それから基隆《きりゅう》に出てきて事業を起こしました。ちょうど日露戦争の後、台湾では植民地支配で鉄道がどんどん敷設されていくんで、枕木が必要だったんでしょうね。そういうものや炭鉱のいろんな資材を供給していました。

明治の終わりか大正の初めに石垣島に来て、そこでも製材業をやります。やっぱり木を切って製材して、台湾に送ったりしていました。それからもう一つは、沖縄の主産業であった製糖業関係の資材の供給ですね。黒砂糖を詰める樽の榑《くれ》板といって輪っかをはめて組み立てる木があります。桶みたいなものです。その需要があったらしくて、それをたくさんつくって、だんだん財を成して、町会議員も一期務めたり、それから消防団長をやったりして、ちょっとした町の名士になっていたようです。それで父親も来て事業を一緒にやるようになって、そういう中私が生まれました。

私が五歳のとき、一九四五年の戦争の六月ごろに、石垣島の子供たちは台湾に疎開せよという命令が出ました。ご承知のように沖縄本島は九州に疎開し、宮古、八重山は台湾に疎開させられました。

私と弟も母親に連れられて台湾に疎開しました。台湾には親戚もいて集団疎開ではなく、縁故疎開でした。新築の山挟《さんちゅう》という山中の長屋をマス目に区切って、何々家はここ、何々家はここと、三畳一間くらいなところに親子三名が住みました。ずっとそこにいたわけじゃなくて、戦況によって転々としていたようです。私の記憶ではそういうことでした。

戦争が終わってから割と早く、南方から小さな船で石垣島に引き揚げて来ました。とても波が荒くて、みんな船酔いしました。途中、与那国《よなぐに》に上陸して、波がおさまるのを待って出港しました。与那国《よなぐに》で一泊か二泊した記憶があります。

石垣島に戻ると小学校に入学しました。島に居残った人たちは、みんな山中に軍の命令で疎開しますが、そこはマラリアの有病地であったために、たちまちマラリアが大流行していきました。いわゆる「戦争マラリア」です。延べ三六〇〇人ぐらいマラリアで死んでいます。直接、爆撃でやられたのは百数十人でしたが、それをはるかに上回る数の人が戦争マラリアで死んでいます。私は幸いにして台湾に疎開したために、戦争マラリアの犠牲になることはありませんでした。山の中からちょうど石垣の町に戻ってきた僕の同期の者たちは、みんな黄色や青白い顔をして、痩せていたのをよく覚えています。

私の戦争体験はそんなところですが、子供のときに台湾に疎開したというのが、後々私が台湾というろんなかかわりを持つようになる最初で、今にして思うと運命的なものを感じます。台湾疎開中は、幼稚園で毎朝皇居遥拝をさせられたり、台湾の人たちの日本人に対する反発に身の危険を感じながら通園したりと、街をはなれた疎開先の台湾人らは親切にされたり、子どもながらではありますが、後々の私の台湾とのかかわりの中で、非常に貴重な植民地体験をしたと思います。

石垣では登野城《とのしろ》小学校に入学しましたが、入学当時の校名は、まだ国民学校でした。そのうち初等学校に変わります。ほとんど校舎が空襲でやられてしまい、馬小屋校舎と言われたかやぶきの校舎を使いました。そこに石を置いて、板を渡しただけの腰かけに座って授業をしていました。それでも戦後民主教育の第一期生として、スタートしています。授業が始まる場合は、英語で級長の「スタンダップ」と号令がかかりました。それで一斉に立って、「バウ」と言って礼をして、「シットダウン」と言って座りました。そんな授業が始まって、本当にアメリカ流になったということを非常にしみじみと感じました。

ただ、あのころ登野城《とのしろ》小学校の校門を入ると、まだ奉安殿がありました。天皇陛下のいわゆる御真影が飾ってあったところです。もちろんもう御真影はありませんでしたが、戦前からの先生たちは、校門に入るときに立ち止って一礼していました。僕は子供ながらに何であそこで礼をしているのかな、何があるんだろうと思いました。あるとき大掃除で、その奉安殿の後ろの鉄の扉をあけたことがありました。チャンスとばかり見に行ったら、戦前の古い教科書などが詰めこんでありました。もちろん写真はもうなかったです。今でもその奉安殿は、登野城《とのしろ》小学校の西の片隅にあります。校舎建てかえのときに、これを処分しようとしたら、歴史家の色川大吉さんがそれを聞きつけて「処分するなら自分が買う」と言ったそうです。それでみんな「えっ、そんなに大事なのか」とびっくりして処分をやめ、校舎の片隅に戦前の皇民化教育の物的証拠として保存されています。

その後、私は石垣中学校から八重山高校に進学しました。文芸部に所属して、いろいろな活動をやりました。戦後の八重山では文芸復興と言われるぐらい文化活動が盛んな時代がありました。台湾から引き揚げて来た人たちがいろんな活動をやりました。島にいた詩人や音楽家が演劇をやったり、詞を書いて歌をつくったりしました。それが非常に活発な時代で、私の高校時代の文芸部担当の喜友名《きゆな》英文《えいぶん》先生が、文芸復興期の旗手の一人でした。私も影響を受けました。

今年は戦後七〇年というので、戦後八重山でつくられた歌、特に一九七二年の日本復帰までのもの、アメリカ世のころにつくられたオリジナルの作詞作曲を集めて、これを演奏するコンサートを今月（六月）二十八日に石垣市民会館でやります。さっきの川満さんの話じゃないけど、マーミナー（楽譜）も読めないくせに、私はその音楽協会の顧問をやっています。埋れた曲が大体百曲ぐらい集まったので、そのうち三十数曲をステージに乗せようと、いま準備しています。

一九五八年、私は高校を卒業して大学に行くために上京します。あのころ石垣から東京に上京するのは大変なことでした。まず石垣の港からはしけに乗ります。那覇に行く本船は五百トンから千トンぐらいでしたが、それでも港は浅瀬で接岸できなかったので、沖合に停泊してはしけで行くのです。それから二四時間かかって那覇まで行きます。那覇からすぐに鹿児島行きの船に乗り継げるかといったら、そうはうまく接続していません。そこで那覇で一泊か二泊してから、鹿児島行きの船で二四時間乗って鹿児島に着きます。今度は汽車で夜行列車に乗るため鹿児島で一泊します。東京まで三五時間かかります。だから東京へ行くのに、順調にいって三泊四日、下手すると一週間もかかるんです。もちろん飛行機なんてありません。そういう時代でした。船旅は、七島灘《しちとうなだ》を渡るときに海が荒れて、ものすごく揺れます。吐き気を催しますが、吐瀉物を受ける洗面器も右から左に行ったり来たりしますので、これを両手でつかまえてからゲーゲーします。鹿児島に着いてからの列車も今みたいにクーラーもないので、トンネルに入るとばい煙がわっと車内に入って来て、東京に着くまでに、ワイシャツのえりがまっ黒くなりました。そんな思いをして上京したものです。

私は一九五九年に明治大学法学部に入りました。法学部は嫌いで入るつもりはなかったのですが、私の父が中学二年のときに病気で死んで、祖父が後見人になっていましたが、その祖父から「文学部なんかに行ったらめしは食えない、そこへ行くなら仕送りしない」と言われて、それで妥協して法学部に行くことにしました。

法学部では社会思想史ゼミナールに入って、そこで戦後沖縄の社会意識調査をすることになり、ゼミナールのメンバーとアンケートなどを準備し、夏休みに帰省して調査したことがあります。意識的に沖縄のこととかかわり出したのは、それが初めてです。そのころに伊波普猷《いはふゆう》の『孤島苦の琉球史』という本を読みました。それが沖縄の歴史を読んだ最初でした。何と複雑な経緯を経て今日に至っているのか、この本で初めて知りました。

それと自分が台湾に疎開していたということもあって、台湾に対しても非常に関心があり、弘文堂から出版された王育徳《おういくとく》著『台湾——苦悶するその歴史』(初版一九六四年)を読みました。それを読むと、台湾の屈折した歴史が、沖縄と非常によく似ていると思い、一層、台湾に対する関心も高まっていきました。

明治大学の学内の評論雑誌に『駿台論潮』というのがあり、そこに私は所属して雑誌の編集に携わりました。時あたかも六〇年安保闘争が始まって、大学は授業どころではありません。部員の仲間と一緒に国会でデモばかりして安保闘争に参加していました。最初のころ部の勉強会の一つとして、『共産党宣言』や毛沢東の『矛盾論』などを輪読していました。夏休みは農村調査といって、東北の農村に入っていろんな調査をやりました。この活動は、恐らく戦後の山村工作隊の名残だったかと思います。私は、あまりそれは積極的ではありませんでしたが、そういうことがまだサークルの中でやられていました。農業といっても、沖縄はサトウキビの島ですから本土とは異なります。そこで同じサトウキビの島・キューバにひかれて、カストロの『わがキューバ革命』(理論社)という本を読んでいます。そこで大学を卒業したら自分もカストロのようにアメリカを追い出しに行くんだ、と気負っていました。

学士編入で途中から政経学部に移ったので、明治大学を卒業したのは一九六五年です。ちょうどそのころ琉球大学に島根大学教授の溝上泰子さんという方が招聘教授で行っていました。家政学の先生ですが、『日本の底辺――山陰農村婦人の生活』『生活者の思想――続日本の底辺』(未來社)という本を書いて、あの頃の底辺ブームの火つけ役になった一人です。

琉大招聘をおえて本土に帰ってから『受難島の人々――日本の縮図・沖縄』(未來社)という本を書いています。この人の物の見方、批評の仕方は非常に印象深く、僕は影響を受けました。

溝上さんは自分が呼ばれた家政学科を、この本の中で批判しています。アメリカの援助を受けてできた家政学科で、アメリカ流の料理の作り方を教えて、一体これが沖縄の庶民の生活と何の関係があるのか、本当に琉球大学の家政学科として、これでいいのかということを鋭く書いています。私は、この人はすごく勇気のある人だなと思って、感想文を書いて送ったら、すぐに返事が来ました。それから溝上さんが亡くなるまでずっと文通していました。その時の手紙がたくさん残っています。溝上さんの本から逆に、おまえの学問は一体何のためにあるのか、と問われているような気がしました。私は沖縄のことを本格的にやろう、そのために新聞社に入ろうと思いました。

それで、僕たちが戦後沖縄の社会調査をやっていた頃から、沖縄タイムス記者の由井晶子さんが取材に来ていたので、募集の有無を訊いたら、「ない」という返事。琉球新報東京支社に聞いたら、その年から初めて試験採用をするというので、試験して採用されました。入社の保証人になってくれたのは、毎日新聞東京本社で編集委員をしておられた宮良高夫さんです。この人は戦前一中のころに、宮良長包の作曲に歌詞をたくさん書いています。有名な「なんた浜」もそうです。私はつてがいないものだから、石垣島出身の宮良さんにお願いして保証人になってもらいました。ところが宮良さんはその年の四月に急逝されました。イリオモテヤマネコを発見した動物作家の戸川幸夫さんが同僚で友達だったので「どうも新種のヤマネコらしいものを見つけた」と言って、東京支社によく来ていました。私も会ったことがあります。

また、そのころベトナムに取材に行くといってカメラマンの石川文洋さんが東京市社に来ていました。どこか報道機関の証明書がないとベトナムに入れないので、琉球新報の社員証をもらいたい、ということでした。それで彼は初めてベトナム入りしました。そんなわけで石川さんとは今もよく交流しています。

こうして私は一九六五年四月に琉球新報の東京総局（後の支社）に入ったのですが、その一カ月前の三月に一旦実家の石垣島に戻って、それで四月から勤務だというので再度上京します。その三月末の鹿児島に行く琉球海運の船の中でのことです。私にはいよいよ新聞記者になるんだという意気込みがあったんですが、たまたま盗難事件があって、学生さんが自分のパスポートと有り金すべてを、船の中でとられたのです。学生さんは上京して大学院を受験する予定なのだが、大変なことになったと興奮していました。それで私は大事件と思って、「お名前は」と聞いたら、「我部政男です」と言うわけです。

そんなわけで我部さんは私の取材第一号です。我部さんも新聞記者からはじめて取材されたのだと思います。

船長さんが書いた盗難証明があればパスポートにかわる役目を果たすというので、我部さんはそれをもらって、無事受験し合格します。私はそれを取材して、記事の書き方もわからないけど、すぐに鹿児島支局に行って記事を書いて、これを本社に送ってくれと、鹿児島支局長の川添さんに書き置きしてから、東京に向かいました。そうしたら、支局長は三木って知らないわけですよ。東京総局に電話があって、「おい、三木というのが俺に記事を送れと書いてあるけど、これは何者か」と問い合わせがあり、「いや、四月からどうも採用らしいけど、まだ記者にはなってないと思いますよ」という話。それでも記事に仕立てて送ったら、紙面にはのらずにラジオ沖縄でニュースになったらしいです。懐かしい私の取材第一号の思い出です。

以後、東京で我部さんとは、史料調査などで、いつもご一緒するようになりました。なぜ私がそういう歴史の研究に関心を持つようになったかというと、誰でもあの時代はそうだったと思いますが、歴史の変わり目のときには、一体沖縄はどうなるか、この日本復帰とは何ぞやという先ほどの話がありましたけれども、歴史に対する関心がぐっと高まって、一種の歴史ブームが起こりました。そういう中で私も当然そういう関心を持って、自分の生まれた地域、沖縄本島はともかく八重山に焦点を当てて考えてみようということで研究を始めました。

先ほど高校時代に文芸部に所属していた話をしましたが、文芸部で西表に旅行に行ったことがあります。白浜という集落で、ここはかつて炭坑の町だということを聞きました。夜になると幽霊が出るらしいという話も聞きました。それが非常に印象に残っていて、後年、八重山の歴史を調べてみようと思ったときに、ふと高校時代に聞いた話を思い出して、何であそこに幽霊が出るんだろうかと調べ始めたのが、西表炭坑を調べるきっかけになりました。数年かけて調べました。また東京八重山文化研究会を一九七三年につくって、仲間を集めて毎月一回研究例会を開きましたが、そこで西表炭坑の研究を発表し、『八重山文化』という研究誌の第三号に「西表炭坑概史」という論文を掲載しました。

そのほか明治期にはいろんな役所の調査や研究者の調査があり、そういう人たちの文献を我部さんと一緒に調べて、論文を発表しました。私が一番関心を持っているのは、八重山が日本の最南西端というういわばマージナルエリアであるということです。明治時代には分島問題というのがあって、中国大陸での商業権益と引きかえに宮古、八重山を切り離して清国に譲渡するという案まで出て、調印寸前まで行った歴史があります。そういう限界地域における歴史が一体どういうものなのかということに非常に関心がありました。新聞記者をやりながらですが、台湾との関連がどう島の歴史に影を落としてきたかなどを、ずっと研究してきました。それで幾つかの論文を書いて、『八重山近代民衆史』（三一書房）という本にしました。西表炭坑関係も四、五冊本にまとめて出版しました。そういう八重山という地域に限定して、境界線上の取り扱い方を調べることで、逆に日本の近代の歴史が見えてくるんじゃないかと、研究に取り組んできました。

そういうなかで筑豊の記録作家である上野英信さんと一九七七年から交流が始まりました。沖縄から炭鉱移民が明治時代にメキシコに渡った歴史がありますが、その炭鉱移民の一人、山入端萬栄《やまのはまんえい》が書いた手記『わが移民記』を、上野英信さんにあげたのが始まりで、上野英信さんは『眉屋私記』（潮出版社）という大著の取材にかかわるようになりました。これには我部さんもかかわりがあって、我々は上野さんの筑豊文庫にも何度か訪ねて交流したことがあります。

また、上野さん自身が、たまたま沖縄に来ていた色川大吉さんを私の家に誘って来たことがあります。私の書いた『西表炭坑概史』（自費出版）を上野さんが色川さんに紹介したことがきっかけで来たのです。私のアパートで酒を飲みながら一夜語り明かしました。色川さんは『西表炭坑概史』を読んで一夜眠れなかったということを、沖縄タイムスの文化欄に書いておられました。それが契機で色川さんの民衆史研究に、非常に影響を受けるようになりました。また、色川さんは民衆史とともに自分史を提唱して、この二つの面から著名な歴史家ですが、数年前から我部さんと、色川さんももうお年だから訪問して激励してこようといって、年一回色川さんの住んでいる山梨県の八ヶ岳南麓におじゃまして交流をし、今日《こんにち》まで続いております。

私は一九六五年に東京支社（当時は東京総局）勤務してから七五年まで、一〇年間そこで取材をしておりました。初めの頃は、日本政府の沖縄担当部署である総理府特別地域連絡局（特連局と略称していた）や官邸、国会、それに琉球政府の東京事務といった公官庁、それに沖縄返還運動団体などが中心でした。一九七七年頃から政府の沖縄返還交渉が動き出したので、私は外務省記者クラブ（霞クラブ）に加入しました。このクラブは中央紙やブロック紙などが加盟し、地方紙は加入していなかったのですが、沖縄の交渉が始まるのに沖縄の新聞社が入れないのはおかしい、と申し込んだところ、例外として加入が認められました。

一九六九年になると年末の佐藤・ニクソン会談に向けて、沖縄返還の在り方をめぐる交渉が活発化し、私はその取材に追われました。そのつど記事にして本社に送るのですが、それにはおさまりきれないことがたくさんありました。外交交渉を取材できる数少ない立場にある者として、私はできるだけノートにとり、それをほぼ一週間単位で原稿にして残しました。沖縄の命運が、沖縄を抜きにして決められようとしていることへの怒りを抑えながら、後世に伝える記録として書きました。沖縄、米国、そして東京と三点を結ぶ結節点という地の利を活かして記録したつもりでした。

原稿の枚数もかなりのものになりましたが、そのうち本社へ転勤することになり、出版されないまま放って置きました。我部さんの弟の政明さんが琉球大学に就職して、沖縄返還交渉を研究しているというので、参考にでもなればと原稿を見せたところ、彼は「貴重な記録なのでぜひ出版して多くの後輩たちに利用できるようにしてほしい」という。そんな彼の後押しで二〇〇〇年に『ドキュメント沖縄返還交渉』（日本経済評論社）として出版しました。原稿をほぼリアルタイムで書いていたのですが、三〇年もたってからの出版でした。

結局、一九六九年の日米首脳会談の結果は、アメリカは施政権は手放したけれど、基地の自由使用を引き換えに手に入れた。それが今日に到る基地問題のネックとなっているわけです。

私が那覇本社在職中に、「世界のウチナーンチュ」という連載企画がありました。一九八五年から二年間ぐらい続いた長期連載です。日本復帰してから一〇年少し経っており、沖縄社会全体が一種のチルダイ（脱力）状態になって、復帰に対して幻滅して、こんなはずじゃなかったという雰囲気が充満していた時期でした。一体日本復帰とは何だったのか、という疑問が出てきたわけです。そこで今後の生きる方向性に参考になるものはないかと編集局の同僚と話し合い、ウチナーンチュはヤマト社会ではぱっとしないが、世界の中では結構頑張っている、という意見が出ました。この辺を取材して紹介することで、何か今の閉塞状況を打開できるんじゃないかと考え、企画が生まれ取材が始まりました。

取材班で地域を分担して取材しました。私は旧南洋群島を割り当てられて、マリアナ諸島、ポナペ、ヤップ、パラオを回り、さらにもっと南方のソロモンあたりまで取材しました。五〇日間どこもホテルの予約なしで、かばん一つぶらさげて、ぶらぶら行き当たりばったりです。ところがこの小さい島に行くのに、私は何の不安もなかった。私自身島の出身だし、島というのは世界どこでも大体同じじゃないかと、思っていました。

取材をもとに連載しましたが、その際、旧南洋群島の人たちのフィーリングには、非常に懐かしい沖縄の雰囲気があることに気づきました。いろいろ調べてみましたが、母系制社会の一つの精神構造じゃないか、と感じました。沖縄も太平洋の島々の一つであって、これはミクロネシア、ポリネシアと同じような、何とかネシアじゃないかと自分なりに考えるようになり、だったら太平洋の西の方にあるオキネシアがいいということで、一九八八年に『オキネシア文化論——精神の共和国を求めて』

（海風社）という本を書きました。これは島尾敏雄さんのヤポネシアのまねと言われるかも知れませんが、私は私なりに考えて、ヤポネシアの考えとは違う視点で書きました。天皇制とは無縁の風土を持つ太平洋文化圏の一つという捉え方で見るべきじゃないかと考え、私なりにオキネシア文化論を提起しました。

二〇〇六年に私は定年退職しましたが、このときまで取材に行けなかった地域の一つにニューカレドニアがありました。オーストラリアの東側にあって、四国ぐらいの大きさの島ですが、明治三十八（一九〇五）年に沖縄から三次にわたり、延べで八百人ぐらいの移民が行きました。彼らはニッケル鉱山の労働者です。この人たちはほとんど引き揚げたか、あるいは死んだか、何らかの理由で沖縄人はもう住んでないと思われていましたが、私はその年の春にある研究者の女性から沖縄の人がいるよ、という情報をいただきました。それで二〇〇六年六月に役員定年で退職したのを機に、翌々月の八月に、定年後の初仕事としてニューカレドニアに飛んで、いろいろ調査をしてみました。そうしたら、ニューカレドニアの山原みたいなところに沖縄系の人がたくさんいました。そしてみんな、オオグスクとか、タマグスクとか、ミヤグスクとか、昔の古い呼び名で呼んでいました。明治時代に使っていた呼び名ですね。ファミリーネームとファーストネームがごっちゃになって、例えば向こうの沖縄日系人会の会長さんはタマグスク・ゼンコロウというんだけど、ゼンコロウがファミリーネームだと思っていて、きょうだいがみんなゼンコロウなんです。

「あなたの姓はほんとうはタマグスクだよ」と言ったら、「えっ、そうか」と言ってみんなびっくりしていました。最初の渡航からもう一世紀以上たっていますが、この中の一家族がぜひ沖縄のファミリー、つまりルーツを訪ねて会いたい、探してくれと頼まれました。それで探しましたが見つからなかった。でもお墓が見つかりました。するとその家族四人が二〇〇六年十月に墓参のため、沖縄に訪ねて来ました。こういうふうにルーツを訪ねたいと考えている人たちはニューカレドニアにはまだたくさんいるだろうと思います。そのためには受け入れる組織をつくろうということになり、沖縄・ニューカレドニア友好協会をつくりました。またニューカレドニア側には沖縄日系人会をつくってもらって、組織的な交流を始めてから今年で一〇年、ニューカレドニアに入植してから一一〇年になります。二〇一六年は第六回「世界のウチナーンチュ大会」もあるので、向こうから大勢来ると思います。

前回のウチナーンチュ大会には五〇人ぐらいニューカレドニアから来ましたが、非常に注目されました。沖縄人は、沖縄だけじゃなくて、世界に広がっているウチナーンチュの人たちの「もう一つの沖縄」の世界があるということを、大事にすべきじゃないかなと思ってこの交流の仕事をしています。西銘《にしめ》順治《じゅんじ》さんが県知事をしているころに、私が「世界のウチナーンチュ」の取材から帰って会いに行って、「これだけ世界にウチナーンチュはまたがっているんだから、一度ぐらい沖縄県が主催して大会を持ったらどうですか」と提案したことがあります。このときは西銘さんと秘書がいましたが、西銘知事はいいとも何とも言わなかった。それから数カ月して、西銘知事がアメリカに行きました。そうしてアメリカの『風と共に去りぬ』の舞台になったアトランタに行ったときに、同地のウチナーンチュに歓迎されたんです。その時、初めて西銘知事は「世界のウチナーンチュ大会をやる」と発表しました。

このニュースを新聞で見た知事秘書から電話があり、「三木さん、あなたが提言したこと、ホンモノになりましたね」と言ってきた。私もそのニュースを見てびっくりしました。知事公室の人に「何か事前にそういう打ち合せがあったのか」と訊くと、誰もこういう話を聞いたことない。一体ウチナーンチュ大会って何だ、何をするの、と逆に聞かれました。私が言ったことが全てだとは言わないけれど、少なくともそういう経緯があってウチナーンチュ大会が始まりました。私としても大変よかった、と思っています。

そのほか、定年後ですが、台湾との交流をやっています。さきほど言いましたように、八重山は境界地域であり、台湾に一番近い地域であり、近代以降、台湾からの影響をいろんな形で受けています。石垣はヤマトグチ、標準語が巧い、逆に言えば方言が廃れていったのも早かったのですが、これも台湾からの影響だと思います。台湾からの輸入もあるわけです。それに女中奉公で八重山から台湾に行って、ヤマトンチュの家に住んでいろんな日常的な習いごとをして帰って来ました。そういうことが、八重山社会全体に影響を及ぼしていると思います。

昭和十（一九三五）年に、台湾から三五〇人ぐらいの台湾人が、パインの栽培を目的として石垣島に入ります。それはなぜかというと、台湾中部のパイン業者が廃業に追い込まれたからです。なぜ廃業に追い込まれたかというと、戦時統制経済で、台湾に七五社あったパイン缶詰会社を一社に統合することになったからです。そうすると、当然廃業になるパイン会社が出てきます。それで中部のパイン三社が合同で、どこか他に適地はないかというので探したら、どうも台湾中部の赤土と同じ土地が石垣島にあるらしいという情報をつかんで、事前調査をし、石垣島なら行けると判断して、移民三五〇人を募って入植しました。そして大同拓殖という会社を立ち上げます。最初から全面的にパインを植えるのではなく、お茶とかいろんな作物を並行して植えました。パインは二年かかりますから、二年後にパインができて、それで缶詰工場をつくりました。台湾を別にすれば、日本における最初のパイン工場です。最初は三百ケースぐらい、わずかな出荷でした。

ところがやがて太平洋戦争に入って、せっかく出荷が伸びてきたのに、パインはぜいたく品だといって陸軍大臣の命令で栽培が禁止されます。昭和十八年ごろです。台湾の人たちはもう非常に残念がって、結局パイン栽培をやめますが、そのときにパインの苗をひそかに山中に隠して移植しました。いつかはパイン栽培が見直されるときがあるはずだと。その予想が的中します。二年後に日本が敗戦して台湾が分離されます。そうするとパインを栽培できる日本の領土は石垣島しかありません。台湾の人たちの大部分は引き揚げますが、残っていた移民の人たちは山中にひそかに隠した苗をとり出してきて、みんなに分けて植えました。それが一九五〇年代のパインブームのきっかけになります。時の琉球政府はパイナップルを優良適地作物に指定し、一般農家に栽培を奨励しました。また日本政府も輸入関税を免除するなどの特恵措置をとりました。これが両輪となって栽培が飛躍的に伸びました。それでパイン産業は、サトウキビ作と並ぶ沖縄の二大産業と言われるようになり、一九五〇年代、一九六〇年代の復帰前の沖縄経済を支えることになります。特に八重山の場合は、一九五〇年代から計画移民が入ってくるようになります。宮古からも来る、沖縄本島からも来る。この人たちは、もともと金になる換金作物がありませんでした。このときに石垣では、見る見る燎原の火のようにパインが植えられていきます。そういう歴史秘話がパインにはありました。

しかし最初、台湾人入植者の功績はなかなか理解されませんでした。というのは、私も含めて、台湾人に対する差別が戦後もずっと続いていたからです。だからそれを是正し、新しい関係をつくっていくには、そういう過去の歴史と向き合って、それを正していく必要があるのではないかと思いました。そこで私が提案して、二〇一二年に台湾農業者顕頌碑を、台湾の人たちも、島の人たちも、安里英子さんの旦那さんも一緒になってつくりました。顕頌碑が完成したとき台湾人の入植二、三世たちは、「死んだ親たちに見せたい」と言って、除幕式で涙を流していました。これからはみんなでやろうと、雰囲気がかなりよくなりました。

今度この話を「はるかなるオンライ山——八重山・沖縄パイン渡来記」というドキュメンタリー映画に撮りました。私が原案と監修をしています。七月に石垣で完成試写会をやって、八月から那覇の桜坂劇場で一般公開します。このように、台湾と沖縄、八重山との歴史をもう一度見直そう、掘り起こそうということで活動しています。

オンライは台湾語で、パインのことです。ですから一般的にはパイン畑のことです。

——一九三五年に台湾から石垣に三五〇人ぐらい移民があり、石垣では台湾人への差別があったと言われましたが、戦前においては沖縄の人たちは台湾に対して差別意識を持っていたのですか。

そう、自分たちは日本人で、台湾人は自分たちより下だと考えていました。「タイワナー」と言って下に見ていました。下へ、下へと差別する重層構造になっていました。

歴史研究から見る沖縄の日本化

安里進

安里進（あさと・すすむ）

1947年沖縄県那覇市首里生まれ。琉球大学法文学部史学科卒業。民間会社、大阪府教育委員会文化財保護課、浦添市教育委員会学芸係長、同文化課長、同文化部長、沖縄県立芸術大学教授を経て、2013年より沖縄県立博物館・美術館館長。専攻は考古学・琉球史。

主著に『沖縄人はどこから来たか——琉球・沖縄人の起源と成立』（共著、2012年、ボーダーインク）、『琉球の王権とグスク』（2006年、山川出版社）等。

私は一九四七年生まれで、七人兄弟の六番目（三男）です。我が家は首里王府の下級士族で代々首里に住んできました。琉球処分による廃琉置県後に曾祖父が商売で財をなします。それで戦前は結構羽振りがよかったようですが、祖父は、ヤンバル（沖縄本島北部地方）でイノシシ撃ちで遊んでいて誤って人を撃ったために、メキシコに逃亡します。次男（父の弟）も徴兵を逃れるためにおやじのいるメキシコに逃亡したという家族の歴史があります。

私の家族は戦前は東京に住んでいました。母も首里の出身です。両親は沖縄で結婚した後、たぶん姑の嫁いびりから逃げ出したと思うのですが、長女を残して二人で上京します。父は、東京都庁の採用試験に受かって人事課に配属されたというので、成績は相当よかったと思います。しかし、日本語がうまくできず電話をとるのが怖かったと話していました。そして東京空襲に遭いますが、母親から、東京空襲の悲惨さ、恐ろしさをさんざん聞かされました。空襲で焼け出され、秋田に疎開しますが、秋田では花岡鉱山に配属されます。一九四五年の花岡事件の時は、逃走した中国人労働者が、家の物置に逃げ込んできて緊張が走ったという話を聞きました。

花岡で終戦を迎えた頃に、沖縄は全滅したらしいという話を聞き、沖縄に残してきた家族の安否を確かめるために一九四五、六年頃、沖縄（首里）に帰ってきます。私と妹は沖縄で生まれました。ですから我が家の戦争体験は沖縄戦ではなく、東京空襲です。

小学校から中学、高校、そして大学まで、首里の丘の上で過ごしました。一九六三年から六五年まで首里高校に在学していましたが、沖縄社会がかかえる問題に関心をもつことは全くなかったです。米軍基地問題もほとんど感じることなく過ごしました。首里と米軍基地が多い中部とは、地域の雰囲気がかなり違っていたと思います。自分が日本人か沖縄人かということも意識したことはないし、沖縄戦を真剣に考えたこともほとんどありません。そのころは教公二法阻止闘争で、教員は職員室で夜遅くまで大声で喧々諤々の議論をしていましたが、私のような無関心生徒が普通だったのではないかと思います。安里英子さんは首里高校の一つ下の学年ですが、学内の政治状況が一変するのは彼女の学年からです。

一浪したあと一九六七年に琉球大学の史学科に入学し、そこで初めて琉球史を学びました。日本からひどい目に遭わされてきた沖縄の歴史をはじめて知ったときには、涙が流れました。当時は、「祖国復帰運動」の最盛期でしたが、沖縄と日本の歴史的関係をめぐる事実を知って湧きあがってきたのが、「祖国復帰運動」への大きな疑問です。当時実感した言葉で言うと、ヤマトからやって来た自称親戚だというオッサンにてごめにされて二号さんにされ、オッサンがはじめたアメリカとの戦争で沖縄を戦場にされ、最後はアメリカ兵に売り飛ばされたようなものです。それなのにオッサンのもとに帰りたいという沖縄人の心が、とても理解できなかった。こんなに散々な目に遭わされても日本に復帰したい願う沖縄人の心の謎を、歴史研究で解明しようと考えました。これが、私の歴史研究の大きな出発点です。

そのころ、琉球史のテキストとして熟読したのが、新里恵二《しんざとけいじ》さんが新聞紙上で連載した「考える沖縄史」です(一九七〇年に勁草書房から『沖縄史を考える』と改題して刊行)。新里恵二さんの主張は、沖縄人は日本民族であり島津氏の琉球侵攻も明治政府の琉球併合も日本復帰も民族統一へのプロセスだというものです。『沖縄史を考える』は、従来の沖縄史研究水準を二五年も一挙に飛躍させたといわれるほど画期的なものでした。日本復帰は歴史の必然で沖縄が進むべき道だという主張に納得できない自分がいる一方で、歴史研究の指針として受け継ごうという自分がいたわけです。『沖縄史を考える』は、マルクス理論を駆使した新たな琉球史像でしたが、これを実証レベルで深めたいと考えたのです。こうした矛盾を抱えながら歴史研究をやって来ました。

琉球大学に入って、考古学研究会を立ち上げました。琉球大学には仲松弥秀《なかまつやしゅう》先生がおられて民俗地理学によるユニークな沖縄村落論を展開していたので、これを考古学の方法で検証しようと考え、学生仲間を集めて沖縄村落の考古学的な調査活動を始めました。そのころ（一九七〇年）宮平遺跡というグスク時代の遺跡が開発で壊されかけていました。しかし琉球政府文化財保護員会は、緊急発掘調査をしないので、じゃあ私たち学生が破壊される前に発掘調査をやりたいと提案したのですが、緊急調査もしないが、学生身分にも発掘調査はさせないという姿勢に矛盾を感じていました。また、稲福遺跡という村落跡の考古学的調査でも、従来の発掘調査のあり方に納得いかず、私がリーダーとなって、高校生・大学生による自主発掘調査を実践したことで、沖縄考古学界の先生、先輩たちと対立していきました。

そのころ私は、学生ではありましたが沖縄考古学会の理事に就いていました。自主発掘や遺跡の保存運動のあり方をめぐって学会の中で先生・先輩との対立が深まり、結局、学会を退会しました。

大学を卒業したあと岡山大学に研究生で一年おりました。当時岡山大学には弥生時代・古墳時代の最先端の研究をしていた近藤義郎教授がいて、沖縄のグスク時代を考えるうえで、近藤先生から考古学を教わる必要があると考えたのです。近藤先生からは、学生運動をしに沖縄から来たんだろうとよくからかわれたものです。

あるとき、近藤先生から言われた一言はショックでした。「アイヌの研究は和人がやっているが、沖縄の考古学研究は沖縄人だけでやっている」という指摘です。当時、沖縄に居住する沖縄考古学の研究者は指摘通り沖縄出身者だけでした。沖縄大学と琉球大学に沖縄出身の考古学教授がいて、行政の埋蔵文化財担当も沖縄出身者で占めていました。行政の埋蔵文化財担当の専門職も一般公募による試験採用ではなく、任用専攻という推薦による採用方法の結果、沖縄人だけで固められてきたわけです。しかも、全員沖縄大学や琉球大学出身者で、沖縄内で学問研究が循環していることを指摘したのです。このことに何の疑問も感じていなかっただけに、この指摘は衝撃でした。

岡山大学の研究生から大学院に進みたかったのですが、学生時代から調査してきた稲福遺跡が通信基地建設で破壊されるというので、沖縄に帰って保存運動を二年ぐらいやりました。そうこうしているうちに、二十七歳にもなっていたので大学院進学をあきらめて就職活動をはじめました。沖縄タイムス社も受験しましたが落ちました。那覇市役所の公務員試験も受けましたがこれも落ちました。しかし成績には自信があったので、市会議員のおばさんに頼んで採用されなかった理由を調べてもらったところ、「安里を絶対に公職につけさせないと言っている人たちがいる」と教えてくれました。このほかにも調査研究などでいろいろな妨害を受けたり、沖縄考古学会への再入会も拒否されており、沖縄の考古学界から完全にパージされていました。二十代後半は人生最悪の時代でした。

その頃に結婚しましたが、沖縄で就職できる展望が全く開けないので、大阪府教育委員会の考古学技師の採用試験に応募したところ合格し、大阪府で埋蔵文化財の発掘調査に従事することになりました。それまで私は、ヤマトンチュが嫌いだったのですが、大阪では二つの大切な経験をしました。一つは、大阪の同僚たちと机を並べて仕事してみて、この人たちは本当によく仕事をするし頭がいい、粒ぞろいで学ぶべきところがたくさんあるということです。

もう一つは、親切は沖縄の専売特許ではないということです。当時は奈良県當麻町に住んでいて大阪まで通勤していました。當麻町に引っ越して間もない頃に子供が肺炎で入院したときに、町役場の皆さんから、お見舞いの花が届けられたのです。當麻町に引っ越してきて何カ月も経っていない頃で、思いもよりませんでした。息子の入院をどうして知ったかわかりませんが、人口数千人の小さな町に沖縄から引っ越してきたので珍しかったんでしょうか。感激でした。當麻町の人も、とても親切でした。親切は沖縄の専売特許みたいに言っていますが、日本の田舎はどこも親切で、親切の表現の仕方が沖縄とは違うことを知りました。沖縄人はチムグクル（思いやり）で親切を表現しますが、ヤマトンチュは形にして表すという文化の違いですね。大阪での仕事をとおして、ヤマトンチュに対する見方も随分変わりました。

大阪府に勤めてから一〇年ほど経った一九八八年ころ、浦添市教育委員会で総務課長をしていた首里高校で同級生だった西原廣美さんから、浦添グスクの整備をしないかという誘いを受けました。浦添市教育委員会には、やはり首里高校で同じクラスだった高良倉吉さんが図書館長をつとめていて、二人が安里を沖縄に帰そうという計いでした。それで大阪府教育委員会を退職して浦添市教育委員会に再就職しましたが、四年間くらいは、また、闇討ちされるのではないかと不安でしたね。

浦添市では、まず、浦添市美術館で四年間勤めたあと、「浦添ようどれ」という、初期の琉球王墓の復元整備事業をやりました。「浦添ようどれ」の整備が完了した頃に、沖縄県立芸術大学の歴史担当教授職の公募があったので、区切りがいいところで応募したところ採用され、芸大で定年退職まで勤めて、現在は県立博物館・美術館の館長をしています。

学生のときから、なぜ沖縄は日本復帰をするのかという疑問を抱えながら歴史研究をつづけてきました。日本復帰運動全盛期の一九七〇年代から八〇年代の支配的な琉球史観は、日琉同祖論にもとづく民族統一論です。これは、縄文時代の本土と沖縄は同質の縄文文化だから日琉は同民族であり、民族統合されるのが歴史の必然だというものです。しかし、よく考えると、三千年、四千年も前に先祖が一緒だったから、日琉は民族統一されるべきだと、よくこんなことを言ったもんですね。

ところが研究を深めていくと、グスク時代にも大きく日本化した時期があったことがわかってきました。沖縄と日本というのは縄文時代が同じで、次第に分かれていって琉球王国を形成すると考えられてきましたが、琉球王国の形成に向かうグスク時代の初期（十一世紀から十二世紀頃）に、実は人と文化が日本化するという大きな転換期があったんです。

こういう新たな事実が明らかになると、琉球・沖縄の歴史をどうとらえるべきかという新たな問題がでてきます。日琉同祖論の立場からみれば、三千年、四千年前どころか千年前にも同民族の時代があったと主張することもできるでしょう。実際、そのように主張しているヤマトンチュの研究者もいます。

しかし、私は、別の見方ができると考えています。沖縄には三万年ぐらいの人類の歴史があってそのほとんどが独自の時代ですが、その中に三回ほど人と文化が日本化した時代があったという理解です。縄文時代前期の一時期、それから平安時代の後期から中世の初期つまりグスク時代が始まる千年ほど前の百年あまり、そして近現代の三回です。縄文時代前期の日本化は具体的にはまだわからないところが多いですが、その後独自化に向かい、本土が弥生時代に入って農耕民化する頃には、琉球列島の人々は交易民への道を歩みはじめます。グスク時代には日本人の流入で琉球列島の人と文化が日本化していきますが、百年あまりで琉球王国の形成に向かいます。そういう大きな歴史の流れから、明治政府に併合されて日本化に向かった以後の近現代沖縄をみると、日本化の時代から再び沖縄化、琉球化に向かう時代が始まりつつあるのではないかと考えています。

シマクトゥバ（島々の言葉）の復興運動や辺野古新基地建設に対する反対運動の根っこに、琉球化、沖縄化の始まりという歴史のうねりを感じます。歴史研究者として確定的なことは言えませんが、少なくとも沖縄は未来永劫日本の枠の中でしか生きられないということは決してない、いろんな選択肢があることは提示できると考えています。現代は、世界的に伝統回帰に向かっている時代だと思います。政治的に言えば保守回帰ですね。沖縄もその大きな流れの中にあるのだと思います。

地域を歩いて辿りついた沖縄の精神世界

安里英子

安里英子（あさと・えいこ）

1948年、沖縄県那覇市首里生まれ。ライター。沖縄大学非常勤講師。1977年、復帰5年目に一人でミニコミ誌『地域の目』を発行。地域の自治・暮らしの問題にかかわる。90年から97年にかけて琉球弧の島々をまわりリゾート開発の実態をルポすると同時に御嶽などの聖地を巡る。

『揺れる聖域』（沖縄タイムス社）で第5回地方出版文化賞次席（1991年）、第2回女性文化賞（1998年）。主著に『琉球弧の精神世界』（1999年）、『凌辱されるいのち』（2008年、以上、御茶の水書房）など。

現在の主な活動は、朝鮮人強制連行（軍夫）の調査・研究をすすめる「NPO法人・沖縄恨之碑の会」の代表をつとめる。

沖縄人のなかで首里の話をすると石を投げられるというか、「えっ、首里人《しゅいんちゅ》なの」と言われるようなことがあります。

私はあまり自分のルーツを話さないんですが、もうあまりこれから先長くないから、と自分のルーツにこだわりたいなと思っています。私は首里城から歩いて五分もかからない寒川町で生まれました。勝連殿内《かっちんどぅんち》といって大きな殿内、士族屋敷で生まれました。戦前はそこの屋敷に玄関が二つもある大きな赤瓦のお家があったそうです。戦争で家は焼けましたが、様々な植物が植わった琉球式の庭は残っていました。典型的な殿内《トゥンチ》だったと思います。といっても私は戦後の一九四八年生まれですから、生まれたころはかやぶきの、台風が来ればすぐ穴があいて吹き飛んでしまうような家でした。その後、トタン屋根が高校生まで続きます。もし戦争がなければ赤瓦の大変なお屋敷に住んでいたかもしれません。でも戦後は父が病気で倒れて、私の三歳から二十歳くらいまで寝たきりになりました。七人兄弟の九人家族で、母親が一人で夫の面倒を見て、子供を育てることになって、それこそ終戦直後から貧乏生活が長く続きました。戦後の沖縄の家屋は、テントから始まり、かやぶき、セメント瓦、赤瓦になって、それからコンクリート屋敷になっていきますが、我が家は私が高校のときまでずっとトタン屋根《とぅーたんやー》の家で、台風が来たらワイヤーをかけて、飛ばされないようにするというような頼りない家でした。お風呂もないし、台所でかけ湯をしてというのが高校まで続きます。

私の両親は教員でしたが、父が病気になった後、創価学会に入りました。それ以前には、首里教会の背の高い牧師がよくお見舞いにきていました。そして井戸の横に香炉があったのですが、母がそれを邪教とか言ってひっくり返してしまいました。そういうふうな家庭で幼年期を過ごしました。

兄は少年期が戦争だったので屈折しており、かなり躁鬱が強くて家の中で時々暴力を振るったりしていました。ところがその兄が米軍にアルバイトや軍作業に行って、サンドイッチなどの美味しいものを持ち帰りました。また音楽が好きでハイファイプレイヤーで、チャイコフスキーとかをかけていました。あの大変な時代、一九五〇年代ですよ。また米軍の極東放送のラジオ番組で夜の一〇時からのハイファイ音楽鑑賞会というのがあってずっと聞いていていました。そのような兄の影響もあって少女期の私は音楽家になるのが夢だったですね。城西小学校で器楽部に入って、学校にたった一台のピアノがあって、朝早く、そして放課後ピアノをずっとたたいていました。中学時代もクラシック音楽がとても好きで、ピアノをたたいたりしていました。でも家はとても貧しいんです。それこそ掘っ立て小屋に住んでいたんですから。結局ピアノは買えないし、父親に「おまえ、もうピアノをやめろ」と言われて諦めました。

さっきの安里進さんの高校時代のお話を聞いて非常に非政治的なところにいたんだなと思いました。首里高校は進学校ですから頭のいい人たちは受験勉強ばかりしてたんですよ。私なんかは高校二年ぐらいからデモ行進に盛んに参加していました。先生方を突き上げて校内討論会をやったのも覚えてます。全校でその時間は全部授業を中止し、みんなで討論会をしようと校内放送で呼びかけたこともあります。

あのころ私の周辺はみんなそういうことをしていましたよ。仲間に社会研究クラブの人が一人いたので、その人の影響で、沖縄を知る会というグループをつくり、沖縄問題を討論したりしました。「サンマ裁判」のときは、チラシをつくりましたが、絶対退学処分になるというので、家に集まって謄写版でガリを切って印刷し、次の日、学校で一斉にビラを配りました。でも、何のおとがめもありませんでした。そんな高校時代を過ごしました。

私の人生を大きく変えたのは、デモ行進中に、大学生にオルグされたことです。そのときの大学生の名前を言えば、みんなよく知っている人です。その人にオルグをされて、喫茶店に呼ばれて『共産党宣言』を読みました。それから「空想より科学へ」も。毛沢東の『矛盾論』も高校三年ぐらいで読んだかな。太宰治を読んだりして文学に進むと思っていた文学少女の私は、父が創価学会をやっていて社会科学と縁遠いところにあったのですが、沖縄問題を考え、『共産党宣言』を読んでいるうちに、科学か宗教か、唯物論か唯心論かみたいな葛藤が起きて、結局、文学は軟弱で、文学で沖縄を救うことはできないと思うようになりました。

じゃあ大学に行くかというと、受験勉強なんてあほらしくなって放棄しちゃいました。親の手前、一応琉大の受験には行きましたが、二日目にサボって散歩に行っちゃったから零点でしょう。当然合格しません。それで町をさまようことになりました。壺屋に行って陶工の見習いのようなこともしました。わずかな期間ですが。そのころ濱田庄司さんを見かけたことがあります。そしてまだ成人式もやってないときに安里に出会いました。

結局私は社会経験もせず、大学も出ず、いきなり結婚をして子を産みました。しかもそのとき、夫の仕事関係で宮古で三年間暮らすことになってしまったのです。復帰の年は宮古にいました。反復帰論に関する本や谷川健一の『孤島文化論』など、全部、宮古で読みました。帰ってくると、焦燥感に駆られ何かしなければと思い就職しました。

いったい、沖縄とは何か、そこにいる私とは何者かというアイデンティティーにすごく苦しみましたが、宮古から那覇に戻ってきたときには、抽象的な沖縄論ではだめだとだんだんわかってきて、まず小さな業界紙の新聞社に入って、つぎに自分でミニコミを出して、それから沖縄タイムスに就職することになり、『沖縄大百科事典』の編集にかかわりました。

二十代後半に自分で出したミニコミ誌は『地域の目』です。そのときに地域回りをして、地域の自治や村落《シマ》という生活の具体的現場に入りました。名護市の基本構想でうち出した「逆格差論」やそれにかかわった象設計集団の考え方などに影響されていきます。

首里という場所は、非常に沖縄的であると思われていますが、実際には明治以来かなり琉球的なものをスポイルされた地域じゃないか、ある意味真空地帯だと思っています。つまり沖縄の中ではもっとも近代化＝日本化の進んだ地域なのです。私の家庭もそうですが、教員の家庭で、非常に合理的で、沖縄的じゃなかったし、あまり行事もありませんでした。伝統的行事がないというのは、戦争のために周りに一切年寄りがいなかったからです。

ところで、『地域の目』を出していたとき、ちょうど安良城盛昭《あらきもりあき》先生が沖縄大学の学長で、新崎盛暉《あらさきもりてる》先生がその下にいて、そのときに沖縄大学が玉野井芳郎先生を講演会に招く計画をたてました。安良城先生が同じ東大ですから、多分お呼びすることになったのですね。そのときに新崎先生が、「地域主義集談会をやっている先生を招くから東京でお会いしてくる。『地域の目』を持っていってやろう」と言って、玉野井先生の地域主義と『地域の目』を新崎先生は同等に考えて、『地域の目』を玉野井先生のところに持っていってくれました。玉野井先生は、『地域の目』で書かれている部落公民館の自治というものに、たいへん興味をもたれたようです。

その後、玉野井先生は一九七八年に沖縄国際大学に赴任され八五年まで勤められました。沖縄に赴任してすぐに「沖縄地域主義集談会」を立ち上げられ、沖縄の学者・文化人に声をかけられました。私は、先生のゼミの学生らと共に、事務局の手伝いを致しました。テーマごとに多くのシンポジウムを開催し、沖縄在住の学者や本土在住の学者のよい交流の場になっていました。玉城哲先生（故人）、槌田敦先生など懐かしく思い出されます。また、「平和をつくる沖縄百人委員会」の創設に関わったり、「沖縄自治憲章」なども草案されています。最後の講演が「ジェンダー」に関することでした。イリイチの本を訳された直後だったかと思います。お宅にはよくお邪魔をしています。大学の近くにあるもともと米軍関係者に貸し出すための住宅、これを外人住宅と呼んでいますが、そこを借りて住まわれていました。近くに大田昌秀先生も住んでいて交流があったようです。先生は、沖縄を拠点に外国にも出かけとにかく多忙でした。それを支えていたのは奥様で、原稿の整理から家事、旅行の準備まで一人でこなされていました。

玉野井先生は、とりわけゼミの学生に大きな影響を与え、課題を残していきました。それが、八五年に突然亡くなられ、学生たちのショックは計り知れないものがあったと、後で気づきました。抱えきれないほどの課題を頂いてしまったのです。屋嘉比収《やかびおさむ》さんもその一人で、学問的には先生の跡を継がれていますが、若くして逝ってしまいました。

『地域の目』を出すことによって、私自身の生き方が変わってきました。抽象的な沖縄論ではなく、暮らしの現場に降りたのです。暮らしの最小単位の社会といえばムラ、村落ですが、沖縄ではシマと呼んでいます。そのシマの自治の拠点になっている字公民館を訪ねあるきました。字公民館は部落公民館と呼んだり、ムラヤと呼んだり、自治会館と言ったり、地域によって呼び名が違います。私の出身地の首里寒川町ではクラブと呼んでいました。それらの場所が草の根自治の拠点です。終戦後、一九四六年に米軍の収容所から、ムラに帰還した人々が初めに取り組んだのは、字公民館の建設です。と言っても何もない時代なので、アメリカの廃品などを利用して、手作りで造っていきます。名護市の基本構想では、それを「自力建設」と表現しています。それと戦争で途絶えていた共同売店を再開したり、戦後の復興はまさに地域は自律的に生き、相互扶助、沖縄的に言えばユイ（あるいはユイマール）の力によって生き抜いてきたのです。

同時に、私が最終的に行き着いたのは、沖縄の精神世界です。九〇年代には、およそ一〇年ほどかけて、島々《シマジマ》の聖地を巡礼していました。それは新聞連載の形をとり、連載は三六〇回余に及びました。そのことは私の最高の精神的財産になっています。私が、地域で出会った人々は、あまり教育を受けていない高齢者の方々が多かったのですが、彼らの世界観に感動したのです。とりわけ女性は祭祀に参加し神女《カミンチュ》となります。神と向き合い、自然と一体化する彼女たちの世界は宇宙大です。

その点、近代教育を受けた、例えば、私の両親のように戦前の師範学校を出たような人の世界観は理屈の世界なのです。特に首里人はそうですね。プライドが高いばかりで。ところが、戦後はすべてが破壊され、父は病に倒れる、そうなると大家族の我が家は悲惨そのものです。兄などは躁鬱状態になるし怖かったです。父親は正義感が強く、新しい人だったからそれほど屈折していませんでした。明治のころから周辺の貴族や士族が没落していくのを見ていて、病気療養しながら、ああいうふうになりたくないと父は考えていたのだと思います。父の兄は、戦前には尚家につかえていたそうで（書記官）、代官山の尚家の家に住んでいたそうです。私のいとこは、そこで生まれたと聞いています。そういう意味では、沖縄の歴史の中に、首里の歴史も加えてもらえればと思います。

安里（進） 思い出したことがあります。大阪の八尾の中学校の校長から、沖縄出身の生徒のことで電話で相談をうけたときの話です。その子が不登校になったので家庭訪問に行ったところ、その子はおばあさんの影響をかなり受けているようでした。そこでおばあさんに「沖縄の人は大正区にいるのに、どうして八尾に住んでいるんですか」と聞いたところ、そしたら「私らはああいう人たちと違います」との返事。校長先生はその意味がわからなくて、電話してきたのです。私が「もしかしてそのおばあさんは首里出身じゃないですか」と訊くと、「そうです」と言うので、「沖縄の人を十把一絡げにはできませんよ。首里の人間と首里以外の人は随分習慣や考え方が違うところがある。つまり身分差があるので、これを理解しないと、その家庭は理解できませんよ」と話したのを思い出しました。

よく沖縄を説明するときに出される村共同体というものが首里にはない。あるのは家内《チネー》と呼ばれている「家」です。首里とほかの地域とは、都市と村というぐらいの違いがあります。英子さんの話を聞くと、私の認識と一緒ですね。

安里（英） 首里は親戚づき合いも冷たいですよ。

川満 家譜はないの。

安里（英） 勝連家の本家には何メートルもある大きな位牌があります。中国からもらったような話を聞いています。

安里（進） 尚家（琉球王家）の位牌に近い大きさですね。

ヤマトに対するコンプレックスが沖縄研究の出発点

伊佐眞一

伊佐眞一（いさ・しんいち）

1951年沖縄県那覇市首里生まれ。琉球大学法文学部経済学科卒。1977〜2012年琉球大学在職。1981〜1982年カリフォルニア大学バークレー校に学ぶ。近現代沖縄史家。主著に『謝花昇集』（1998年、みすず書房）、『伊波普猷批判序説』（2007年、影書房）、『太田朝敷選集』（全3巻、共編、1993-96年、第一書房）。独自の歴史と文化を育んできた琉球・沖縄——そこを根にして、21世紀前半の世界を生きていきたい。

私は伊佐眞一と申します。安里進さん、安里英子さんが首里の話をされましたが、私も首里の出身で一九五一年生まれです。この中では一九五〇年代以降に生まれたのは私だけですね。家は首里の崎山です。赤田、鳥堀とともに戦前から泡盛醸造で有名な首里三箇《さんか》と呼ばれた地域です。私の父方も家系は士族といえば士族なんですが、ほとんど農民層にちかい士族でした。さきほど沖縄のなかで首里はほかの地域とは違う特殊性があるとの話がありましたが、首里のなかでも英子さんのような家系の多い当蔵《とうのくら》や池端《いけはた》周辺と、三箇とでは大変な違いがあります。私の父は当蔵あたりのことを首里城の北側にあるという意味で、ニシカタと呼んで、あそこのひとたちは自分たちとは格がまるで違うといって畏敬の念を持っていました。私の世代になるともうそんなことはありませんけれど、それだけに戦前に家格の象徴であり、憧れであった赤瓦の家を建てることが人生の目標であったようです。ですから一九六五年に、地域で最初の鉄筋コンクリートの家を三千ドルで建てたことや、戦後まもないころ、瑞泉の酒屋も、自分の家に引いた「動力」と呼ばれた電燈線の世話になったんだと家族にだけは口に出して自慢してました。南風原《はえばる》の新川《あらかわ》に大きな南部医療センターがありますが、父の本家はそこに接したナゲーラと呼んでいる崎山の南の外れです。戦前から農地がかなりあって、今でも本家はそこに住んでいます。私の父は三男だったので、首里城内にあった尋常高等小学校を出て、那覇の生和茶店、藤井呉服店というところで少し仕事をしたのち、十六歳でひとり大阪の飛行機製造関連のジュラルミン工場へ働きに出ました。普段は自分自身のことをあまり語りませんでしたが、戦後はずっと個人経営の仕事をしていたので、仕事が終わるとよく酒を飲んでいました。酒を飲むのは、好きだからではなく、その日の苦しさを忘れられるから飲んでるんだと言ってました。

まだ少年だった父が親元を離れてヤマトに行くことになったとき、母親がもしかしたらもう会えないかもしれないと、いよいよ明日は船でヤマトに行くというときに、息子である父の洋服とティーサージ（手拭）を持って、龍譚《りゅうたん》の真向かいにある中城御殿《なかぐしくうどぅん》、いま、ちょうど復元に向けた工事をやっていますけど、その屋敷まで行ってそこを囲む立派な石垣に持参した手拭いなどをこすりつけたと言います。そうすることで航海の安全と幸ある前途がもたらされると一般に信じられていたそうです。そして母親は五円を息子の服に縫いつけて、もうどうにもならないときにこれを外して使うようにといって、送り出したことを何度か酒を口にしながら話してくれました。しかしいざ大阪に行ってみたらいつも空腹でたまらず、すぐにその五円を使ったうえに、職場の衛生状態が極度に悪く、結核患者になったのが多いのをみて、ここで死ぬくらいならと松山の海軍航空隊に入ったのだそうです。

そして、敗戦を伊豆の下田で迎えることになりました。先月の末、三木さん、我部先生と一緒に山梨の色川大吉先生のところに伺ったとき、色川先生も航空隊の出身で、しかもうちの父とは一つ違いでほとんど同じ年齢なので、そのことをちょっと話をしました。そのとき色川先生から、終戦がもう少し伸びて本土決戦になっていたら、下田は米軍の艦砲射撃を受ける一番危険なところだったという話を聞いて、認識を新たにしました。

敗戦を下田で迎えたとき、すでに情報として沖縄はほとんど潰滅していて、人間はほとんど死んでしまったと聞き、父は三男なものだから、それならばどうせ沖縄に帰ってもしょうがないと考えていたところ、同じ航空隊で仲のよかったヤマトンチュの天羽《あもう》というひとが、「おまえ、沖縄に帰らないんだったら、俺の出身地は信州で、土地ならいくらでもあるから、そこで農業でもしないか」と言うので、彼について静岡から長野に向かって行こうとしたんです。ところが例の復員の満員列車、あの大混雑のなかで彼とはぐれてしまったんですね。とうとう、離れ離れになってしまったものだから、父はどうしたらいいかと途方に暮れたのですが、とりあえず関西に行けばウチナーンチュがたくさんいると考え、大阪を目指しました。そして喧嘩神輿で有名な岸和田にしばらくいて、それから一年ぐらいして広島の宇品港から復員船に乗って、沖縄に帰ってきたわけです。案の定、両親も長兄も沖縄戦で亡くなっていて、結局どこでどういうふうに死んだのか、遺骨もわからないままです。十六で親兄弟と死に別れるということを、私は若いころはどうも実感がなかったのですが、この年齢になり、しかも世相がキナ臭くなっているなかにいると、どうにもたまらないものがありますね。父が七十七で亡くなったあと、遺品のメモ帳に沖縄戦で死んだ両親と兄の姓名と生年月日などが、たどたどしい字で書かれているのを見て、父の語られざる戦争の後遺症を遅まきながら知ったわけです。父の戦争への思いは、例えばテレビに昭和天皇が出たりすると、こいつは近衛と違って恥を知らない最低なヤツだといつも怒りを露わにしていましたし、今の天皇が皇太子のとき、初めて沖縄に来て例のひめゆりの塔での火炎ビン事件があったときも、「殺したわけではないだろう。そのくらいのことはやっていいんだ」と言ってました。

零細な農業と劣悪な職場をへて軍隊に入ったように、やっと高等小学校までしか行かせてもらえなかった青年期だったということです。石田雄という有名な政治学者がいますけど、彼の生い立ちを記した著書を読んだとき、同じ年齢の人間が、生まれた環境でその後の人生がこんなにも違うものかと思ったことがあります。戦前の崎山の家庭生活では新聞なんか読んだことも見たこともないし、購読なんてとんでもなかったと言ってました。農業の土地は結構あったけれども、長兄は学校にも行かせてもらえず、両親と二人三脚で働かなければならず、二男、三男の方がかえって学校に行かせてもらい、文盲の長兄の代読や代筆もしたと言います。戦後は文字通り裸一貫から養鶏など、あれやこれやの商売をへて、製パン業の仕事をして、首里の高台にある現在の崎山に土地を買い求めて住み着き、そこで私が長男として生まれたわけです。

ですから私は、幼稚園から小学校、中学、高校、大学、そして就職まで、琉球大学が西原《にしはら》に移転するまでの約三〇年間を家の周りで過ごしたのです。一番遠いのが首里高校。それでも瑞泉酒造の前から守礼門の側を通っていけば、ゆっくり歩いても一五分で着きました。だからよその地で生活をしてみたいという憧れが非常に強かったですね。私は自分の子どもに「琉球大学もいい大学だけど、どこでもいいから琉大以外の国立大学に行きなさい」という条件を付けたら、実際にそうしました。私の出来なかったこと、したいことを投影させたことになるんですね。

私が琉球大学に入ったのが一九七一年。ちょうど沖縄返還の一年前で、一九六九年のニクソン・佐藤会談後の、まさに沖縄の政治の季節でした。私はあまり勉強熱心ではありませんでしたが、それでもわりと新聞を読んだりして、政治には関心がありました。所属は法文学部経済学科でした。宮里政《みやざとせい》玄《げん》さんが選択科目として提供していた国際問題という科目があって、質問をしたりして、それだけはよく勉強したという記憶があります。あの当時宮里さんは、僕なんかから見ると非常にもどかしい感じの発言をしていました。やりとりをすると、「君たちはそう言うけれども、高坂正堯というのは、君たちには評判が悪いかもしれないけれども、それなりに傾聴すべきところもあるんだよ」というような表現をしていました。

さきほど安里進さんが高校までは、政治にほとんどノータッチという話をしていましたが、僕の場合は高校三年ごろから、政治的なものに関心があって、大学に入ると学生運動に近いようなことをしてはいたけれども、ただ沖縄をめぐる政治状況への関心はともかくとして、琉球・沖縄についての歴史や文化の専門的な知識はほとんどゼロに等しいものでした。大学を卒業する間際まで全然なかったのです。

こういう経験が私にはあります。琉大では、文字に関心があったので、書道クラブに入っていました。それ以前から書に関心があったのです。あるときクラブ室で雑談をしていたときに、私より二つ後輩の女性がいて、彼女は史学科でした。あれこれ話をしていたら、「伊佐さんはどこの歴史に関心がありますか」と聞くものだから、僕は外国史に関心があって、日本史にはそれほど関心がなかったので、正直に「西洋史だな。とくに欧州史に関心がある」と返事したら、この学生が「私は琉球史です」と言ったのです。それを聞いて、私はハッとしながらも、沖縄にも歴史があるのかと思いました。もちろん首里に王様がいた程度のことは知っていたけれども、それぐらいの知識でした。

大学を卒業してずいぶん経ってから、私の母親の妹の旦那の親戚に「尚円考」など琉球史論で知られた八重山出身の琉大教授、冨村真演《とみむらしんえん》がいるということを知りましたけども、それとは関係なく相変わらず学生時代はほんとうに琉球・沖縄史には無知・無関心でした。

琉大書道クラブは、あのころ書道で有名な大東文化大学、東洋大学と、三大学合同展を、沖縄と東京で交互に開催していました。私は三年のときに部長をしていたので、東京に行ったり、またその二大学の代表を迎えたりと、結構盛んに交流をしていましたが、私にはヤマトの人と接するときにいつも気後れする気持ちがありました。話をするときにも、頭のなかで、コンピューターが瞬時にきれいな日本語に整えてからしゃべるかのような感覚があって、恥かしくない正しい発音をしようとするとか、そういうことをしている自分自身に気づいていました。ヤマトに対する憧れと同時に、無意識に自分たちを格下の存在だと考えていたのですね。学生時代から就職してのちもずっとそういう内面の動揺がありました。特別に学校で沖縄人はそういうものだと教わったこともないし、面と向って言われたこともないけれども、いつの間にかそういう心性が身についていたのです。こうした気持ちは私にだけ特殊なものではないと思います。思い返してみると、私たちは学校で仲原善忠《なかはらぜんちゅう》の『琉球の歴史』という上下巻の本をもらいはしたけれども、教材として一度も使ったことがない。だから読んだこともないし、琉球・沖縄の歴史はこうなんだということも聞いたことがありませんでした。たぶん、教師にもその力量も意識もなかったんでしょうね。

ところが大学の四年になったばかりの、あれは一九七四年かな。書道クラブに私の親しい友人がいました。国文科の学生で沖縄のことに詳しくて、比嘉春潮《ひがしゅんちょう》とか東恩納寛惇《ひがしおんなかんじゅん》とか、それまで聞いたこともない名前を出して話をしてくれました。のちに法政大学の外間守善《ほかましゅぜん》さんのところへ行くことになる彼が、出版されたばかりの『伊波普猷全集』（第一巻）を持ってきて、「面白いから読んでみたらどうか」と言うんで、借りて読みました。『古琉球』が収録されている巻ですが、その箇所を読んだ記憶はほとんどありません。ただ最後の方に、「『首里』の語源は結局わからない」という長い論考があって、わからないということを堂々と書く正直なひとだなとの印象と、「ふゆう」という妙な名前が鮮明に残りました。自分が首里出身だということもありますが、沖縄について考え始めるきっかけになりました。

そして一九七五年に大学を卒業して二年ぐらいブラブラしていました。卒業後すぐに銀行に採用が決まり研修まで受けたのですが、どうにも性に合わなくて辞令をもらう前に辞退しました。その後、とりあえず仕事をしようと就職活動もしましたが、なかなか受かりませんでした。あるとき、筆記試験も通って、面接まではいったのですが、不採用の通知が来ました。それで内々に調べてみたら、「伊佐眞一は大学時代に学生運動をしていて、非常にマルクス的な物の考え方をしている」という調査報告があったと知りました。マルクス経済学の松田賀孝《よしたか》先生のゼミにいたことと、またその当時、沖縄の共産党県連に伊佐真市という青年書記長だかがいたんです。その人ともごっちゃになって不採用ということになって、しばらく予備校の講師などをして暮らしていました。一九七六年に公務員試験に通って、沖縄総合事務局など数カ所からうちに来ないかという誘いがありましたが、そのなかに琉球大学がありました。琉球大学は自宅の目の前で近いし、大学で働けば少しは自分の関心がある勉強もできるかなと考えました。じつは浪人のようにはしていたけれども、西洋史への関心は持ち続けていて、学費を貯金して、そのうちドイツ社会民主党の研究、なかでもカール・カウツキーの勉強をするために進学しようと考えていました。琉大には長く務めるつもりはありませんでした。

琉大に就職して、一年間は教育学部の庶務係にいました。そのときどうせ琉大で働くんだったら図書館の方が本が読めるだろうと、すぐに異動の要望を出したら、翌年には図書館の閲覧係に配属になりました。我部先生はご存じだと思いますが、あのころ郷土資料は志喜屋図書館の中二階の奥の方に鍵をかけて、そこに一まとめになって収蔵されていました。あのころは閉架式で、利用者はカウンターで申請をして、文献を図書館職員がいちいち取りに行って、返却があるとまた書庫に返しに行って鍵を閉めるという仕事をしていました。だから利用者がいないときは、私は中二階の資料室に行って、整理や修復の仕事をしているような感じで資料が読めました。また、あのころは職員もみんな非常に理解があってというか、昨今の窮屈さとは大違いで、「伊佐さん、今あまり仕事がないから、書庫に行っててもいいよ」というような雰囲気でしたから、ノートを取っての勉強さえもできたのです。その中二階の郷土資料室は金庫のようで窓もありません。そのなかに伊波文庫とか、宮良殿内《みやらどぅんち》文庫、ブール文庫などの貴重書の原本がみんなありました。復刻やコピーもありますけど、貸し出し禁止の原本も、書庫内にある文庫の鍵は私が持っているのですから、みんな自由に手にして読めました。学生時代は琉大にこんなものがあるなんて知らないから、ほんとに感激しましたね。それで、自分がかねてから疑問に思っていた、自分のなかにあるヤマトに対するコンプレックスや卑下心の由ってくる原因はなんだろうかと勉強し始めたわけです。しかし、それでいろいろ資料を読むんだけれども、説明が十分になされて、私を納得させるものはありません。伊波普猷が私に一番近いところに立っての発言をしていましたが、隔靴掻痒の感は否めませんでした。じゃあ、ないんだったら自分で勉強するしかないだろうと思い直したわけです。もう時効だから言ってもいいと思うけど、図書館資料は原本を含めて自分のそばに幾らでもあるので、勤務中読めなかったものは、原本でも何でも、借り出し許可をしないで勝手に家に持って帰って、翌朝出勤してまた返せばいいわけです。そういうふうに我流での勉強をしたのが、私の沖縄学習のスタートです。

例の、ヤマトに対する気後れは、三十代後半までありましたね。そのころヤマトに出張で行くということが決まると、いつも軽い興奮状態になりました。初めてヤマトに行ったときには、黒潮丸で神戸港に降りましたが、自分の感覚としては、遠慮気味に道の端っこを歩いているような、どうも道路の真ん中を歩けないような、とても緊張したことを覚えています。そういった体験が、日本国家のなかの沖縄を、より具体的に考える基礎になっています。もちろんいまでは首里から東京に行くのも、首里から那覇に行くのも、まったく同じで気持ちに何のこわばりもありません。

II

討論

Ep
07

1 「本土並み」復帰をめぐって——明と暗

日本復帰に対する幻滅

——復帰後一〇年あまり経って、復帰に対して幻滅を抱くようになったことをきっかけに、三木さんは「世界のウチナーンチュ」という特集を一九八五年から『琉球新報』で連載がやられたそうですが、復帰に対して幻滅を抱いたというのは、誰でしょうか。

三木　一般民衆が、です。

——沖縄にいる人たちが、一〇年で復帰に幻滅したということですか。

三木　復帰に対する期待感が、いいも悪いも含めてありました。ところが米軍基地はなくならない、物価も一時的に上昇する、本土資本による土地買い占めなどいろいろあって「こんなはずじゃなかった」という思いが民衆の中にあったのです。

安里(進)　そのいいデータが、一九七八年、復帰から六年後に、NHKが初めておこなった全国県民意識調査です。百項目余りのさまざまな質問をしましたが、その中で沖縄県は全国最多・最少が断トツで多い地域でした。一番典型的な例が、「今の日本は良い社会と思いますか」という質問に、「そう思う」と答えた人が沖縄県は極端に少なかった。北海道から鹿児島まで六六―七九％の人たちが「そう思う」と答えていますが、沖縄は四九％しかいない。

一八年後の一九九六年にも二回目の調査をやっています。そのときは沖縄県も「良い社会と思う」が増えていますが、それでも全国最下位です。県民意識調査のデータを見ると、明らかに復帰に幻滅したことが数値に表れています。

二回目と同様に第三回目の調査を一八年後にやるとすれば去年・今年あたりになりますが、やっていないようですね。今頃調査すれば、日本社会を全く信用しないという沖縄県民の意識がもろに出るのではないでしょうか。

海勢頭　今やったら、政府にとっては困るから。

三木　ああ、だからやらないんだな。

安里(進)　三・一一、原発、辺野古新基地の問題があるから、ＮＨＫは怖くて調査をやれないんでしょうね。

沖縄が日本復帰で求めていたのは、平和憲法という話もあるけれども、一番大きなものは「本土並み」になりたいということだったと思います。復帰に対する評価が悪いのは、本土復帰の否定じゃなくて、本土並みが達成されていないということ。一つは基地の存在だろうし、所得などの問題が本土並みになっていない、達成されていないことへの不満じゃないかと思います。

本土資本による巨大開発が沖縄を飲み込む

安里(英) いや、近代化という意味で言えば、本土の企業による開発の問題があります。私が最初に就職したのは『住宅新聞』という小さな業界紙です。不動産情報を紹介する新聞です。

私は土地問題を扱いましたから、海洋博のちょうど開催前だったんですが、今帰仁《なきじん》村や開催地の本部《もと》町に取材に行きました。そうすると、土地を買い占める状況がよく見えました。海洋博会場周辺の土地が、すべて本土の企業に買い占められていました。ひどかったですよ。もっと調べていくと、沖縄中の土地が本土の企業、業者に買い上げられてしまっていました。だから不満というのは、日本政府のさまざまな開発計画に便乗して、本土の企業とか資本に沖縄の土地が乗っ取られていく状況に対するものです。本土の資本が沖縄の隅々までどんどん入ってきました。私は、ある意味の近代化は必要だと思います。我々だってやっぱりいい生活をしたい。ぽっとん便所は嫌だし、水洗がやっぱり気持ちいい。やっぱりある程度の近代化は、我々沖縄人だって必要です。

そういうことではなくて、本土の資本に沖縄が飲み込まれていくのは嫌です。第一次の現象が復帰前夜に既に起こっています。一方では、この平安座《へんざ》島で石油備蓄基地の建設が始まります。また下地島でもパイロット訓練専用の空港建設が始まります。巨大開発がどんどん進んでいって、それに便乗して民間企業による土地買い占めがどんどん進んでいきました。沖縄中で一斉に起こりました。公共事業と、それに便乗した本土資本による沖縄の破壊がすさまじかった。それに対抗するため、沖縄の文化と自然を守る十人委員会が結成され『沖縄の喪失の危機』を刊行しました。沖縄の知識人たちによって、百人委員会の前に十人委員会が組織されたんです。復帰前、沖縄開発庁が設置され総合事務局が入ってくる準備の段階で、すでに本土の資本が沖縄をターゲットにしていました。本土ではあらゆるものを全部整備しつくした。高度成長で取り残されたのは、後進地域の沖縄だけ。あそこに行けばもうかる、とすさまじい勢いでした。

安里(進) 沖縄が新たな市場になった。

三木 特に石垣島、八重山の場合は復帰のときに大干ばつがあり、それから猛烈な台風が二回来て、農業がほとんど壊滅状態になりました。借金を抱えた農民は、結局払い切れないから土地を売りたい。そこを狙ってきたのが、本土のいろんな企業です。復帰直後には、石垣島も、島の景観のいいところはもうほとんど買い占められました。まさに危機的状況になって、これをこのまま放置したら、本当に島はどうなるということで、買い戻しの運動まで起こります。それが第一次土地問題です。

それから一九九〇年ごろに、第二次の土地買い占めブームが起きます。リゾート開発です。この「リゾート法」は「総合保養地整備法」というのですが、これができるや、日本列島はバスに乗り遅れまいとするかのように大規模なリゾート開発が進み、その波が沖縄に押し寄せてきました。私は全国と同じ規模の開発基準を沖縄に適用されたら大変なことになると思い、一九九〇年に『リゾート開発――沖縄からの報告』(三一新書)を書いて警鐘を鳴らしたのです。

安里(英) そう、第一次の土地買い占めが、海洋博前後の土地買い占め。第二次がリゾート開発で、一九八七年に「リゾート法」という法律ができてゴルフ場などが次々と建設されていく、それをルポしたのが、『揺れる聖域　リゾート開発と島のくらし』です。開発の時には土地だけではなく、島々の文化が全部破壊されていきました。御嶽《ウタキ》などの聖地も破壊されていったことをルポしました。土地開発の問題をやると、精神世界の破壊の問題もやらざるを得ません。つまり、自分たちが失っていくものは何なのかということです。沖縄の精神世界が破壊されたら、全てなくなるということですからね。物理的な破壊と精神的な破壊の両方が同時進行で復帰後に起こりました。第一次、第二次といくつかの波がありました。いまは第三次の波かしらね。

三木 さっきの復帰のときは本当に台風、干ばつがあって、農民が土地を手放していきました。そうすると、農民が減少しますから、労働力の集約、農業の機械化が必要だということになって来ました。トラクターの導入です。それを導入するためには土地改良をして、細分化された土地を統合して、広い土地にしないとトラクターが入らない。それで、土地改良事業を進めていきます。そのときには安里英子さんが言ったように、聖域周辺の土地に存在する記憶装置みたいなものまで、ならされてしまい、それこそ精神文化が抹殺されるように進んでいきました。

安里(進) 私は復帰前に沖縄の村落の調査をやっていて、村の人から御嶽《ウタキ》、グスクなどの聖域についていろんな話を聞きましたが、すでに共同体は崩壊しかけていました。ヤマトの資本が入って壊していくんじゃなくて、沖縄のなかにすでに共同体の崩壊が進行していて、それをヤマトの資本がとどめを刺したように思います。

村落祭祀の存亡に関する現状

安里(英) とどめを刺したように見えるけれども、根強く、したたかに残っているというのが沖縄の今だと思います。一言では言えませんが、徐々になくなりつつあるけど、それでも残っているというのが現状です。もちろん変容はしていますが、確かに残っています。島々を歩いていると、そういうのがリアルに見えてきます。

安里(進) でもね、復帰前の村を見た眼でいまの村を見ると、残っていても形骸化しているんじゃないかな。みんなしぶしぶ形だけやっているように見える。

安里(英) たしかに祭祀制度でいうと、祝女《のろ》が生まれなければ当然、自治会長が拝むという世界ですからね。でも、例えば池間とかは一所懸命神人を生み出そうとする努力をしています。もちろん努力しなきゃ神人は生み出せないし、もう生み出せなくなった地域《ムラ》も多数あるけれども、そういう世界はまだ根っこのところでは少し残っています。時間をかけて少しずつ、グラデーションのように変化するんだと思う。全くなくなっているところと、まだ生きているところとがある。たとえば、八重山の新城島では豊年祭にアカマタ、クロマタの神を迎えます。そのときには、島外で暮らしている人たちもみんな島にかえります。祭りが心の支えなのです。

安里(進) 生活様式が変われば、祭祀などのありようも変化すると思う。歴史から見たら、こういう変化は何回もあった。だから昔のものが残るということが必ず意味があるわけじゃなくて、やっぱり生活様式が変われば必然的に変わっていく。よしあしとは別の話かと思う。

安里(英) それはありますね。一九九〇年代に谷川健一さんが宮古島の森と神を守る運動を始めました。谷川健一さんはすごく宮古島に思い入れがあって、愛していました。谷川健一さんはあまり愛し過ぎて、なくなってほしくないという思い入れが強くなります。そして本土の学者をいっぱい連れてきて、地元の何名かをつかまえて「宮古島の神と森を考える会」を設立します。私も発会式には行きましたが、彼のやり方についていけなくて、抜けました。

いろんなことがありましたね。消えていく中でそれを惜しむ人、でも地元ではもう担い手がいない。それは過疎化の問題です。島で生活できなくなる状況が出て来たのです。教育の問題、医療の問題で子供たちは島を出て行きました。親も一緒にです。過疎化が進んでいき、祭りの担い手がいなくなる現象がどんどん進んでいきました。池間島の人たちとはずっとおつき合いが続いていますが、年収が五〇万です。それは国民年金だけがたよりのお年寄りがほとんどです。五〇万で一年間生活するんですよ。信じられないけども、実際そうやって暮らしています。若者は、平良の市内に全部移っています。神人は平良から通って祭りをやっています。過疎化の問題がとても大きい。

だから、豊かになったでしょうと言われるけれども、どこが豊かになったのかと思います。暮らしは全然よくなっていない。島の漁協や農協など、箱物は確かにできたかも知れないけど、魚をとる人はいなくなっています。カツオ節工場もなくなってしまいました。非常に貧しいです。

三木　復帰後一〇年間には海洋博の大きなイベントがあって、その後急激な倒産がありました。海洋博倒産とか言われて、ばたばたと企業が倒れました。大手資本も引き上げていきました。パインも復帰後に自由化があって、石垣島に一〇社あった工場が全部なくなります。パイン工場は一社で何百人と雇用していましたから、火を消すように島の経済は急速に冷えていきました。このような現象が島の人たちには目に見え、肌で感じられたわけですから、一体、復帰って何だったのという問いかけになります。

安里(進)　復帰前の沖縄の人は、資本の論理がわかっていなかったと思います。これを一番理解していたのは、自民党系の沖縄の資本家たちだったのではないか。一方、復帰運動を推進したのは、教職員や官公労など、資本の論理と無縁で生きていける人たちです。

海勢頭　沖縄の人たちは基本的に共生を重んじて、資本の力で収奪することに罪悪感がある。そこにヤマトが遠慮なく、土足で乗り込んでくるような態度に対しては、みんなやっぱり怒ったんだよ。だから海洋博のとき、沖縄館をつくった建築家の金城信吉が、今の開発の状況では、沖縄が根こそぎなくなってしまう、と叫びまくっていたんだと思う。

安里(進)　米軍基地建設では、本土の大手企業が結構請け負っているでしょう。だからそういう状況になることは、復帰前から見て取れたんだと思うんだけど。それが見えなかったのは、同じ民族だという幻想があったからかなあ。

天皇制に縛られたままの日本復帰には問題が

海勢頭　僕が何よりも復帰の年にやっぱりそうかと感じたのは、天皇制がそのままだったということ。要するに象徴天皇にしてはいるけど、天皇に支配された国民をそのままアメリカが認めて、その中に潜む構造的差別を解決しないまま復帰したということを、強く感じていました。だからその年「帰れ太陽」という歌を作りました。太陽よ、もう一度ヤマトから戻って来いという願いを込めて。そして海洋博のときも、同じ願いを込めて、「琉球讃歌」という歌をつくった。

こどもの頃、平安座《へんざ》島の各家にも昭和天皇と皇后の写真が結構飾られていて、それを見るとものすごく暗いいやな違和感を感じて、ぞっとしましたが、ヤマト文化を生理的心理的に、すごく毛嫌いしていました。そんな気持ちのままヤマトに復帰するようになったのですが、やっぱり信じられなかった。「変わらないな」というのが、復帰を迎えたときの正直な気持ちでした。

復帰二年前のクリスマスのころにコザ騒動事件が起こってね、コザの中ノ町の大通りでアメリカ兵の車をみんなでひっくり返して燃やしましたが、あの年は大阪で万博が行われていました。日本人がアメリカ仕込みの経済成長を祝っているとき、沖縄人はその差別に怒ってみんなでアメリカ兵の車をひっくり返していたのです。その事件を目の当たりにしたときから、僕は社会問題を歌にしないといけないと思い、音楽の方向性を変えたのです。

だから復帰が果たしてよかったかどうかというより、戦後日本国民は何故象徴天皇制にした段階で、天皇制の呪縛から自らを解放することをしなかったのかという疑問を感じますし、それがヤマトンチュに対する評価として非常に残念な部分です。だから本土に行って怖気づく必要はないし、むしろ戦後昭和天皇が沖縄を切り離してくれたおかげで、ウチナーンチュは、実は本来の琉球の伝統的精神文化を取り戻し、力をつけることができたし……。だからいま形骸化はしているけど、復帰前に取り戻した精神文化の力で、沖縄の若い子たちはエイサーやいろんな芸能を自由に伸び伸びやる基礎をつくったな、あの時代はそれはそれでよかったなと思っています。

安里（英） だけど、これは両面あるんじゃない。要するに、アメリカの政策は沖縄と日本を切り離すために、沖縄はマイノリティであると初期に言い切っていますよね。文書にも残っています。沖縄マイノリティ論。アイヌと沖縄は独立させるという、アメリカの正式な文書が残っています。そして沖縄の文化をどんどん保護していくでしょう。

日本から切り離すために、政策的に保護していきますすよね。そういうアメリカの政策の中で、文化財保護もかなり力を入れていきます。だからその政策には、善し悪し両面あると思います。

海勢頭 両面というより、アメリカは琉球をとにかく自分たちの味方にしようと一所懸命やってくれました。ところがヤマト側は、琉球が自分たちの文化を取り戻していくことにある種の危機感を持たざるを得なかったんじゃないかと思う。それが今の問題につながってくるという話です。

安里(英) じゃあそうすると日本政府としては、もちろん日米がニクソン会談で施政権返還に合意するから、米軍に預けておくけれども、いずれは日本に戻してもらうという流れの中で、日本国政府は捉えていたということなのかな。

安里(進) アメリカには、沖縄を日本に返すという発想はなかったでしょう。復帰運動なんか盛り上がったら基地が危なくなるので、要するに現状維持がアメリカにとってベストだった。

海勢頭 まずかったのは教職員組合や公務員が、天皇制に呪縛されたままの神国復帰に向かっていったこと。

安里(英) 私はそれだけではないと思う。米軍の圧政に対する批判としての復帰運動があったわけだから。

川満さんの反復帰論に話が及びますが、結局、復帰運動の後半は、ある意味、反復帰論的な復帰運動になりました。だから私は、反復帰論は川満さんと新川さんの専売特許の言葉ではないと思ってます。

川満　反復帰とはぼくは言ってない。復帰する前にもっと考えるべきことがあるということを言っただけです。

天皇制の問題もそうでしょう。沖縄戦を体験していながら、国体感覚を自分たちの内部でちゃんと思想的に超えているのか、超えていないのか、沖縄内部でもっと自問して、そういういろいろな問題を乗り越えたときに初めて、復帰が必要ならば日本でも中国でもアメリカでも選べばいい。僕はそういう発想。戦前の国体感性や国体意識が消えないまま、内部で克服されないまま、いたずらに母国とかいって、情念に引っ張られて政治運動を進めるべきじゃないというのが、あのころの僕の考えでした。

外部資本の論理に振り回され、対応策を欠いた沖縄

安里(進)　でもね、歴史というのは、人間が、社会的、思想的に成熟して次のものに変わるというのもあるけど、横やりが入って無理やり変えさせられる場面のほうが多いですね。

川満　特に小さい社会の場合はね、外からの圧力によって嫌々ながら方向づけられていくのが、大方の趨勢です。

安里(進)　沖縄社会は、沖縄人自身の考えで変化させていくべきだと思いますが、その前に、外の力でむりやり変えられる場面も想定し、そのときにどう対処すべきかも考えておかないといけない。みんな考えがしっかりまとまって、展望が開けるまで状況は待ってくれない。無理やりやられたときにどうするかということも、考えないといけない。

川満　ふだんから自分たちがとるべき道を僕らの内部で問い詰めておれば、外部から圧力がかかってくる場合でも自分たちのしっかりとした姿勢がとれるはず。そうじゃなくて自分の内部で処理されないままだと、外部から圧力がかかったら流されてしまう。

安里（進）　僕が言いたいのは、無理やりやられたときの次の一手も並行して考えないといけないということです。

川満　沖縄の米軍基地を建設するときに、清水組とか大成組とか浅野セメントとか、あのころ二〇近い日本の土建会社が殴り込みをかけてきたでしょう。そして、基地建設が終わるとさっと引き上げました。彼らは雇っていた地元の労働者たちに一切責任を持ちません。つくった後の基地自体が、地元の人間にとってどういう負担になるかも一切考えない。

一九五九年から一九六〇年、その時期に日本は国内のいわゆる成長産業を保護するための関税措置による保護策をとっていた。南米などとは自由貿易関係が取れてないために、甘味資源、砂糖が日本国内で足りない。すると、国策も兼ねて一九五九年から一九六二、三年にかけて、琉球政府予算で沖縄の分蜜糖工場、つまり黒糖工場を全部一斉に撤去させ、その後に、大手の製糖会社が肩を並べて沖縄に乗り込んできた。大型製糖工場が乱立

して。今度は原料の奪い合いが生じ、沖縄じゅうで野菜畑、イモ畑をみんなサトウキビ畑に変えていった。つまり、沖縄の農業をモノカルチャー化させました。企業のための資源供給地に沖縄の農業構造を変えてしまったのです。

ところが甘味資源の取引が自由にできるようになると、あっという間に大手製糖会社は引き揚げていきました。そうするとモノカルチャー化されたサトウキビ畑は一体どうなったかというと、大方がほったらかされて、切り株から芽が出た分だけ収穫して、小遣い稼ぎにするという状態。第一次産業の政策的衰退です。企業は資本の論理を貫徹するだけで、そこで雇用した人間たちをそのまま捨てて引き揚げ、自分たちがモノカルチャー化した産業に対しても、その回復や対策を行政、政府と調整して後始末を考慮するという責任をまったくとらなかった。

海洋博の場合も同じような現象が繰り返されています。資本の論理は資本の論理でもいいけど、沖縄ではあまりにも短期投機的にくり返されてきました。

三木　さきほど話したパイン産業は、TPPが行われた場合の先行事例になると思います。今もし政府が砂糖についてカードを切れば、沖縄のサトウキビも、パイン産業と同じ運命をたどると思います。現在でも離島は、何だかんだ言っても、まだサトウキビに頼る農家が多いんです。それがもうだめになると、離島の産業、農業、生活がもう維持できなくなります。そうするといま与那国では自衛隊を誘致すると言っていますが、本来はああいう産業をまず支えていくべきです。それを基本にやらないとだめだと思います。立ち行く産業をどう育成するか。そういう施策がないままに人口が減少するから自衛隊を持ってくるというのは、本末転倒の話だと思う。

川満 資本の集中化によって、地方の労働力は全部大企業へ吸収されていくわけでしょう。そうするとそれに伴って地方では、人間の過疎化が当然生じてくる。跡継ぎもいない。林業も農業も漁業も後継者がいない。残された高齢者たちにサトウキビ畑をもう一度全部耕し直してもとの野菜畑にせよとか、それは無理な話です。この資本の論理と、同民族だとか母国だとかいう心情とのギャップによって、沖縄人の心が引き裂かれてしまいます。

安里(英) 与那国の町長にインタビューしたことがありますが、自衛隊誘致は経済の問題であると明確に言っていました。与那国は広域合併に屈さず、一島一町で通してきました。そうすると、補助金が少なくなってくる。もう維持できない状態です。一六〇〇人ぐらいの人口かな。それで、自衛隊を誘致するのは、国境の町における防衛問題ではない、お金が欲しい、それだけだと町長は言っていました。

悪魔的権力に抗する覚悟と手立てを

安里(英) 資本の論理もあるかもしれないけど、基地を建設すると決めたら、どんなことがあっても建設しようとするアメリカの力、日本の力というのは、いったい何だろう、悪魔のような力が働いているように思います。つまり権力に仕組まれている。与那国町長には、経済の問題です、お金が欲しいですと言わせるけれども、実際にはもっとすごい権力が既にもう町長の手に及んでいて、あるいは沖縄県知事の手にも及んでいて、全部仕組まれていて、どうしようもない悪魔のような権力構造があって、その中で我々は動かされている、決定づけられているような気がしています。運命論じゃないですよ。

安里(進)　そう考えたら、もう何もないじゃないですか。

安里(英)　でも、最近そう考えるようになった。支配とか、植民地とか、占領地とかは、そういうものかなと思ったりします。

川満　十九世紀から始まる資本主義は、当然資本主義に付随する制度として、今の国民国家を作りました。この国民国家は、あくまで資本主義と一体となった制度でしかない。ところがこれが百年経つと多国籍資本によって、国民国家という枠組みが、内側から崩壊しつつあるわけです。ところが制度というものは、崩壊へ差しかかると、この崩壊を阻止し保護するために、軍隊とか警察とか、そういう暴力装置を余計に強化します。統治権力の悪あがきです。それが、今の日本の状態です。

安里(英)　さっき話題にでましたが、暴力的な力が来たときに備えて、どんな準備をしなきゃいけないですか。

安里(進)　いや、英子さんの話を聞いていたら、もう全部仕組まれて、決定づけられていて、表面上は反対表明や選挙をやったりできるように見えても、実はもう仕組まれているというふうに考えたら、何もできないよ。

歴史を見てみると、沖縄だけじゃない、世界的な超大国では、生産が高まり、生活が変わり、人々のものの考え方も変わり、社会が成熟して次の状態に変わるだろうけど、それ以外の国では外部の力とか、内部のクーデターとかで、突然変えられるときがある。そんななかで沖縄は、川満さんは我々がちゃんと問題をしっかり考えて、突き詰めていくべきだと言うんだけど、その時間が与えられず、無理やりやられるということを何度も経験してきた。辺野古の問題でも、大国にカードを切られて、こんなはずじゃなかったという状態に沖縄がなる可能性も十分にある。だからそうなったときにどうするかということも、要するにこれは半分覚悟の問題だけど、そういうこともあわせて考えておかないといけないと思う。考えを熟させてからやらないと沖縄の社会はよくならないし、問題解決はできないと考えると、いつまでも沖縄は踏みつけられたままになる。沖縄が独立していて、自らの意思でコントロールできる国家だったら、考えを熟させてやっていけるかもしれないけど、いま多分独立しても、大国からいろんな形でカードを切られて変えられてしまうのではないか。

川満　一九六七年の教公二法阻止闘争*のときには、警視庁から琉球警察には、直接強い指示系統が成立していなかった。琉球警察は、教公二法阻止闘争のときにはデモ隊からごぼう抜きされて負けました。これに対して、日本政府援助第一号というかたちで援助がなされたのが、機動隊の装備だったと言われています。

＊　沖縄教職員会が反対する「地方教育区公務員法」「教育公務員特例法」の二法案が、一九六七年二月二四日のデモ隊による立法院占拠によって立法を阻止された。

一九六八年から一九七〇年のあの復帰を挟む七〇年闘争に入ってくると、もう警察権力はがぜん強くなっていました。装備が頑丈になっているし、教公二法阻止闘争の恨みを返せとばかりに、棍棒で殴り込んできました。

さて、これだけ国家の暴力が金と暇にあかしてでき上がってくると、それに対して反対、反対だけの肉体闘争ではかないません。じゃあそのとき一人一人の頭の中にはどういうことが起きるかというと、ゴルゴ13みたいなマンガ的テロの妄想です。琉球政府のあの木の陰に、米軍のジープに積んだ野戦用の機関銃を持ってきて、機動隊が朝の整列をしているときに、乱射してみんな撃ち殺してしまえみたいな、テロリズム的な妄想が湧いてくるわけです。かないっこない外部からの暴力に対して妄想が暴走したとき、テロリズムは心情的リアリティーをもつのです。今回の辺野古の闘争でも、あそこでボートをひっくり返されたり、あるいは海上保安庁の職員に殴られたりすると、特に若い者たちはテロの妄想に駆られる可能性もあるとみています。理屈に合わない外圧に対する弱者の抵抗は、そういう形まで進むのではないでしょうか。

世界的にみると、紛争地域におけるそういうテロリズムは、もう朝晩の報道としてみんなの中にインプットされているでしょう。だからテロリズムによる闘争方法は、みんなの頭の中にもう潜在的に入っていますよ。このことを考えると、これから四、五年、ないしは一〇年の間にどういう事態が起きるのか、誰にも予測はつかない。

三木 実際、今の安保法制が国会を通って集団的自衛権の行使が認められ、自衛隊が海外で軍事力を行使したら、当然日本も敵国とみなされるわけで、いずれ日本国内でも中東、ヨーロッパで起きているようなテロ事件が起きるようになると思います。自衛隊が海外に出ていき、アメリカの同盟軍として参加し、一緒に銃を向けるようになれば、相手から見れば当然日本は敵だ、そこをたたけとなります。テロリズムで対抗しろとなれば、それは沖縄にも波及してくるでしょう。

川満 昭和六年の大川周明らの十月事件、七年の五・一五事件（犬養首相射殺）などのクーデター事件から昭和十一年の二・二六事件にかけての五年間の日本軍部内の動向を見ると、非常に興味深い。

要するに軍内部で皇道派と統制派という二つの派閥に分かれて、両者が陰湿な権力闘争をしながら、どっちがクーデターを起こすかわからないような、そういう奇妙な競り合い状態を演じている。そして結局二・二六事件みたいなクーデターを起こした。そして二・二六事件をさらに再活用する形で、統制派が軍の権力を握って暴走した。

三木　いま川満さんが言われたことは、これからの自衛隊の内部でも起こる可能性があると思う。

川満　今の自衛隊は、一九五〇（昭和二十五）年に設立された警察予備隊がもとになっているでしょう。現在まで七〇年近い歴史を経てきている。そして今まで戦争なしで安泰だった。ところが今回の安保法制で戦場に行けるようになると、自衛隊内部で国内だけの平和維持のために自分たちの使命があるんだと考える隊員と、進め、進めの戦争好きの隊員とで、内部対立が生じてくるんじゃないかなあ。

三木　新聞によると、文民統制の枠が緩んでくるというか、外れていくわけでしょう。今までは文民、官僚が上で、制服組は下にいて、決めたものをおろすというかたちだった。今回の改正では制服組が上がってきて、対等に局長と協議して参謀レベルで話し合うかたちになっている。そうすると、意見の対立が出てきた場合に、昔の皇道派のような考えが出てくる可能性は否定できないと思う。

川満　政党政治、文官政治をあっという間に無効にしていったのが昭和前期の軍部クーデターから、終戦までの歴史だった。

「普通の生活」という闘いの形は可能か

安里(英)　この政治の状況というのはいま論じてわかるんだけれども、そういう大状況の中でも人は生きて、暮らしている、生活がある。安里進さんがさっき言っていた非常事態が起きたときに備えるものって何なんだろう。テロリズムや武器ではなくて。

川満　防空壕をつくるか？

安里(英)　違う、そんな話じゃなくて、暮らしのなかで、我々は何ができるかということ。普通の人たちが、畑を耕し、食べ物をつくり、文化を維持していくことじゃないかなあ。私はそういうことが最大の武器だと思っている。

川満　でも沖縄戦では機銃掃射の下で幾ら芋をつくれと言ったって、つくれなかった。

安里(英)　たしかに戦争が起きたらそうかも知れない。でも私が言いたいのは、辺野古の現場で戦う人も大事、でもお家で農業している人も大事で、それも一つの闘いのかたちということです。みんな全員で辺野古に出て闘ったら、畑の作物は枯れてしまって収穫がなくなる。そうじゃなくてやっぱり島を豊かにしていくことが必要だと思う。琉球王国はもともと交易と生産によってそういうシステムになってたんじゃないですか。

安里(進)　田畑で働くことは抵抗でも協力でもないと思う。権力者がいようがいまいが、人が食べていくために必要な作業です。日常の仕事をすることが、特段意義のあることだったり、逆に辺野古の運動を否定したりするものではないと思う。生きていくために必要なことをしているだけではないか。

安里(英) 言いたいのは、辺野古に通っているウチナーンチュが、生活を破壊されて、暮らしていけないのではないかと。

安里(進) ふつう生活が壊されたら、そこから逃げて、別のところで生活を得ようとします。それでは納得がいかないから、自分の生活を犠牲にして、命をかけて抵抗しようということが歴史上ままありましたが、辺野古で頑張っている人たちは、まさにそうだと思います。では僕らに何ができるかといったら、カンパしたり、あるいはアンケートに答えたり、選挙行動でしめすとか、いろんな形の幅広い支援があると思います。決して突出して彼らが社会から浮いてる活動家、運動家ではなく、完全に根をおろし支持されているということをしっかり見せていく。辺野古に日常的に行けない者にできるのはこういうことではないかと思います。

明治の沖縄自立運動を回想し、現代を照らす

伊佐 非常に生々しい現代の話になっていますが、三木さんからさきほど明治三十八年に沖縄からニューカレドニアに八百人ぐらいの移民があったと話がありました。それとも関連するのではないかと思うことがあります。その移民から四、五年前の話ですが、明治三十二年から三十四年にかけて沖縄県内で、一種の自立運動が起こりました。琉球処分からちょうど二〇年たって燃え上がった謝花《じゃはな》昇《のぼる》たち沖縄倶楽部による権利回復要求の運動です。私が知っている限りでは、直接的な活動をした人たちが大体二二、三人ぐらいいます。あの運動は実質的に二年ほどしかもたないで、奈良原県政によっ

て職場を追われたり、運動を支える経済維持母体の経営が立ちいかないようにされたり、さらには地域での居場所を失ったりさせられます。徹底的な弾圧が加えられるわけです。

運動が挫折し潰滅すると彼らは沖縄では生活できないから、一時は集団で宮崎に移住して、共同農場のようなものをやっていこうということまで計画します。結局これは土地の取得が困難であるとか、家族の問題や人数が少なかったりしたため、実現しませんでした。沖縄の民権運動と言われているものですが、ふつうには謝花と當山久三《とうやまきゅうぞう》が突出的に知られているだけで、残りの約二〇名はそののちどうなったのか、数名を除けばほとんどわかりませんでした。私はこの二〇名余のことがずっと気になっていたのですけれども、ようやくわかってきたことのひとつは、たしかに謝花と當山は優れていたけれども、それ以外のメンバーがみんな謝花と當山に従属的だったかというとそうでもないことがわかってきました。彼らの、その後の足取りをみると、ヤマトに仕事を求めて行こうとしたのは二人しかいません。一人は謝花で、彼は山口にやっと技手職をみつけて行こうとしました。もう一人は諸見里朝鴻《もろみざとちょうこう》で、彼は東京の日本新聞社に職を得ました。残りの約二〇名は、どこに行ったかよくわからなかったのですが、かなりの人数が台湾を含めた中国に行っています。當山はご存じのようにハワイへの移民で、アメリカ本土も行くわけです。ですから、さっきのニューカレドニアの話は当時としては、それほど突拍子もない話ではなかったのではないかと思いますね。彼らの運動が頓挫して、さてどこへ新たな道をみつけようかといったときに、ヤマトというのは選択肢のひとつであって、絶対唯一ではなかったのではないか。ですから、ごく自然にアメリカや台湾、中国、そして南洋諸島があったんじゃないかと思います。七二年の返還から六年後と一九年後のＮＨＫによる調査の話は、琉球処分から二〇年後に同様の調査をしていたなら、さてどんな結果が出ただろうか。そんな想像をしたわけです。

さっき「沖縄の文化力」と英子さんは言ったけど、沖縄の文化や歴史を考える場合に、いつも私は思うんだけど、知識はあっても具体的にどうこうするという実現に向けてスケジュールを立てる構想力と、そして強靭な意思が沖縄人は弱い。でも、次から次へと問題が発生するから、そんな余裕がないままにどんどん先に動いていく。そういった行動は弱さではあるけれども、強力に反転させるだけの意欲と情念はある。理詰めで考え、長期的な構想を踏まえて地道に準備しなくても、沖縄は沖縄なんだ、沖縄的なものは消えやしない、それはそれで十分にやっていけるんだということだろう。悪い意味でのテーゲーというのかな、なんくるないさということですね。

川満 現代の思想は、ただ心理的、情念的な問題で片づくもんじゃなくして、やっぱり思想は思想としてのしっかりしたクールな論理で攻めていく必要があります。そして片方では、情念で対応すべき問題は情念で対応するという姿勢を自分たちの中に鍛え上げていかないと、簡単な問題でも未来に向けての設計図を引くことができないと思う。

伊佐 沖縄倶楽部の運動から、四年たつと日露戦争になりますが、その間に、沖縄人の自分自身に対する認識が劇的に変わり始めます。近代の沖縄をみていると、日本政府による国民教育がこれほどまでに成功した例は、とても珍しいと思います。このことはしっかり押さえておく必要がある。先ほど復帰して六年後のＮＨＫの調査があって、「復帰」後の沖縄社会はよいですかという設問に対して、そうでないという回答の人たちがかなりの割合占めていましたが、じゃあその人たちを対象にして、ならば復帰はしない方がよかったですか、した方がよかったですか聞いたら、圧倒的にした方がよかったと返事しただろうと私は思います。

安里（進）　「復帰してよかった」は、最近にいたるまでずっと八割ぐらい維持していますね。

伊佐　うん。一九七〇年前後も、新聞の紙面でよく見かけたのは、「まずは復帰してから」という言葉。核兵器の問題とか、本土並みの問題がいろいろありはするけれども、まずは復帰してから問題をひとつひとつ解決していこうという意見が強かった。そこには不満はたくさんあるけれども、アメリカのような外国に支配されていることから早く逃れて、とりあえず「同胞」のなかに入っていけば、前途には希望があるという思いがあったはずなんです。つまり、根っこの部分で、沖縄人の認識が、明治三十年代前半までとはそれだけ変わったということです。沖縄の、アジアや南洋など南方に対する視野が非常に狭くなってきて、北方のヤマト一辺倒という硬直的な同祖志向の影響が強くなった。

我部　伊波普猷の日琉同祖論ですが。僕はあれは、学問的には実証しにくい一種のイデオロギーのような気がします。今の独立論も、思想運動としては重要な側面も含まれていますが、琉球王国という過去の歴史のイメージにすり寄る点では、あまり賛成はできないように思います。もちろんすべてがそうではありませんが。

「本土並み」復帰へのさまざまな思いと歴史背景

我部　私は復帰の時点で、復帰ということをそれぞれの人が考えて発言することが必要だったと思います。今の時点でもいいと思います。たとえば、僕の研究の基盤は、復帰を求める当時の雰囲気に大きく規制されている。そのことを今の時点で強く感じます。これにある決着をつけることなしには先に進めないように思います。見透しも立ちません。そのことを踏まえて、復帰したことに対する自分なりの見方、解釈は、個々の人が自由にできるわけですから、その自由の領域を広げて発言すべきだと思います。

――すでに復帰して四〇年以上の歳月が流れてますが、沖縄の人たちは、「本土並み」復帰を期待していた。

我部　「本土並み」という言葉には、イメージとして使う人たちの頭の中にさまざまな自由の形がありました。本土は基本的には、日本全土を指す言葉ですが、より具体的には、日本の都市とりわけ東京を指しているように思います。日本全体が画一社会ではないのに、本土という言葉で画一化してしまう。それを沖縄と比較するという、不思議な発想がまかり通ることになります。そして実態として資本の論理でどっと開発が本土並みに進みました。その実態として起こった本土並みと頭で考えた本土並みにあまりにもギャップがあるものだから、そこにとまどいと問題が混在してきました。そして結果として、復帰して悪かったという言葉が出てきました。

――復帰に幻滅とは言うけれども、しかし現実には復帰してよかったという方が過半数を占めているわけですよね。

我部　まだ夢があるわけです。今、実現していない平等の本土並みがあると想定することによって、夢を持つわけです。見果てぬ夢としての本土並み幻想でしょうか。

安里(進)　本土並みという考えのバックには、沖縄の歴史観があると思う。本土に対して沖縄は歴史的に遅れた社会だという歴史観が、一九六〇年代に出てきます。日本社会に追いつかないといけないという考えから「本土並み」という言葉が政治スローガンとして、復帰の一つの目的になったと思う。こうした発想をもっている限り、沖縄はいつまでも本土資本の消費の対象物にしかならない。しかし、沖縄も本土資本のおこぼれにある定程度あずかっているから、容認してきたところもある。これが収奪されっぱなしだったら、反日運動が起こるでしょうが、ある定程度のおこぼれにあずかっていて、それなりに満足しているところもあるので、復帰してよかったという考えになるんだと思います。その一方で（米軍基地問題など）日本政府のやりかたには納得できんという矛盾した状況が、いまの沖縄じゃないかと思います。

伊佐　本土並みというのは、そういった物質的及び外見的な遅れを補完してもらって同等になるというように、人によってニュアンスが違いますが、同じ国のなかに入ることによって同じ日本人になる、差別や区別のない本土並み、ヤマトンチュと対等になるということも、希望を支える基盤としてあったと思います。相手と対等になることと、相手に同一化することとは違いますけど、沖縄のひとは本土並みという言葉を、どちらもごちゃまぜに使ってきたのが現実です。しかし、今日では口にすること自体、政治的にも文化的にも白々しい空虚化した用語になってきていますね。

我部　その本土並みの中には、憲法九条とか憲法復帰とか、そういうような面の本土並みもあるわけです。遅れているということだけではなくて、日本政府によって、政治的に遅らされているというこの現実を政治的に解決してほしいという意味でも、本土並みという言葉はみんなを引きつける一つの魔力的な媒体になったわけです。沖縄人が言っている内容の中には、もちろん経済格差、格差是正の現実的な予算的処置の本土並みという考え方がありますが。

川満 ゴーヤチャンプルー食べるためには、豆腐と同時にゴーヤも食べないといかん。ゴーヤだけ食べるとか、豆腐だけ食べてゴーヤは要らんとか、そういうのはゴーヤチャンプルーを食べるにはぐあい悪い。本土並みというのは、要するに豆腐もゴーヤも一緒に食べるということじゃないか。

我部 同じ言葉でも、使用する人によって理解の仕方が違うのです。

安里(進) いろんな期待を込めて本土並みが叫ばれているけど、沖縄は本当に本土並みが実現できるのかどうか。本土並みは沖縄にはあり得ないんじゃないですか。経済だけでは解決できない文化的問題を含んでいるから。

三木 あり得ないどころか、本土並みにならん方がいい、逆に沖縄の独自性を打ち出した方がいい。これは、第三次沖縄振興開発計画あたりから変わってきています。復帰直後一〇年間の一次振計では、あまりにも本土との格差がいろんな分野であり過ぎるから、これを本土並みに持っていくということが第一の課題でした。それは経済だけじゃないです。福祉などの分野も含まれています。

制度の見直しも大きい。私が入社して二、三年したころかな、「本土並みを考える」という一ページの企画を一年間ぐらい、ずっとやりました。これをみんなで担当して分野ごとにやったんだけど、何も経済の問題だけじゃなくて福祉の問題、教育の問題、それから今の人権の問題、こういういろんなものを各面にわたってやりました。

だから「本土並み」といっても、さっき我部さんが人によって捉えかたが違うと言ったように、これは多面体みたいなもので、いろんな要素が入っていたと思います。だからこれを復帰によって本土並みに持っていくという場合、例えば渡航の自由化を図るというのも一つあっただろうし、人権の保障、弁護士制度の変更、司法制度の統一など全部含まれていました。そういう制度的なものをならしていくというのが一次振計にはありました。二次振計、三次振計で一番問題となったのは、所得格差です。沖縄人の平均所得は本土の七〇％ぐらいしかありません。

それが何年たっても七〇％、変わらないんじゃないかという議論もありました。つまり、沖縄は上がったかも知らんけれども、本土も上がっていくわけですよ。そうすると、ずっと格差は縮まらない。そのうちに、沖縄のほうが進んでいた面もあるんじゃないか、何でもかんでも本土並みにする必要が本当にあるのか、という反省みたいなものも出てきました。たとえば先の所得格差にしても、確かに所得は低いかもしれないが、他方では数値化できないような豊かさも沖縄にはあるのではないか。それを活かしていこうという考えが出てきた。それでたしか三次振計ぐらいからは本土並みというのがだんだんなくなってきて、沖縄の独自性という目標に変わってきました。そういう経緯がありますね。

ただ、沖縄の場合は、本土が高度成長のときに、その恩恵にあずかっておらず、格差がどんどんと開いていって、一九七二年の復帰を迎えたという発想があります。だから開いてしまった格差を国の責任で埋めるべきだという論理だったわけです。少くとも日本復帰直前の琉球政府や復帰直後の沖縄県はそういう論理で第一次振計づくりに臨んでいる。そこで第二次産業部門を二倍に引き上げる目標を立てている。そのためには本土企業の誘致に動いている。しかしその頃はすでに高度成長は下降し始めており、その計画は失敗した。その反面、観光が伸びて三次産業が肥大化してしまった。そんな失敗を踏まえたのでしょう。

海勢頭 どの程度の格差があったかわからんけど、今の辺野古の問題の政府の対応を見ると、むしろもう本土並みという言葉に乗っかっていくこと自体が、屈辱でしかなくなった。こんな政治文化、精神文化に妥協していくことは、沖縄を捨てることになる。

川満 結局、本土並みとは、軍事基地をなくせ、ということにつきる。

我部 そうですけれども、例の有名な歌の歌詞に「沖縄を返せ」の言葉があります。僕は、「沖縄」と言わんで「琉球」というふうに書きかえたらどうかと思いますが。

三木 民謡歌手の大工哲弘がよく歌ってる。彼は、「沖縄を返せ」じゃなくて、「沖縄に返せ」と言い換えている。

我部 沖縄じゃない、「琉球に返せ」のほうがもっといい。やはり言葉の問題が重要です。「本土並み」という言葉の多様性、それから「日本復帰」という言葉の概念の不確実性。いま問題になっている琉球独立論も、言う人と聞く人では意味が大分違うと思う。だから本来は、自分はどういう意味でこの言葉を使っているか、自分はどういう意味でこの言葉を解釈しているのかということをそれぞれ注をつけてやらないとならない。でも実際に話をするときに、言葉に一々注はつけられない。

基地の問題を本土並みにするというと、自衛隊基地には反対できないということにもなる。だから「本土並み」ということは、いいものも悪いものも一緒くたに来るということ。どうして沖縄に本土の資本が入ってきたかというと、ここがあいていたからです。

安里(英) 商品化という点では、もずくも同じです。

我部　沖縄人のものの考え方の上に資本が覆いかぶさってくるときの、とまどいと対応の不確実性が重なり過ぎています。そのくせ期待が大きい。「本土並み」は、本土並みに基地も縮小されるし、憲法も保障されるということ。この言葉を発信する側と受け取る側の中には、同じ言葉だけれども意味がみんな違う。そして今ごろになって、触れちゃならんというようなことを言っているわけです。

海勢頭　ウチナーンチュの平和への思いを、むしろ本土に対して、沖縄並みにしようと呼びかけないといけない。そこら辺の問題を、みんなに理解してもらう必要がある。難しい問題だけど、やらざるを得ない。

権力に利用された形の「本土並み」

三木　基地の問題で「本土並み」といった場合、当時の屋良主席たちは「本土並みに米軍基地縮小」という前提で言ったのですが、日本政府は都合のいいように解釈して「本土並みに安保条約を適用しますよ」と、すりかえたのです。「本土並み」というあいまいさが、権力に利用された形です。

伊佐　最近は「復帰責任」とか「復帰を完結させる」とかという言い方を基地問題では使うようになっています。復帰を完結させるということは、沖縄を本土並みに平等にしてもらいたい、まだまだ不十分であり、途中段階だという意味だと思いますが、どういう意味なのか具体的に聞いてみると、発言する人によってまちまちで、はっきりしません。前もって定義しないで議論するんだからね。

我部　海軍の沖縄根拠地隊司令官だった大田実が、沖縄戦末期に「沖縄県民かく戦えり。県民に対し後世特別の御高配を賜らんことを」と海軍次官に打電しますが、この「特別の配慮」というのはどういうことか、また「かく戦えり」の「かく」というのはどういう意味なのかという問題があります。いろいろ説があります。「かく」というのは、現代日本語では「このように」という意味ですね。じゃあ「このように」とは「どのように」なのかというと、僕の考えでは、政府が命令したように戦ったということです。政府の命令どおりに沖縄戦を戦い、多くの人が死んだので、政府の責任において今後やらんといかんよということを、死を覚悟した大田実が言ったのです。生きている人間だけの事を考えるのではなく、死んでいった者たちのことも考えなければいけないよと言っているわけです。

井上ひさしも、憲法九条は死んだ人が残した財産だから守るんだということを言っていましたよね。慰霊の日に、首相が沖縄に来て同じ意見を述べるのを聞くと、耐え難い苦痛ですね、よく言うよと思います。しかし総理が来て言うんだから、次はいいことをやるんじゃないかとみんな少し期待もしています。同じ言葉でも、言う人と期待する人とでは意味がぜんぜん違います。それがずっと、七〇年間続いてきました。これが戦後の日本語かな、我々が習った日本語はそんなものなのかなと思います。

海勢頭　二〇〇〇年のサミットのときに、クリントンが来て、平和の礎で「命《ぬち》どう宝」といった言葉を使ったでしょう。言葉を自由に、あんな風に使われてしまうんです。復帰後に、NHKの大河ドラマで「琉球の風」をやりましたよね。あれは評判が悪かった。その後「ちゅらさん」が成功して、ちゅらさんブームで全国に沖縄、ゴーヤーブームが広がりましたね。この「ちゅら」という言葉に、「清」じゃなくて「美」という漢字を当てるようになりましたね。それはウチナーンチュの過ちであり敗北です。

三木　「ちゅら」は「きよら」ですよね。これはウチナーンチュの美意識からきている。

川満　日本は戦後体制で、戦争を反省して、そして制度的にも社会主義社会に近いぐらい福祉制度や保険制度を完備してきました。一九五〇年から一九六〇年代にかけてのことです。同じ時期沖縄は、アメリカのばかばかしい支配の下で、府令布告で勝手なことをやられており、こんな状態は我慢できない、という状態でしたが、日本は戦争に負けることによって、負けたことを反省して、スウェーデン的というか、あるいはデンマーク的というか、とにかく社会主義的な福祉社会をつくろうと構想していたわけです。しかし神武景気から岩戸景気へと経済が成長するに従って格差や過疎の矛盾が深層では進行していました。沖縄の本土並みという欲望は、その深層を無視することで起きたとみます。なぜかというと、沖縄戦でこれだけひどい目に遭って、財産も全部失ったのだから、復帰すれば本土並みにあらゆる保険制度も福祉制度も適えられるというのが一九五〇年代、一九六〇年代における復帰幻想だったから、民衆の生活欲望としてそれは正しかった。

ところが日本の経済成長が怪しくなって、大企業中心の保護政策に少しずつ重点を移していくに従って、戦後体制における保険制度や年金制度が少しずつ実態を失っていきました。そして同時に、憲法も解釈改憲で虚憲法になっていきました。その時点での本土並みは、日本の矛盾した制度の下層に沖縄も加えてくれということになります。時代とともに沖縄サイドから見た「本土並み」という言葉は、厄介な変化を背負わされているということになります。

三木 今はもう「本土並み」という言葉には、まったく有効性はないでしょう。

海勢頭 これだけ信頼を失ってしまったら、ヤマトンチュは顔をあげて歩けないでしょう。だから、沖縄にどんどん寄ってきなさい、ここには国境がありませんと言ってあげたいですね。

安里(進) 奈良県に住んでいた頃、インフラ整備では沖縄の方がはるかにずっと進んでいると感じ

1989年11月創立　1990年4月創刊

一九九五年二月二七日第三種郵便物認可　二〇一六年一月一五日発行（毎月一回一五日発行）

月刊 機

2016
1
No. 286

発行所　株式会社 **藤原書店**©
〒一六二―〇〇四一　東京都新宿区早稲田鶴巻町五二三
電話　〇三・五二七二・〇三〇一（代）
FAX　〇三・五二七二・〇四五〇

◎本冊子表示の価格は消費税抜きの価格です。

編集兼発行人
藤原良雄
頒価 100円

日米開戦半年後、アメリカは沖縄の日本からの分離を決めていた！

これからの琉球はどうあるべきか

元沖縄県知事　**大田昌秀**

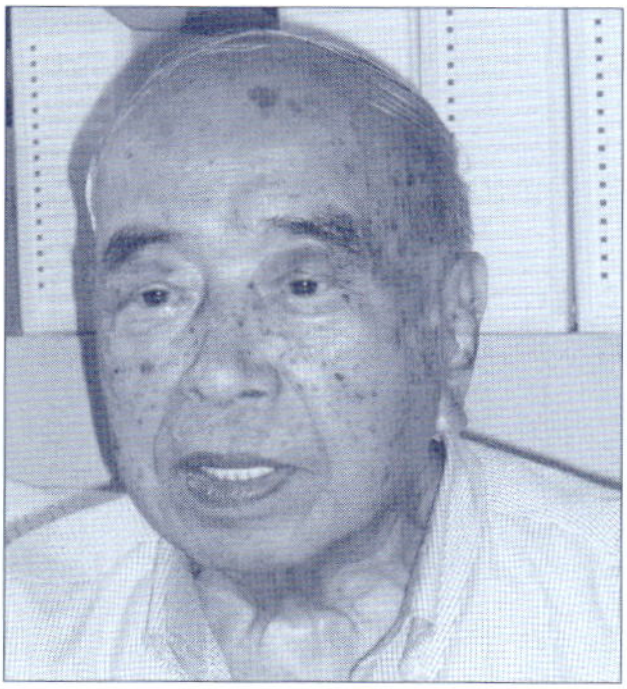

大田昌秀氏（1925-　）

住民の反対にもかかわらず、なぜ辺野古新基地建設工事は強行されるのか。琉球は日本からの独立の道を歩むのか。太平洋戦争以降、日本から切り離されてきた琉球の未来を考える、在沖の賢人たちによる徹底討論『これからの琉球はどうあるべきか』を刊行する。同書収録の大田昌秀元知事のインタビューでは、アメリカの対沖縄政策と基地問題の裏側について重要な証言があったのでここで紹介する。

編集部

● 一月号目次 ●

沖縄は米の計画の手段に供された

私は日米学者の共同研究プロジェクトの「日本占領の研究」で、東京大学の坂本義和教授を日本側の代表者にして九名の日本の学者と、アメリカのミシガン州立大学の日本研究所長のロバート・ウオード教授を米側チーフに七名の学者と三年にわたって共同研究をしました。

そのさい、日本国憲法を研究しているメリーランド大学のセオドア・マクネリー教授が、沖縄問題については「アメリカ政府が編集刊行した資料集の『米国の外交関係』(FRUS: Foreign Relations of the United States) があるので、それを読めばアメリカの基本的な外交政策がよくわかる」と勧めてくれました。

アメリカで調査して驚いたことは、沖縄の日本からの分離は、敗戦後どころか、真珠湾攻撃が始まって半年目には沖縄を日本から切り離して、その管理を国際機関に委ねて、二五年ごとに沖縄が軍事基地化されていないかをチェックさせる計画が、米国務省で議論されていた記録が発見されたことでした。この計画はスタンフォード大学のマスランド教授たちが中心になって立案したもののようです。

改めて沖縄戦を振り返ってみますと、米軍が慶良間諸島に上陸した第一歩の時点で米軍は座間味島の民家から畳を持ち出して、それを人通りの多いところに立てかけて、南西諸島軍政府総長チェスター・W・ニミッツ元帥の名前で「米国海軍軍政府布告第一号」を張り付けて公布しています。それには、日本がアメリカに戦争をしかけたから、アメリカはその戦略上、南西諸島およびその近海における日本の施政権、司法権を停止して米軍の占領下に置く旨、明記されていました。さらに日本を誤った方向に導いてきた軍閥を解体して、日本の非軍事化を図るために沖縄を占領下に置く必要がある、という目的が明記されています。つまり、沖縄は、そのための手段に供されたことが判明しました。

琉球処分に遡り沖縄問題を考える

それでもなお、なぜ沖縄が切り離されたのか、その理由が良く理解できませんでした。なんとその根源は明治十二(一八七九)年の廃藩置県まで遡ります。明治政府は、廃藩置県に際し、日本との一体化を図るため数種の指示事項を琉球王府に突きつけました。その中で琉球王府が受け入れを拒否したのは、中国との進貢関係を断ち切ることと、熊本の第六師団の分遣隊を沖縄に常駐せしめる事案でした。

琉球王府は、何度も折衝を重ねたあげく、中国との関係を断ち切ることは受け入れましたが、この小さな島にいくら軍隊をもってきても、守るどころか、逆に危険を招くおそれがあるから軍隊は一切いらないと主張して、最後の最後まで日本軍の常駐を拒否したのです。

　琉球王国では、三司官《さんしかん》という三人の国務大臣が政治・行政を司っていました。その一人池城《いけぐすく》安規《あんき》が東京で明治政府と折衝に当たりました。明治政府は、軍事力に物を言わせてでも軍隊を沖縄に常駐せしめる、と強硬に主張したため、彼は政府と琉球王府との間で板挟みとなって苦悩したあげく悶死したほどです。

　『琉球の歴史』の著者でスタンフォード大学のジョージ・H・カーは、沖縄の人々は日本人になろうとして必死になって努力したけれども、日本本土の人たちは沖縄の人たちを同胞として迎え入れようとはせずに、もっぱら軍事的思惑から沖縄の人ではなく土地がほしかったと記述しています。拓殖大学の図書館長を務めていた郷土学者の東恩納《ひがしおんな》寛淳《かんじゅん》教授も同じことを書いています。

　しかるに明治政府は、どこに軍隊や鎮台を置くかは政府が決めることであり、よそからくちばしを入れる問題ではないと脅して、強制的に熊本の第六師団の分遣隊四二三人と一六〇人余の警察官を派遣し、強制的に首里城を占拠して、国王の尚泰王を東京の麹町に移しました。しかも那覇と首里の間の古波蔵《こはぐら》の農家の肥沃な土地を二万坪近くも取り上げて、兵舎や演習場などを作りました。これがそもそもの沖縄の軍事基地化の端緒となったのです。

（構成・編集部）

（おおた・まさひで）

もう一つの「ディアスポラの民」の三千年史を描く決定版名著、初の完訳！

アルメニア人の歴史　古代から現代まで

ジョージ・ブルヌティアン

旧ソ連領における最も古い民族

過去三千年の間、アルメニア人たちは――彼らの歴史的故地の小さな部分（一〇パーセント）とはいえ――今日アルメニア共和国を成す地域において途切れることなく歴史的に存在してきた。したがって、彼らは旧ソ連領において最も古い民族集団なのである。

東西の間に位置し、アルメニアは回廊を成し、まさに最初から頻繁に侵略や征服に晒された。アルメニア人たちはその特質を他の諸文明から採用したものの、彼ら自身の独特の文化をなんとか維持した。実際、非アルメニア語の古典時代や中世の史料の多くは、それらのアルメニア語訳においてのみ残存してきた。アルメニア人たちは彼ら自身の独特のアルファベットや建築を発達させた。

大学の卒業生はもちろんのこと、教師でさえもアルメニア人たちもしくは彼らの歴史についてほとんど知らない。約一千年前に彼らの歴史的故地における独立を失い、多くのアルメニア人たちは地球上のあちこちに移住を余儀なくされた。彼らは民族の離散集団をアジア、ヨーロッパ、アフリカ、アメリカ大陸、オーストラリアに形成した。彼らの土地に残った者たちはアラブ人、トルコ系諸民族、イラン人もしくはロシア人の支配下に入った。したがって、アルメニア人の

▲アララト山を背景にしたホルヴィラプ修道院

歴史を十分に学ぶためには、アルメニア語や古典諸語に加え、アラビア語、ペルシア語、トルコ系諸言語、ロシア語の史料の読解能力が必要である。それゆえに、アルメニア人たちの歴史に関する本格的な書籍はほとんどないのである。

三千年史を通観した初の書

今から二〇年前、アルメニア慈善協会から、コロンビア大学で私が行なっていた講義に基づくアルメニア人たちの歴史に関する本を執筆してはどうかという提案を受けた。当時、アルメニア人の起源から二十世紀までの三千年の歴史を網羅する英語の書物は存在していなかった。その他の特定の集団の概説史と違って、私はアルメニア人たちの歴史を単独の存在としてではなく、その他の世界との関係において考察することを決意した。私は二巻から成る『アルメニア人の歴史』と題された本を上梓した。

この本は広く受け入れられ、やがてアメリカの相当数の大学で必須教材として採用された。アメリカ、カナダ、そしてオーストラリアの一般の読者もその本に関心を持ってくれた。幾多の版を重ねたのち、私は二巻をひとつにまとめ、大幅に増補することに決めた。その一巻にまとめられた『アルメニア人の略史』と題された本〔本書〕もまた多くの版を重ね、スペイン語、トルコ語、アラビア語、アルメニア語に翻訳されてきた。

私は長く興味深いアルメニア人の歴史が日本の読者の手にも届くようになることを喜ばしく思っている。本書が〔アルメニア人という〕小さな民族の歴史や文化や、その弾力性があって順応力があり、進取の気性に富んだ人びとのことを日本の読者が知るきっかけになることを望んでいる。

（構成・編集部）

小牧昌平訳

▲G・ブルヌティアン氏（1943–）

George Bournoutian／歴史家、アイオワ大学教授。アルメニア・イラン研究の第一人者。アルメニア・周辺地域の歴史書多数、及びアルメニアの重要な史書・史料の英訳・解説も手がける。

アルメニア人の歴史 古代から現代まで

ジョージ・ブルヌティアン

小牧昌平監訳　渡辺大作訳

A5上製　カラー口絵一六頁　五二八頁　八八〇〇円

“世界史”を創ったモンゴルに着目した歴史家は、現代世界をどう見ているか。

ステップ史観と一致する岡田史学

楊海英

私は南モンゴル（内モンゴル自治区）のオルドス高原生まれのモンゴル人である。一九八九年春に来日し、翌年に国立民族学博物館併設の総合研究大学院大学の博士課程に入り、文化人類学を学んだ。中国で受けた教育には、モンゴルの歴史と文化に関する内容が皆無だったので、日本の自由な環境のなかで、日本人研究者の学知を身につけたかった。しかし、一部の研究者からは、「民族の栄光の歴史をやりたいんだろう」と揶揄された。皮肉を言われるような苦境から私を救ったのが、岡田英弘先生の名著、『世界史の誕生』（一九九二年）である。

世界史に生きる

「過去に栄光の歴史があった」事実は、子どもの頃から知っていた。当時は文化大革命期後半で、政治的なテロに覆われた時代だった。それでも、大人たちはこっそりとチンギス・ハーン云々と話し合っていた。歴史の話で盛り上がった後には決まって、「われわれモンゴルはシナとは違って、インドやチベットとつながっている」と締めくくったものである。

大人になってから分かったが、あのときモンゴル人たちは『蒙古源流《エルデニイン・トブチ》』のなかの内容を語り合っていたのである。一六六二年にオルドス部の貴族が書いた年代記である。著者のサガン・セチェン・ホンタイジを祭った祭殿は我が家の近くにあったし、我が家も代々その貴族の属民だった。

岡田先生は『世界史の誕生』のなかで、『蒙古源流』を取りあげている。モンゴル人の年代記作家はまず宇宙の起源について論じてから人類の発生を述べる。人類最初の王統はインドに淵源し、そしてチベットやモンゴルへと波及していく、という歴史観で、名実ともにモンゴル語による初の世界史である。私の身近に存在してきた年代記を世界史的に位置づけた岡田先生の著書を読んでから、私は堂々とモンゴル史について論ずることができるようになったのである。

「シナ」の復活と名誉回復

▲岡田英弘氏（1931‐ ）

モンゴル人は昔から中国をシナ(Janagh)と呼んだり、中国人即ち漢族をイルゲン・フンと呼んだりしてきた。イルゲンとは属民で、フンは人間を指す。恐らくモンゴル帝国時代の記憶が後世に残した呼称のひとつであろう。隣人をどのように呼ぶかは時として政治的な問題に発展する。モンゴル人の一部が中国籍を取らざるを得なくなった時から、支配者である中国人の呼称があらためて政治的な議題となったが、私たちは謙虚にシナ人を用いることにした。相手を属民と称する方がむしろ帝国的な情緒をひきずっている、とモンゴル人も自粛したからである。

ところが、日本に来てびっくりしたのは、シナはタブーだということだった。「もともと、英語の「チャイナ China」に対応する日本語は「シナ（支那）」だった。ところが、第二次世界大戦後、日本を占領下に置いたGHQの命令と、日本人自身の過剰な自己規制により、すべて「中国」と言い換えてしまったために、その後、嘘が拡大して今日に至った」（『著作集Ⅳ』）。中国とはあくまでも戦後に東アジアに現れた現代国家で、シナこそが古い文明の担い手だったのである。シナの名誉を回復したのは岡田先生で、その岡田史観は私たちステップの遊牧民たちの昔からの認識とみごとに一致する。（構成・編集部）

（よう・かいえい／静岡大学教授）

リハビリテーション医学の権威、上田敏と、鶴見和子が徹底討論した『患者学のすすめ』の新版！

〝人間らしく生きる権利〟を回復する新しいリハビリテーション

上田　敏

本書は今から十五年近く前に、社会学者・歌人の鶴見和子さんと、リハビリテーション医学を専門とする医師の上田とが、京都府宇治の「京都ゆうゆうの里」で、二日間、時間をたっぷりとって語り明かした記録である。鶴見さんの「内発的発展論」と上田の「目標指向的リハビリテーション」という、二人がそれぞれの生涯をかけて到達した理論をぶつけあって、それらが共鳴しあうところと喰い違うところを探ってみようという試みであった。

一方は国家・地域の発展の話であり、他方は障害をもった個人の立ち直りの支援であるから、まるで次元の違う話であるが、意外に共鳴しあうところがたくさんあり、喰い違うところもそれなりに示唆深いところが多く、「なごやかな真剣勝負」という撞着語法（oxymoron）が一番ぴったりくるような感じで、アッという間の二日間であった。

「リハビリテーション」とは

「リハビリテーション」とは語源的にはラテン語起源で、「リ」（再び）―「ハビリス」（人間にふさわしい、適した）―「エーション」（状態にすること）、すなわち「再び人間にふさわしい状態にすること」である。

歴史的な使われ方をみると、中世のヨーロッパでは（当時はラテン語で）、王侯貴族の「復位」（一旦失った（追われた）地位を取り戻すこと）、また宗教的な「破門の取り消し」、さらに「無実の罪の取り消し（名誉回復）」などの意味に使われた。

フランスの歴史では「ジャンヌ・ダルクのリハビリテーション」が有名である。これはイギリス軍につかまったジャンヌが宗教裁判で「異端」であるとされ、破門のうえ火あぶりの刑に処せられたのを、二五年後の再審裁判で「異端」という無実の罪と「破門」との両方が取り消されたことをいい、この「やり直し宗教裁判」のことを「リハビリテーション裁判（復権裁判）」と呼ぶのである。

時代が下ると、これらの意味に新しい使われ方が加わってくる。それは「権利の回復」（復権）、「犯罪者の社会復帰」（悪の道からの「更生」）、「（一旦失脚した）政治家の政界復帰」など多様であり、さらに人間以外の「（災害からの）復興」「（都市の）再開発」などという使われ方さえある。

医学で病気や障害との関連において使われたのは、一九一七年、第一次世界大戦時のアメリカで陸軍軍医総監部に「身体再建およびリハビリテーション部門」が設けられたのが最初で、まだ百年に満たないことである。しかもここで「身体再建」というのが今でいう「機能回復訓練」であって、「リハビリテーション」とは「社会復帰・職業復帰」の意味であった。

▲上田敏氏、　鶴見和子氏
（1932-　）　（1918-2006）

以上から私は、病気や障害のある場合の「リハビリテーション」とは、「病気や障害のために『人間らしく生きる』ことが困難になった人の、『人間らしく生きる権利の回復』、つまり『全人間的復権』である」という考えに到達した。

患者は中心プレイヤー

一九八〇年代に欧米の「リハビリテーション患者」の呼称が大きく変化した。それは「リハビリティー」（rehabilitee）から「リハビリタント」（rehabilitant）への変化であり、言い換えれば、「権利を回復してもらう人」（受身）から「権利を自ら回復する人」（主導的）への百八十度の転換であった。つまり障害当事者は今や、リハビリテーション（全人間的復権）の「中心プレイヤー」（専門家・家族・一般社会の支援を受けつつ、自己の「復権」を実現する存在）となったのである。

「患者は中心プレイヤー」ということが最もよくあてはまるのは鶴見和子さんであった。鶴見さんは七十七歳で左片麻痺となられてからの十年余の間に、本書を含む計三十点の著書を出版された。新聞・雑誌の記事やインタビューは数知れない。たぐいまれな、生産的な第二の人生を駆け抜けたのである。（構成・編集部）

（うえだ・さとし／東京大学元教授）

北原白秋作詩・信時潔作曲の交声曲『海道東征』演奏会の人気の理由とは？

今、なぜ『海道東征』か？

新保祐司

『海道東征』の復活という事件

戦後七十年の節目の年であった昨年の十一月の下旬、戦後日本の精神史を画する事件が起きた。事件といっても、或る一つの楽曲の演奏会が開かれたという、一見ささやかな出来事であるが、人間の精神の深みで起きる本当に大事なことは、えてしてそういう風に出現するものである。

それは、交声曲『海道東征』の復活公演のことである。この北原白秋作詩、信時潔作曲による楽曲は、昭和十五年にいわゆる紀元二千六百年の奉祝曲として神武東征を題材として創られ、戦前は盛んに演奏された。しかし、戦後は、題材のことや創られた経緯もあり、封印されてきたといっていい。

それが、昨年、大阪で二回、東京で一回、演奏会が開かれたのである。すべて満員の盛況であった。大阪は、十一月二十日と二十二日にザ・シンフォニーホールで大阪フィルハーモニー交響楽団によって行われた。二十日の演奏会のチケットが一般販売となるや即完売になったため、急遽二十二日に追加公演が決まったのである。そして、これも完売となった。いわゆるクラシック音楽の世界では、極めて異例のことである。東京では、翌週の二十八日に東京藝術大学の奏楽堂で、東京藝大オーケストラの演奏によって行われた。

十九世紀のフランスの詩人、ボードレールは、一八六一年に「リヒャルト・ヴァーグナーと『タンホイザー』のパリ公演」という音楽批評の傑作を残したが、このパリ公演は、歴史的な事件であった。ヴァーグナーの音楽が持っていた精神史的な意義をボードレールは見事に見抜いた。そのような意味で今回の、特に大阪での『海道東征』の公演は、まさに精神史上の歴史的な事件であった。

精神的呪縛からの解放

では、なぜ『海道東征』という戦後封印されてきた曲が、戦後七十年の年に、かくまで反響を呼んだのであろうか。大阪では、二日間で三千四百人ほどの聴衆がこの曲を聴いた。ほとんどの人が、初めてであったであろう。高齢の人も多かったが、杖をついて来場した人もいた。そして、演奏中には、ハンカチで涙を拭っている人も散見された。

　このような深い感動が、会場に溢れたのは、なぜであろうか。それは、この信時潔の名曲を聴いて、戦後の精神的呪縛から解放された喜びを感じたからではないか。江藤淳の『閉された言語空間』を思い出しつつ言うならば、戦後七十年の長きにわたって、日本人は、精神的に何か「閉された」感じを持って生きてきたのである。どこまで意識するかは別として、なんとなく我々日本人は、のびのびと日本人であることを制限されているように感じていた。例えば、戦時中の文化といえば全てを一緒くたに否定するような言説に縛られていた。また、神武天皇のことが出てくるだけで忌避するような精神の惰性に流されてきた。それが、この演奏会でそのような呪縛から解放され、日本人としての魂の覚醒が起きたのではないか。戦後七十年とは、何と長い眠りであったことか。

▲新保祐司『信時潔』書影（構想社、2005年）

日本人としてのアイデンティティー

　大阪での指揮者は北原幸男さん（宮内庁式部職楽部指揮者）だったが、終演後に「信時先生の日本人としてのアイデンティティーに強く共感した」と言われ、「日本の文化を毅然と表現した音楽ですが、決してがなり立てず、抑制をきかせるところにも品性を感じる」とこの曲の魅力の核心を衝かれている。今、多くの日本人が「日本人のアイデンティティー」に渇望しているのである。日本人が当たり前に持っているはずの「日本人のアイデンティティー」を失ってきたのが、戦後七十年であった。「日本の文化を毅然と表現した」文化も地を掃ってしまった。この「日本でなくなりつつある日本」に生きている悲しみ、虚しさが「わが胸の底のここには」あるという日本人が、増えてきている。この魂の渇望が、『海道東征』という音楽を「鹿の渓水を慕ひ喘ぐが如く」求めさせたのである。

（しんぽ・ゆうじ／文芸批評家）

「大逆事件」から始まり、全体主義的昭和を生んだ大正を、いま問う！

大正の再発見
——なぜいま大正を読むのか——

子安宣邦

大正への問い

大正という年号によって人は何を考えるだろうか。戦後民主主義の世代はすぐに「大正デモクラシー」というだろう。戦前の教養派世代は「大正教養主義」と答えるだろう。だがその答え以上に大正を考えることを人びとはしない。もし大正にかかわって「米騒動」をいい、「第一次世界大戦」や「ヴェルサイユ体制」をいい、「関東大震災」をいうならば、それは大正を歴史的関心のうちにすでにもった少数の人にかぎられるだろう。多くの人びとはあえて大正を問うこともなく、その時代を明治と昭和との間に陥没させたままにしているだろう。私はいま他人事のように大正の忘却をいっているが、昭和に思想史的問いを向け続けてきた私自身が、それに先立つ大正にまでその問いを遡らせることはなかったのである。

私が大正に眼を向けだしたのは、二〇一一年三月十一日の東日本大震災に際して関東大震災が、大正の国家社会にもった意味を考えたりすることを通してであった。大正を問い始めた私は、やがて大正が創り出した、全体主義的昭和という時代の中に自分は生み落とされたのではないかと考えるようになった。私は昭和八年の生まれである。

「大逆事件」という始まり

私は「大逆事件」を問い直すことから大正への私の探索を始めた。私は大正への問いを年号の始まりからしようとはしなかった。「大逆事件」から、すなわち明治四十四年（一九一一）一月十八日大審院法廷が幸徳秋水ら二四名に死刑の判決を下したあの事件から、私は大正を問い始めたのである。「大逆事件」とは、やがて来たるべき新しい時代と社会に向けてなされた明治国家権力の先制攻撃であった。大正という二十世紀的日本社会は、「大逆事件」という重い軛を負いながら、あるいは負わせられて始まったのである。

戦後日本の最高裁は、昭和四十二年（一九六七）「大逆事件」再審請求の特別抗告を棄却した。明治四十四年の大審院判決は、戦後日本の最高裁によって追認されたのである。百年前の「大逆事件」は、なお「大逆事件」であり続けているのである。ということは戦後日本の民主主義的国家・社会とは、「大逆事件」がなお「大逆事件」としてあり続けることを許している国家・社会だということになる。だから大正を「大逆事件」から読み始めるということは、大正だけではない、戦前の昭和をも、さらに戦後の昭和をも読み直し、問い直すことをわれわれに求めることになるのである。

▲右から幸徳秋水（1871-1911）、大杉栄（1885-1923）、河上肇（1879-1946）、津田左右吉（1873-1961）

幸徳と大杉と河上と津田

明治四十四年に国家に扼殺された幸徳をあらためて読むこととは、「大逆罪」の名を負わされた革命劇を語り直すためではない。

「大逆事件」は、社会的正義と自由への民衆の本源的な要求に立った社会主義思想を、その芽生えのうちに扼殺したのである。国家権力は、幸徳らの「直接行動論」を反国体的テロリズムとして封殺した。それ以来、社会的正義と自由を求める労働者大衆自身の自立的運動をいう「直接行動論」は封印されてしまった。それを封印したのは国家権力だけではない。日本の社会運動自体もまたこれを封印していったのである。幸徳を読み直すとは、「大逆事件」を通じてわれわれが国家権力とともに封印し、われわれの運動からも喪失させてしまった大事な何かを幸徳に再発見することである。その再発見は、昭和の戦前・戦後史の読み直しを促すとともに、その読み直しの中で再びなされることでもある。私はそのようにして大杉栄を読み直し、彼とともに殺された「アナーキズム」を再発見した。また河上肇を、津田左右吉を読み直し、『貧乏物語』と『神代史の研究』が現在にもつ意味を、再び発見していった。大正は、二十世紀世界の問い直しが迫られているいま、再び発見され、読み直されねばならない。

（こやす・のぶくに／思想家）

名著、河上肇『貧乏物語』誕生百年！　飢餓の中で亡くなった河上肇没後七十年。

いま、『貧乏物語』を読み直す

田中秀臣

世紀を越えて読まれる危機の書

河上肇の「貧乏物語」が『大阪朝日新聞』に連載されて今年でちょうど百年になる。一世紀前の著作だが、いまだに世紀を越えて読み継がれる意義がある。『貧乏物語』は二十世紀のはじめに、イギリスなど欧米で一般的な光景であった「豊かさの中の貧困」がやがて日本にも到来するという、河上肇の危機意識をもとに書かれたといっていい。ここでいう「豊かさの中の貧困」とは、先進国の中で「経済上の不足」に陥る人々の状況を指している。「経済上の不足」とは、「生活の必要物を享受しておらずという意味の貧乏」である。しかもこの意味の貧乏が、都市の豊かさの背後で着実に進行している、というのが河上の問題意識であった。

生活を維持することができないギリギリの経済状況を、河上は「貧乏線」と名付けたが、これは食費、被服費、住居費、燃料費、雑費などを含める「一人前の生活必要費の最下限」である。いまでいうナショナルミニマムに該当する福祉思想を河上が念頭において、「貧乏」の問題を捉えていたのは間違いない。

と同時に、この「貧乏線」以下の境遇におかれる人たちが、なぜ今日の豊かな経済大国に多いのか、その謎を究明し、それに対して適切な処方箋を提起することが、『貧乏物語』の狙いであった。

なぜ「物語」なのか

ところで『貧乏物語』は、なぜ題名に「物語」がつくのだろうか。もちろん小説を想定して書かれたわけではない。他方で、専門的な内容が中心だが、「文人河上肇」の真骨頂を示す「作品」でもある。一気に流れるように読める文体、古今東西の古典や歴史的資料への膨大な参照、そして文明論的な警句にも充ちていて、絢爛たる織物を見ているがごとき著作である。その意味では「貧乏の経済学」よりも「貧乏物語」の方がふさわしかったのかもしれない。この「物語」を織りなす縦糸は生命史的視座であり、横糸は東西文化論である。前者では、まず河上は蟻の社会を解説し、さらに原始時代にまで遡って人間の由来とその特質を解説する。蟻の社会でも高度な進歩が観察できる。しかし人間にはその原始時代からひとつのユニークな点がある。それは道具の利用である、と河上は指摘する。この道具の利用が順次進歩することで、人間社会は蟻の社会とまったくレベルの違う豊かさを手にいれたとする。また横糸では、『貧乏物語』を書く数年前の欧州諸国での留学経験が反映している。日本は個人がなく、国家中心の「国格」であり、他方で欧米は個人中心の「人格」の国であるという東西文化の比較である。この縦糸（生命史的視点）と横糸（東西文化論）は、『貧乏物語』の「貧乏」分析に興味深い特徴を与えている。

▲河上肇
（1879–1946）

ナショナリズムとヒューマニズムの相克を超えて

河上によれば、道具の利用によって他の生物とは比較にならない生産性を手にいれ、それが豊かさを実現しえたかに見えた。しかし実際には現在の欧米諸国には「貧乏線」を下回る人々が多い。なぜか？　富裕層の贅沢によって、貧困層の生活必需品が不足し、またその価格が高くなったがためである。いわば経済格差が、河上の「貧乏」を生み出している。この「貧乏」はやがて日本にも到来するだろう、というのが河上の見立てだったろう。

他方で、東西文化論の視点でいえば、この「貧乏」への対策は、欧米と日本では異なる。欧米はあくまで個人の生活を救済するためにその政策が設計される。対して日本は国家中心にその「貧乏」の解消が求められるだろう。例えば国力の伸長に貢献する健康な国民を損なうことがないように。なによりも国が中心で、個人はそのひとつのピース（欠片）でしかない。

河上は日本のこの国家中心的な「貧乏」対策を、人間中心的なものに転換する必要性を感じていたに違いない。ナショナリズムとヒューマニズムの対立とその相克は、河上の格闘でもあったが、経済問題だけではなく、いまだに我々の課題としてある。

（たなか・ひでとみ／上武大学教授）

「歴史における力としての女性」像を日本女性に提示した二人。

戦後占領期の女性政策をめぐって
――メアリ・ビーアドとエセル・ウィード――

上村千賀子

メアリ・ビーアド
――女性の視点から歴史を再構築――

メアリ・ビーアド(一八七六―一九五八年)は、夫チャールズ・ビーアドの多くの著作の共著者であるとともに、アメリカの女性史研究のパイオニアである。

晩年の代表作『歴史における力としての女性』*Woman as Force in History*(一九四六年)で、女性の貢献は社会にとって重要であり、生命に対する女性の責任と社会変化を規定する潜在力とのあいだには直接的な関係があるという歴史観にたち、女性は単に歴史の中で支配され抑圧されてきたのではなく、「一つの力」として歴史を創りあげてきた存在であるとして、「女性の視点」から歴史の再構築を提唱した。

女性は常に従属状態にある性であるという神話は誤りであり、女性の集合的な力を衰えさせる。女性自身の力あふれる歴史を発見して、新しい社会関係を創りだすことが、このイデオロギーの呪縛から自由になる道だと考えた。そして、女性史の創造という仕事は、女性たちに自信と勇気を与えることを意図した政治的な仕事であると認識していた。

エセル・ウィードと女性政策推進ネットワーク

戦後占領期に、GHQは女性の地位向上のための広範囲な制度改革を実施したが、イニシアティブをとったのは実務担当者の中級の女性職員である。そのなかで中心的な役割を果たしたのは、CIE(民間情報教育局)女性情報担当のエセル・ウィード陸軍中尉(一九〇六―七五年、在任期間一九四五―五二年)である。

最初一人の職員からスタートしたウィードの部署は、女性問題に関する政策立案と実施の拠点として組織が強化され、GHQ内の各部署の女性担当者と日本の女性団体等の指導者とのあいだに、「女性政策推進ネットワーク」を形成し、次第に政策立案と実施過程において重要な役割を果たすようになる。

ＧＨＱ上層部は、女性がブロックを形成して女権拡張運動を助長することに強い警戒心をもったが、細部にわたる女性政策の方針がなかったことから、ウィードはネットワークを基盤に、女性集団の「力」を発揮し、女性参政権行使キャンペーン、民主的女性団体の組織化、婦人少年局の設立、民法改正を支援した。

▲新日本婦人同盟のメンバーとプログラムを検討中のウィード
（左から2人目が田中寿美子、3人目が斉藤きえ、4人目が藤田たき）

女性選挙権は婦選運動の賜物

ウィードは着任以来、メアリと六〇通以上の個人的な書簡を交わし、政策立案と実施に関して重要な助言を得ている。最初の仕事である女性選挙権行使キャンペーンでは、ウィードは日本の女性指導者と話し合いを重ねて、女性に投票を促す計画書を作成すると共に、一九四六年二月から全国遊説をおこなった。

講演では、「選挙権はマッカーサーの贈物ではなく、戦前からの参政権運動の賜物である。日本女性は過去において「力」を発揮してきたことを認識し、自信をもって新しい社会の建設に努めるべきである」と述べている（一九四六年二月一二日、新潟日報）。講演内容は全国の地方新聞で大々的に報道され、女性の選挙権行使に大きな貢献をした。また、在任期間中機会ある毎に繰り返し述べられ、多くの女性を勇気づけた。

ウィードの主張は、メアリが生涯を通して唱え続けてきた、「女性は常に社会において真の力をもち、『一つの力』として歴史を動かしてきた」という命題そのものである。

ウィードは、「ビーアド女史は、日本での仕事を勇気づけ鼓舞してくれる大きなよりどころである」と述べている。メアリの影響を受け、「歴史における力としての女性像」を、日本女性に提示して力づけようとしたのである。

（うえむら・ちかこ／群馬大学名誉教授）

リレー連載　近代日本を作った100人　22

高島嘉右衛門——近代を開き近代を超える

岡田明憲

名実ともに国士

世にいう高島易の開祖である呑象、高島嘉右衛門は事業家だった。彼は十代にして、父の「遠州屋」がやっていた盛岡藩請負業に従事し、二十代で佐賀藩を後盾に横浜に肥前屋を開き、外国人相手に陶器の一手販売を手懸けた。そして鉄道、ガス、郵船などを起業した。それは、渋沢栄一が局長になった東京ガスよりも早く、岩崎弥太郎が政府の軍事輸送によって財閥となる以前のことだった。ちなみに東京—横浜間の鉄道は政府の事業になり、嘉右衛門は開通に必要な埋め立てを行なった。横浜の高島町は、その彼の名に因むものである。

明治九年には、易学の研究に専念するために引退声明をするが、その後もセメント、炭鉱、農場経営など国策を見据えて事業を展開している。それは時代の流れを確《しか》と読みとる、彼の類まれな先見力に大いに関係しているが、単にそれだけではない。嘉右衛門は、事業は私利私欲だけでなく、天下万民のために行なうものと考えていた。すなわち済世利民の実践こそが事業のあるべき姿なのである。彼は名実ともに国士だったのである。

しかしそれは、世の自ら称する国士たちの様に、現実離れしたスローガンを、虚勢を張って叫ぶものではなかった。この種の甘えは彼になく、事業家である嘉右衛門は、どこまでも現実主義者だったのである。それは高島町の開設に当って、彼が遊廓を招致した事実からもうかがわれる。時の県令陸奥宗光の道徳的建前論に対し、彼は公衆衛生上の必要と町の繁栄を意図して、この事業を成功させるのである。しかも、この遊郭招致の一方で、彼は福沢の慶應義塾に並ぶ日本最初の洋学校、高島学校を横浜伊勢山下に開設し、明治天皇から銀杯を下賜されているのだ。

西洋風の近代文明の限界を自覚

嘉右衛門の事業の成功は、一般に思われている様な、易占いによるものではなかった。確かに彼は易聖と称される如く、その易断によって、明治の数々の重大な事件を予言し的中させている。そして彼がその予言を、易理を以て説明したのは事実である。しかし彼の事業に於ける先見力の秘密は、それ以上に人との交際を重視し、それによってもたらされた情報を判断する、天賦の直観の鋭さにあった。さらにその直観に基づいてする、決断の速さだったのである。これは易を云々する世の占い師や漢学者には見られぬものである。

彼は既に、若くして易を学ぶ以前に、相場の世界で天賦の才を発揮している。そもそも彼が易を学ぶ切っかけとなった投獄事件も、今でいう外為法、すなわち為替相場の管理を犯したからであった。そして為替は無論のこと、全ての相場で要求されるのが、情報・判断・決断なのである。しかし直観力は天賦の才であったとしても、情報は努力なしでは集まらないし、工夫も必要になってくる。嘉右衛門は、そこに金と時間を惜しまなかった。そのために、西洋風のホテルまで作って、政財界の要人と交際したのである。

彼は貴顕だけでなく市井の人々とも、さらには宗教家や教育者から芸人まで、広く交際した。伊藤博文、大隈重信、江藤新平、山県有朋、松方正義、益田孝、千家尊福、今北洪川、福沢諭吉、杉浦重剛、三遊亭円朝、市川左団次など皆、嘉右衛門の知己だった。こうした人々との交際を通して、彼は文明開化の陥穽にも気づいていく。すなわち、西洋風の近代文明の限界を自覚する。

それ故に高島嘉右衛門は、熱心に東洋の形而上学である易を提唱したのである。また彼は、浅田宗伯や岡田昌春によって設立された、皇漢医学の全国組織である温知社に、古河市兵衛とともに資金援助を行なった。このように、近代を開いた彼は、近代を超えていったのである。

（おかだ・あきのり／イラン学・文明学）

▲高島嘉右衛門
（1832-1914）
明治の実業家。易断で有名。江戸三十間堀（現在の銀座）に生まれ、父の材木業「遠州屋」を継ぐ。南部藩の鉱山経営の失敗による莫大な借金を清算し、建設請負業で成功する。開港された横浜に進出するが、金と銀の交換で幕府の禁を犯し投獄され、そこで『易経』を学ぶ。易断の奥義に達し、日露戦争の勝利や伊藤博文の暗殺を予言したことで知られる。横浜の発展に尽した功績は大きく、鉄道やガス灯などを計画し実現させた。明治九年に一度は引退するが、その後も各種の事業に関係し、愛知セメントの筆頭株主や北海道炭鑛鉄道の社長などを歴任した。伊藤博文とは昵懇で、嘉右衛門の長女たま子は、伊藤博文の長男博邦と結婚している。『高島易断』全五巻がある。

連載　今、世界は（第Ⅱ期）10

対テロ戦争の盲点

小倉和夫

パリでの同時多発テロ事件は、かつての九・一一テロ事件と同じく世界を震撼させ、フランスのオランド大統領始め多くの人々が、対テロ「戦争」を鼓舞しており、現にフランスを始め関係国は、いわゆるIS支配地域に対する空爆を強めている。

たしかに、そうした方策は、ISの拠点の弱体化や有志連合の結束、ひいてはテロ組織の活動への抑制にも繋がる側面をもってあろう。しかし、そもそも昨今のテロ行為は、IS支配地域を源流とするもののみならず、アフリカやバングラデシュ、更には中国にも広がっている。それらは、各々地域的あるいは歴史的理由も同じではないが、イスラムの教えを奉じるものがほとんどであり、しかも、いわゆるテロリストたちの多くは、西欧的教育を受け、西欧社会を体験したものが多い。このことは、イスラム世界あるいはイスラム教と西欧社会あるいは西欧文明との歴史的対立や現代的葛藤とテロリズムが無縁でないことを暗示している。それだけではない。同じイスラム教のなかのシーア派とスンニ派の対立に根ざすテロ行為もある。

そもそもテロ行為は、国家なり社会が個人あるいは一定の集団の要求をうまく受け入れられず、しかも、その個人あるいは集団が、自己の主張や願望を実現するために他の手段や機会がほとんど存在しないと感じるからこそ発生する。そう考えれば、アサド政権の人権抑圧と政権の弱体化は、双方があいまって人々をISに走らせたといえる。従って、そのアサドを倒そうと、また支援しようと、いずれかだけを重視しても事態は解決しない。しかも、問題はシリアにとどまらない。長い眼でみれば、二つのことが実現されなければなるまい。一つは、イスラム教世界内部で、スンニ派とシーア派の和解をうながす努力が、強化されることであろう。そして第二に、イスラム教を奉じながら、近代化し、豊かな民主主義国家を建設したというモデルを作り出すことである。この点では、日本の役割も少なくないだろう。

（おぐら・かずお／前国際交流基金理事長）

〈連載〉生きているを見つめ、生きるを考える ⑩

擬態に再生にと忙しいナナフシ

中村桂子

研究館では原則生き物の展示はしないのだが、ナナフシだけは開館以来館員と一緒に暮らし、展示空間の人気者である。まるで枝のような形で、木の中にいるとその一部のよう。注意深く見ないと見つからない。昆虫によく見られる「擬態」の典型例であり、しかも周囲の樹木に合わせて緑色になったり褐色になったりするので、ますます見つけにくい。単為生殖なのでメスだけにしておいても卵を産み、どんどん増える。しかもいわゆる変態がなく、生まれたばかりの一センチにも充たない子どももナナフシが、生意気にも一ぱしの形をしているところがなんとも可愛い。是非見に来ていただきたい。

ナナフシ目の一つであるコノハムシは、枝だけでは倦き足らず葉に擬態している。背中にはくっきりした葉脈が見え、主脈が突き出ている葉の裏側そっくりである。一方、お腹は色が濃くて、どう見ても葉の表側である。擬態をするのはメスだが、この姿で葉の裏にぶら下っていると葉っぱ以外には見えない。ところどころ虫に喰われたような傷もあり、その芸の細かさには感心を越えて呆れてしまう。最近、恐竜時代の化石にコノハムシが見つかった。一億年以上、葉になりきって生き続けてきたしたたかさには驚くほかない。

ナナフシが館のメンバーになったのは、岡田節人《ときんど》初代館長がこのムシの再生能力に興味を持ったからである。実は、自然界のナナフシには脚が足りないものや短いものがよく見つかる。枝のような細い体で木の間を歩いているうちに脚がとれてしまい、それを再生しているからである。時には、触角があるはずの頭の先に脚が生えているものまでいるので、ここでまた驚くことになる。

二十世紀初頭、幼生の触角を切ると、再生したものの三〇％は脚が出てくるという実験が行なわれた。単為生殖、擬態、再生と小さな昆虫が生きていくためにさまざまな工夫をしていることがよくわかる。しかも、その中で間違いが起きてしまうというのが、これまたいかにも生きものらしく、共感を誘われる。

（なかむら・けいこ／ＪＴ生命誌研究館館長）

連載　ちょっとひと休み 34

■本と私 7

乱読の日々

山崎陽子

舞台に魅せられていた私が再び読書中心の生活に戻ったのは、高校生になり、学業はもとより、課外授業や稽古事などで、以前のように観劇に時間を割くことが難しくなったからであった。

生身の役者が演じる舞台の感動と興奮は忘れ難かったが、イメージを描きつつ読む戯曲にはまた別物の感動があった。図書館で借りた近代演劇全集、古典戯曲。落語、能狂言、オペラ……手当たり次第、寸暇を惜しんで読みふけった。まさに乱読であったが、このときの体験が、ライフワークとなった「朗読ミュージカル」の原点かもしれない。

当時の読書量は大変なものだったと思うが、量だけではなく吸収力も相当なもので、それが若さの特権なのだとしみじみ思う。一つ記憶すると一つこぼれ落ちてしまう昨今を思うと、貪欲に吸収出来た遠い日のことが懐かしい。

その後もう一度だけ、ひたすら本を追い求めた日々があった。それは一九五四年（昭和二十九年）、宝塚音楽学校に在籍していた時のことである。当時は実技のほかに国語、英語、美術史、歴史の授業などがあった。国語には月に一度、朗読の時間があり、一五分で聞き手の心を捉え、感動を与えなければならない。誰もが必死だった。本を選ぶのも一苦労だったが、その中から一五分のさわりを掬い上げるのは容易なことではなかった。

一五分のために、なけなしのお小遣いでその都度本を買うわけにはいかず、まずは目ぼしい本を店先で立ち読みする。およその見当がついたところで、今のようにコピー機などないから、図書館で借りた本を手書きで写すのである。当日まで極秘なのに、誰かとバッティングしていたときの衝撃といったら。泣くにも泣けず、そうなったら朗読の技で勝つほかはない。

世阿弥の『風姿花伝』、倉田百三の『出家とその弟子』、菊池寛の『藤十郎の恋』、長谷川伸の『瞼の母』、シェークスピアの戯曲の数々、アーサー・ミラー『セールスマンの死』などが取り合いになった。ついには落語の人情噺から漫画までが入り乱れる。子供の頃の芝居三昧の日々が、どれほど役立ったことだろう。

（やまざき・ようこ／童話作家）

連載　女性雑誌を読む　93

山川菊栄 II

石川三四郎と避妊論争
――『女の世界』47

尾形明子

一九二一（大正十）年一月七巻一号から八号の廃刊まで、三十一歳の山川菊栄は『女の世界』であざやかに論陣を張る。鋭く明解な論調は、権威にむかってもたじろぐことがない。

全米産児調整連盟を立ち上げたサンガー夫人の来日は翌年になるが、第一次世界大戦後、戦死による成人男子の減、嬰児死亡率の高さは世界的な問題となり、日本でも産児制限の是非が論じられていた。

『女の世界』七巻一号で山川は「産児制限の是非に就ては、先づ此女子の自由意思を認むるや否やの一事が」すべてに優先として、それ以外の理由による「懐胎と分娩は、罪の罪なるもの」と言い切る。それに対して石川三四郎は二号に「社会主義者から見た婦人救済」を書く。避妊論の流行を「近代文明の病的性質を暴露したに過ぎない」「知識階級の道楽」と切り捨てる。

三号で再び山川が「石川三四郎氏と避妊論」を掲げ、徹底的にその矛盾を突く。さらに四号で石川が「避妊論に就いて――山川菊栄女史に申す」を発表。「吾々は吾々の●〔一字不明〕有する生殖力を発揮して、而して之より多く益々完全なる収穫を得るに努力する方が、寧ろ人類の自然性に対して忠実」と結ぶ。

女性の立場に立った山川と人類一般を述べる石川では、噛み合うはずもないのだが、六号において山川は「避妊是非に就て再び石川三四郎氏に与《あた》ふ」と重ねる。「私が主張するのは『生む自由』と共に『生まざる自由』であることです」と言い、「孫のやうな花嫁様でもお迎へにならうといふ矢先、石川氏たるもの折角気を確かに願ひます」と結ぶ。フランスから帰国してまもない四十五歳の石川と二十歳の読売新聞記者・望月百合子の関係が評判になっていた。まもなく二人でフランスに旅立つ。

避妊論だけでなく、女性と労働、治安警察法第五条、「腐敗堕落した」女性雑誌、女性雑誌を飾る売笑婦と貴婦人の差異――多岐にわたって縦横に筆鋒をふるう若き日の山川菊栄がいる。『女の世界』での活躍の背後に堺利彦、野依秀一の存在があったことを思う。

（おがた・あきこ／近代日本文学研究家）

Le Monde

■連載・『ル・モンド』紙から世界を読む　154

緊急事態の常態化？

加藤晴久

アメリカの九・一一、日本の三・一一とおなじく、一一・一三はフランスを「その前」と「その後」に分けた。

一月のシャルリー・エブド事件に続いて、一三〇人の犠牲者と三五〇人の負傷者を出した今回の同時多発テロの直後、オランド大統領は「フランスは戦争状態にある」と言明し、「緊急事態」état d'urgence を宣言した。一九五五年に制定されたこの制度はアルジェリア戦争中に三度発令された。それ以外は二〇〇五年一一月から翌年始めにかけて、全国の大都市周辺部で頻発した暴動の際である。フランス社会はアラブ系アフリカ系の移民二世三世を統合できないでいる。貧困と非行のなかに放置されている若者数百人が、かつてはイラク、いまはシリアで「聖戦」の戦士になるべく軍事訓練を受け、「帰国」の機会を窺っている。

緊急事態発令下では、内務大臣ないし県知事（フランスでは政府が任命する官僚）は様々な公的自由を制限する権限を与えられる。夜間外出禁止令。危険人物の交通・滞在規制。居住地指定。劇場・映画館・コンサートホール、バー、さらには公共施設（学校、美術館など）の閉鎖。各種集会の禁止。裁判所の許可不要・時間制限なしの家宅捜索。報道・言論の規制も可能である。

政府が発令する緊急事態の期限（一二日間）を延長するには議会の承認が必要である。国民議会（一九日）、上院（二〇日）ともに、ほぼ全会一致で三カ月の延長を認めた。

二三日現在、九日間の「成果」は、家宅捜索一〇七二件。居住地指定二五三件。武器没収二〇一件。職務質問一三九人（うち拘留一一七人）。麻薬摘発七七件。

『ル・モンド』（一一月二五日付）は、社長署名の社説で、警察国家化を危惧し「緊急事態からの脱却」を説いたが、世論は全体として治安最優先を支持している。

共和国の土台である「自由・平等・友愛」に愛着しているはずのフランスの人々。偏狭な愛国主義ナショナリズムと排外的人種主義に流されてしまうのであろうか。筆者のフランスの友人たちは、みな、深く憂慮している（一二月六日記）。

（かとう・はるひさ／東京大学名誉教授）

■〈連載〉沖縄からの声　7

ナショナリズムの台頭

川満信一

最近の日本国の進路は、法治国家から逸脱して、怪しげな暴走をしている。この逸脱の集中的被害を受けているのが、基地問題を抱える沖縄の立場である。そのために、熱っぽい差別論や、反ヤマトゥンチュ論が噴き出している。さて、前回の珍説優生学から見たら、どういう展開になるのか。鼻の低い沖縄人という珍説が成り立つとすれば、沖縄人が広く世界を認識しているということにもなる。確かに日米安保に絡む基地問題になると、日本人と沖縄人では、比較にならないくらい危機感が違う。

沖縄戦では、本土防衛のための戦略として「捨て石作戦」が遂行され、戦後処理では、天皇の国体護持で米軍占領下に放棄された。復帰したら安保条約を楯に過重な基地負担を強いられる、という政策的な差別が継続しているために、情況へ反応する意識が鋭敏にならざるを得ない。追いつめられた窮鼠の沖縄ナショナリズムが噴出せざるを得ない情況が、これでもかこれでもかとくり返される。基地問題の解決要請に出向くと、「非国民帰れ」のヘイトスピーチ。そういう情況を知性ではなく、感情で受け止めると「腐れ内地人《クサリナイチャー》」という逆ギレの悪態になる。復帰後沖縄の社会的人口は急激に増加した。その大方は「ナイチャー」である。また、基地経済に代わる成長産業の観光や、辺野古基地反対でも「ナイチャー」の動員は大きな比重を占めている。人々の流動現象と、情況に対する知性（思想）の連帯性から判断すると、沖縄人対日本人という対照性は揺らいでしまう。最近の情勢で気にかかるのは、防衛思想と関連したナショナリズムの台頭である。国民国家形成期ならともかく、多国籍資本の下で国家解体期に向かう現代に、ナショナリズムを思想の核に据えるのはアナクロニズムでしかない。そもそも自己防衛と国防を一緒くたにするから、泥棒戸締まり論がまかり通ることになる。「中国が攻めてきたら、おまえの家族を殺され、財産を奪われる。それでもよいのか。国を守る軍隊は必要だ」という理屈である。国防と自己防衛の混同が、こうした発想をもたらす。

（かわみつ・しんいち／詩人）

十二月新刊

“越境する演劇人”の全貌

佐野碩―人と仕事 1905–1966

菅孝行編　口絵八頁

「メキシコ演劇の父」と称される“越境する演劇人”、佐野碩。日本／ソ連・ロシア／ドイツ／メキシコ、および演劇／映画／社会運動など、国境・専門領域を超えた執筆陣による学際的論集と、佐野が各国で残した論考を初集成した、貴重な“佐野碩著作選”の二部構成。生誕一一〇年／没五〇年記念出版。

Ａ５上製　八〇〇頁　九五〇〇円

“貨幣”は近代の産物である

中世と貨幣 歴史人類学的考察

J・ル＝ゴフ
井上櫻子訳

『中世の高利貸』において、K・ポランニーを参照しつつ、高利貸の姿を通じて、社会に埋め込まれた“経済”のありようを素描した中世史の泰斗が、ついに貨幣そのものを俎上に載せる。宗教との相剋のなかでの貨幣による社会的結合の深化と、都市・国家・資本主義の胎動を描く、アナール派による貨幣論の決定版。

四六上製　三二八頁　三六〇〇円

死に向かう生の道のりを、ともに歩いた

ふたりごころ 生と死の同行二人

篠田治美　カラー口絵八頁

「ありがとう」――八十四歳で旅立った書家・篠田瀞花を看取った娘が、その生と死を書ききる。病が訪れ、それを拒み、受け容れ、生の終わりへと歩く道のりは、決して無くなることのない人の営みの、最も重要な局面の一つである。

四六変上製　三二〇頁　一八〇〇円

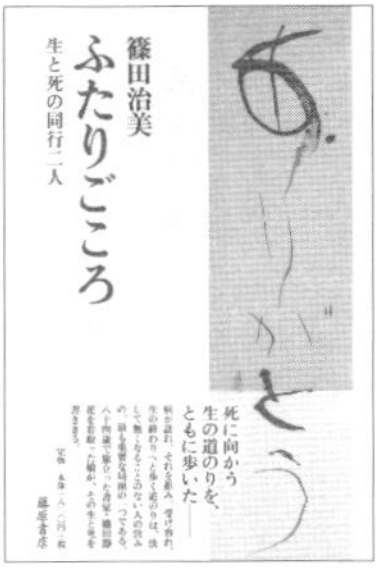

琉球の死生観とは何か？

珊瑚礁の思考 琉球弧から太平洋へ

喜山荘一

奄美・沖縄地方の民俗（風葬、マブイ、ユタなど）が南太平洋の島々や日本本土の民俗と共鳴しながら示す島人の思考とは、珊瑚礁の形成とともに生まれた「あの世」と「この世」が分離しつつ自由に往き来できる死生観だった。文字を持たなかった時代の琉球弧の精神史を辿る！

四六判　三二〇頁　三〇〇〇円

読者の声

大石芳野写真集　戦争は終わっても終わらない■

▼このけったいな国のしでかしたことの結果の写真集であるが、またこれから、このようなことが再びおこる可能性が大である、民衆がバカなら上に立つ者もバカ、バカがバカを作ってしでかすことは目に見えてるが、それをとめようとしない国、写真集でもみて少しは心にとどめておけば……。

（奈良　会社員　山田宗男　42歳）

骨のうたう■

▼八月二十九日、九条の会主催の平和集会を行った折、「骨のうたう」の朗読をたのまれたのです。そしてもっと知りたいと思っていたので、広告を見て注文しました。

二十三歳の戦死、どんなにくやしかったでしょう。やりたいことが、夢がたくさんある人なのに。

すごい人ですね。お姉さんもすごい。よくまとめてくださったと思います。

（長野　石関みち子　77歳）

葭の渚■

▼九州は炭鉱、沖仲仕、解放運動など権力悪を追及する話題が尽きません。上野英信、林えいだい、森崎和江の著書など希望します。

（奈良　浅川肇　82歳）

岡田英弘著作集II　世界史とは何か■

▼シルク・ロードは有名だが、〝草原の道〟が、これほどに世界を作ったとは不知だった。ロシアとシナとがモンゴルの下にあったとは驚きでした。これを読んで、世界史とはそうなのかと知り、生きている内に分って、大変しあわせです。

（神奈川　会社顧問　園山昌市　78歳）

反時代的思索者■

▼筑摩書房に関わる信州三傑の交友に始まり、京都大学哲学科の創設・展開。就中、西田幾多郎、波多野精一、九鬼周造、和辻哲郎、三木清等の指向した思索の足跡、個人的な交流と逸話が、著者とのかかわりの中で見事にまとめられ、京都大学哲学科史と称すべき流れが示されている。加えて漱石と鷗外、更には戦後の丸山眞男、清水幾太郎等の革新的幻想を批判。そして、思索者・唐木順三が「無常」をもって小林秀雄と対比されている。一冊の書籍にこれだけの内容が盛られているのかと感じ入った程の名論である。ただ、西田幾多郎の直門で、戦後の京都大学の哲学を背負った山内得立について触れられていないことが、山内得立・太田可夫の学統を汲む者として、著者の逝去と併せて惜しまれる。

（東京　岩松良彦）

中世とは何か■

▼ヨーロッパの歴史を今までと異なった視座から探究しています。

アナール派のル＝ゴフのこの本を出発点として、まずは中世を考察していきたいと考えました。今後は藤原書店の書物にお世話になります。

（東京　大学にて人間と文化（歴史・哲学）を研究　山田良　60歳）

ディスタンクシオンI・II■

▼まだ読了していませんが、興味深い内容です。

鈴木創士さんの本など、現代思想の本を色々と読みたいです。

（大阪　知的障がい者の就労支援　金田健吾　26歳）

※みなさまのご感想・お便りをお待ちしています。お気軽に小社「読者の声」係まで、お送り下さい。掲載の方には粗品を進呈いたします。

書評日誌（一一・一四〜一二・一四）

書 書評　紹 紹介　記 関連記事
TV 紹介、インタビュー

一一・一四　書 聖教新聞「地域からつくる」（「内発的発展論と東北学の対談」）

一一・一五　書 公明新聞「泣きながら原」（「文化」／『石牟礼道子全句集　泣きながら原』を読んで」「一句一句に宿るたましい」「全作品に貫かれた渾身の『祈り』」「絶望の淵から『病む天』に向って」／井上弘美）

一一・一七　紹 朝日新聞「野間宏フェスティバル」

紹 毎日新聞（夕刊）「野間宏フェスティバル」

一一・一八　記 新潟日報「機」二〇一五年十月号（「日報抄」）

一一・二三　紹 朝日新聞「戦後行政の構造とディレンマ」（「ニュースの本棚」／「予防接種とリスク」「一種の『賭け』　丁寧な説明を」／武田徹）

一一・二四　紹 読売新聞（夕刊）「海勢頭豊コンサート&映画」

一一・二七　書 高知新聞「龍馬の遺言」（「学芸」／『幕末の近代人』龍馬描く」「歴史研究家　小美濃清明さん（東京）新著」／松田さやか）

紹 東京新聞（夕刊）「海勢頭豊コンサート&映画」

一一・二九　書 朝日新聞「心の平安」（「東西の接点で苦悩する青年たち」／中村和恵）

一一・二九〜一二・一　紹 共同配信「古代の日本と東アジアの新研究」

紹 朝日新聞（夕刊）「海勢頭豊コンサート&映画」

記 朝日新聞（夕刊）「野間宏フェスティバル」（「いま読む『青年の環』とは」「野間宏生誕100年で討論」／白石明彦）

一二・三　書 文藝春秋「「フランスかぶれ」の誕生」（「私の読書日記」／「性的に占領する、フランスにかぶれる」／鹿島茂）

一二・四　紹 毎日新聞（夕刊）「海勢頭豊コンサート&映画」

一二・五　紹 東京新聞（夕刊）「海勢頭豊コンサート&映画」

一二・六　書 毎日新聞「「フランスかぶれ」の誕生」（「『日本語の近代』語る熱い筆者の筆」／川本三郎）

紹 東京新聞「米軍医が見た占領下京都の六〇〇日」

書 日本経済新聞「「フランスかぶれ」の誕生」（「明治の日本人の憧憬と文学誌」／池内紀）

書 朝日新聞「米軍医が見た占領下京都の六〇〇日」（「七三一部隊員との接触も実名で」／武田徹）

紹 日本農業新聞「「30万人都市」が日本を救う!」

一二・七　紹 毎日新聞（夕刊）「海勢頭豊コンサート&映画」

一二・一二　書 図書新聞「介入」（「『非政治的』な社会介入の可能性をめぐって」「政治システムと社会変革との関係という、現在の日本の状況に照らしてもきわめてアクチュアルな問題を提起」／水島和則）

一二・一四　記 東京新聞（夕刊）「トッド　自身を語る」（「大波小波」／「２０１５、テロの年」）

一二月号　記 東京人「ロンドン日本人村を作った男」（「東京つれづれ日誌66」／「水害から復興する常総を再訪。」／川本三郎）

WINTER　書 JAPANESE BOOK NEWS「対欧米外交の追憶」（「An insider's view of international diplomacy」／Karube）

『現代中国のリベラリズム思潮』出版記念シンポジウム

中国よ、どこへ行く?

十二月六日(日) 於/明治大学グローバルフロント

米国から来日した張博樹氏を招き、『現代中国のリベラリズム思潮』(二〇一五年一一月、藤原書店刊)刊行記念シンポジウムが明治大学現代中国研究所主催で開かれた。本書出版の背景には、中国での言論弾圧と、それに呼応するような日本の状況への違和感がある。学生・研究者をはじめ百人超の聴衆が長時間の講演と討論に聴き入った。

子安宣邦氏　張博樹氏

記念講演は子安宣邦氏(大阪大学名誉教授)。「方法としての東亜」の提唱と、日本の言論状況を思想家として照らし返した。張博樹氏(コロンビア大学)は、中国現代思想界の分裂状況、特に習近平政権以降、新左派・毛左派が体制批判をやめて政権側に立ち、中国共産党と「三左合流」の状況にあると語った。

午後からは本書の執筆者である及川淳子、梶谷懐、王前、水羽信男、緒形康、福本勝清各氏による報告。コーディネーターは石井知章氏。司会は鈴木賢氏。見事な通訳は徐行氏。(記・編集部)

戦後七十年、映画と音楽の集い　映画「GAMA」&海勢頭豊コンサート

〝琉球の魂《マブイ》〟海勢頭豊、平和を歌う!

十二月九日(水) 於/座・高円寺2

戦後七十年といわれた二〇一五年だが、凄惨な地上戦を経験し、返還後も多数の米軍基地を抱える沖縄は、一言で戦後と言ってよいのか。代表作「喜瀬《きせ》武原《んばる》」「月桃《げっとう》」で〝琉球の魂《マブイ》〟を歌い続ける海勢頭豊氏。氏が戦後五十周年に製作した、真実の沖縄戦を描く映画「GAMA―月桃の花」(全国の学校で上映運動を展開)の上映と、コンサートの二部立ての催しが、日米開戦記念日の翌日を期して行われた。

沖縄から日本の〝世直し〟〝平和〟を唱える海勢頭氏がよりどころとするのが、卑弥呼を鍵に日本と沖縄の根源的なつながりを解き明かすライフワーク『卑弥呼コード 龍宮神黙示録』(藤原書店刊)である。コンサートは、この古代からのつながりを主なモチーフに、氏の語りを交えつつ、「赤椀の世直し」「太陽拝《てぃだうが》みの歌」「創世神話のおもろ」等が、海勢頭豊氏のギター・歌、そして娘の愛氏のヴァイオリンによって鎮《しず》かに奏でられた。総合司会は中條秀子氏。(記・編集部)

二月新刊

＊タイトルは仮題

ノーベル賞作家の最大の問題作、ついに完訳

黒い本

O・パムク　鈴木麻矢訳

「パムクのイスタンブールは、ジョイスのダブリンだ」——ボスポラス海峡を擁する文明の交差路イスタンブールで、行方不明の妻を追うガーリップを、新聞記者ジェラールのコラムが導く。ミステリーの形式を踏まえながら、多彩な語りと時制をコラージュさせた、パムク個人のイスタンブール百科事典であり、イスタンブールの『千夜一夜物語』。パムク最重要の書、ついに完訳。

海から捉える清朝史。「叢書」待望の第二弾！

岡田英弘監修
清朝史叢書

海賊から見た清朝

豊岡康史

アヘン戦争以前の清朝は、鎖国ではなく、海上貿易に積極的に取り組む一方、海賊の取り締まりなどの治安維持にも様々な対策を繰り出した。十八世紀末～十九世紀初のシナ海域の国際関係をつぶさにたどり、東方から世界へつながる動きを見とおす意欲作。

激動の半生から見える、台湾精神史！

台日の間《はざま》に生きる

世界人、羅福全の回想

羅福全＝口述　陳柔縉＝執筆
小金丸貴志＝訳　渡辺利夫＝序

日本統治下の台湾に生まれ、米国で博士号を取得した羅福全は、台湾独立運動に参加したせいで、数十年、帰国を許されなかった。各国の国連機関に勤務し、二〇〇〇～〇四年、駐日大使を経験。激動の半生を振り返る。

写真そして放送というメディアのゆくえ

レンズとマイク

永六輔・大石芳野

写真という「音のないメディア」と、ラジオという「絵のないメディア」を通じて、それぞれのやり方で市井の人びとに向き合ってきた二人が、その出会いから、四十年以上にわたる交流を初めて語り合う。

世界史を書きえた唯一の歴史家の随想集

岡田英弘著作集（全8巻）

7 歴史家のまなざし

〝世界史〟確立に果たしたモンゴルの役割を初めて指摘した歴史家の時事評論、書評、恩師らの伝記、旅行記、そして家族・女性論など、骨太の文章群を集成。

第七回配本

口絵二頁　附・年譜、著作目録

月報＝楊海英／斎藤純男／志茂碩敏／タチアーナ・パン

1月の新刊

タイトルは仮題、定価は予価。

これからの琉球はどうあるべきか ＊
藤原書店編集部編
大田昌秀／安里英子／安里進／伊佐眞一／海勢頭豊／川満信一／我部政男／三木健
四六判　三四四頁　二八〇〇円

アルメニア人の歴史 ＊　カラー口絵一六頁
古代から現代まで
G・ブルヌティアン
小牧昌平監訳　渡辺大作訳
A5上製　五二八頁　八八〇〇円

患者学のすすめ〈新版〉＊
〝人間らしく生きる権利〟を回復する新しいリハビリテーション
上田敏・鶴見和子
A5変判　二四八頁　二四〇〇円

2月刊予定

レンズとマイク ＊
永六輔・大石芳野

黒い本 ＊
O・パムク　鈴木麻矢訳

清朝史叢書（監修・岡田英弘）
海賊から見た清朝 ＊
豊岡康史

台日の間《はざま》に生きる ＊
世界人、羅福全の回想
羅福全＝口述　陳柔縉＝執筆
小金丸貴志＝訳　渡辺利夫＝序

岡田英弘著作集（全8巻）第七回配本
7 歴史家のまなざし ＊　口絵二頁
月報＝楊海英／斎藤純男／志茂碩敏／タチアーナ・パン
[附] 年譜・著作目録

好評既刊書

佐野碩――人と仕事 1905-1966 ＊　口絵八頁
菅孝行編
A5上製　八〇〇頁　九五〇〇円

中世と貨幣 ＊
歴史人類学的考察
J・ル＝ゴフ　井上櫻子訳
四六上製　三二八頁　三六〇〇円

ふたりごころ ＊　カラー口絵八頁
生と死の同行二人
篠田治美
四六変上製　三二〇頁　一八〇〇円

珊瑚礁の思考 ＊
琉球弧から太平洋へ
喜山荘一
四六判　三二〇頁　三〇〇〇円

文学の再生へ　口絵八頁
野間宏から現代を読む
富岡幸一郎・紅野謙介＝編
協力＝野間宏の会（代表・黒井千次）
菊大判上製　七八四頁　八二〇〇円

まなざし
鶴見俊輔
四六変上製　二七二頁　二六〇〇円

龍馬の遺言
近代国家への道筋
小美濃清明
四六上製　二九六頁　二五〇〇円

近代日中関係の旋回
「民族国家」の軛を超えて
王柯
A5上製　二四八頁　三六〇〇円

トッド　自身を語る
E・トッド　石崎晴己編訳
四六変上製　二二四頁　二二〇〇円

知の不確実性
「史的社会科学」への誘い
I・ウォーラーステイン
山下範久監訳　滝口良・山下範久訳
四六上製　二八八頁　二八〇〇円

現代中国のリベラリズム思潮
一九二〇年代から二〇一五年まで
石井知章 編　子安宣邦 跋
A5上製　五七六頁　五五〇〇円

＊の商品は今号に紹介記事を掲載しております。併せてご覧戴ければ幸いです。

書店様へ

▼**小山騰『ロンドン日本人村を作った男』**が、9／6『日経』絶賛書評、10／18『東京・中日』絶賛紹介に続き、12／21（月）『読売』文化面で書影も大きく入った著者インタビュー掲載でさらに大反響！
▼今年、大阪朝日に連載された「貧乏物語」が百年を迎える。12／7（月）『朝日』文化・文芸面「今こそ河上肇」では**三田剛史『甦る河上肇』**が紹介された。詩人としての側面を発見した一海知義さん、**『一海知義著作集』**もこの機会に是非。
▼**山田登世子『「フランスかぶれ」の誕生』**が『週刊文春』12／3号の鹿島茂さん絶賛紹介に続き、12／6（日）『毎日』で川本三郎さん、『日経』で池内紀さんらが大きく紹介。品切れのなきよう。
▼12／25（日）『毎日』書評欄にトッド新著**『トッド　自身を語る』**。古代史の権威**上田正昭**氏の**『古代の日本と東アジアの新研究』**が『朝日』『読売』『毎日』他各紙の著者インタヴューで大きく紹介。
▼年明け1／2（土）のEテレで放映された新春スペシャル「一〇〇分de平和論」で水野和夫さんが**ブローデル『地中海』**を紹介し、大反響。
（営業部）

出版随想

▼年が明けた。昨年春からくすぶり続けていた病が年末噴き出し、とんだ正月になった。昨年は、小社創立25周年というのに体調不良で大した仕事ができなかった。それでも50点余の新刊、秋からは毎月イベントを催すことができたのは、一重にスタッフと協力者のお蔭である。深謝。今年は初心に立ち戻って、一点一点にさらに磨きをかけた仕事をしてゆきたいと思っている。

▼春三月から、『環』で連載し好評を博した川勝平太氏をホストに毎月ゲストをお招きした〈日本を変える！〉の叢書化を。第一回は、哲学者梅原猛氏。第二回は、日本文化研究者中西進氏。年四冊位の不定期刊。五月からは、昨年暮に大佛次郎賞を受賞された、在日詩人金時鐘氏のコレクションを開始する。年四回刊。秋からは、生命誌研究のパイオニア、中村桂子氏のコレクション、国際的免疫学者の多田富雄氏の全集と続く予定である。

▼これまで刊行してきた大型企画の完結の年でもある。好評を博し、隣国中国でも翻訳が決定した、独自の世界史観を切り拓いた歴史家岡田英弘氏の『著作集』、昨秋亡くなられた中国文学の泰斗、一海知義氏の『著作集』、仏本国で評価が日増しに高まっている作家ジョルジュ・サンドの『セレクション』、現代産業社会、大衆社会の預言的作品を書いた文豪ゾラの『セレクション』の完結が予定されている。

▼今春から、アラン・コルバンを編集代表とする大型企画『男らしさの歴史』（全三巻）、今、西欧で最も注目されている歴史人類学者エマニュエル・トッドの大著『家族システムの起源』、静かになったフランス思想界で、ただ一人光輝いている哲学者アラン・バディウの主著『存在と出来事』、十九世紀最高の歴史家ミシュレの『日記』と刊行が続く。

▼今年は、国際的社会学者鶴見和子没十年。鶴見が最晩年提起した「内発的発展論」は、さまざまな方面で進展する傾向がみられる。七月の命日に記念のイベントを予定。戦後文学の旗手、野間宏の没二十五年でもある。昨年は、野間宏の会主催の「新しい時代の文学――いま、なぜ野間宏か」が開かれ、多くの賛同者を得たが、今こそ野間宏の全体小説が見直される時が来たと思う。イベントと出版を企画中である。

▼正月早々、NHKの「100分de平和論」に、二十年前に完結した大歴史家ブローデルの『地中海』（全五巻）が取り上げられたのには少々驚いた。取り上げていただいた水野和夫氏への感謝は勿論であるが、参加者の田中優子、高橋源一郎、斎藤環さんら素人の立場からの発言も面白かった。確かに、アナール派第二世代の旗手ブローデルが、第一世代が成し遂げられなかった全体史を、この『地中海』という作品で成し遂げた。しかもこの作品は、ブローデルが収容所《ラーゲリ》の中で、記憶の中で書きあげたという作品。戦争・戦場という異常時の中で、この名著が書きあげられたのだから、〝平和論〟で取り上げられて不思議なはずはない。本国フランスで出版後、半世紀を経てわが国でも出版されたのである。

▼今年も世に遺る、遺さねばならない本を一冊でも多く出版してゆきたい所存である。　（亮）

ました。奈良県では車がすれ違うのもやっとの国道があります。奈良県と較べたら、本土並みにするために沖縄に落としたインフラ整備の予算は、全国でかなり上の方だと実感しましたね。それでも、沖縄県民はまだ足りないと思っている。そこにあるのは、沖縄は遅れている、本土は進んでいるという幻想ですね。

僕らは今、ヤマトの何と闘うべきか

我部　中国人の靖国神社に対する考え方と似ているね。中国人は日本の首相が靖国神社に行くということは、日本の政治が軍国主義に進んでいるからだと言って非難します。中国共産党が一九四九年の建国以来、選挙もなしに七〇年近く政権をとり続けていられるのは、日本の軍国主義の非常事態に備えているからです。中国の国内政治への効果はあるかもしれませんが、両国の政治が靖国に頼るのは、あまりに危険ではないかと思います。

いま中国の北の方では、各地に日本の侵略を記念するいろんな展示施設があります。そこでは、日本人以上に日本が残した過去の文物を保存しています。そういうものを日本人はぜんぜん信用せず、これは中国人がつくったものじゃないのと疑います。そうじゃなく、日本人が中国人にいかに酷いことをしたかの証拠として、日本人が残した文物を大切に保存しているのです。

川満　さかのぼれば、今の天皇族はみんな百済系だというから、日本で力をつけて、また朝鮮半島へもどろうとしたということですかね。

我部　そうそう。沖縄に住み着いている中国の閩人三十六姓の子孫が琉球国王の力になっていくというのと同じような解釈ですね。

海勢頭　とにかくこのヤマトの沖縄に対する構造的差別は、明治国家ができて以来特にひどくなっていると思う。これを皆であぶり出して、抵抗の武器にしないといけない。

川満　それを文化的、心理的な問題として発想していく場合と、国家の制度的なもののサイドから押さえていく場合とでは、いろいろあやが違ってくると思う。僕らは沖縄から、いまヤマトに向かって何と闘うのか。国家という制度矛盾と闘うのか、国体的なもの、奇妙な意識や感性のずれをもとにヤマトゥンチュウと闘うのか。いずれに闘いの焦点を絞っているかによって、論理の構造も違ってくると思います。

海勢頭　いま恐ろしいぐらいに、神道文化に寄って生活している人たちが全国にいます。その社会をどう解放するか。

安里(進)　いや、別に解放しなくてもいいんじゃないか。これは本土の皆さんの、何千年の歴史の産物で、例えば沖縄人はウタキ信仰で拝みに縛られているから解放しようという言い方と似ていますよ。神社や天皇制は、本土の人たちの問題です。

海勢頭　日本人の問題は、沖縄人の問題でもあります。

安里(進)　いやいや、これは文化的に違いますよ。

天皇の役割と伊勢神宮のタブー

川満　僕が、天皇制について書いたとき、こういう言い方をしました。天皇陛下がやっているのは、沖縄の聞得大君制度との対比で考えると一番分かりやすい。首里王府の政治権力と切り離されると、聞得大君はもう祭祀制度としていつの間にか消えてしまった。同じように、今の憲法の象徴天皇という位置づけをはずし、国の予算も組まない。それから勲章をばらまいて、地方のボスたちを囲い込むこともやらない。ただし天皇は大嘗祭で、稲作民族のお祭りをして、一所懸命祖先を崇拝しても、それはもう現代の国民と関わりないことだからどうぞやってください。ただし今の皇居じゃなくして、奈良の大和盆地あたりで、沖縄の御嶽《ウタキ》信仰と同じように、天皇族の先祖を苔のむすまで崇めてくださいと。権力を持って、国家の社稷《しゃしょく》として天皇が居座るからぐあいが悪いんだ、ということです。

海勢頭　だから、神人の頂点にあった聞得大君と、同じことを天皇家がやればいいだけの話。

川満　そうそう、祭政分離。

我部　今に至るまでその考えは残っています。

三木　色川大吉さんがある本の中で、天皇家は政治から一切引いて、いま川満さんが言ったような、日本の伝統文化の継承者、守護者として、伊勢神宮あたりに行って祭祀をやっていればいいんじゃないか、ということを書いていましたよ。もう四〇年も前のことですが。

安里(進)　天皇制をなくすことができるかという問題は、今の日本が資本主義体制を捨てて共産主義

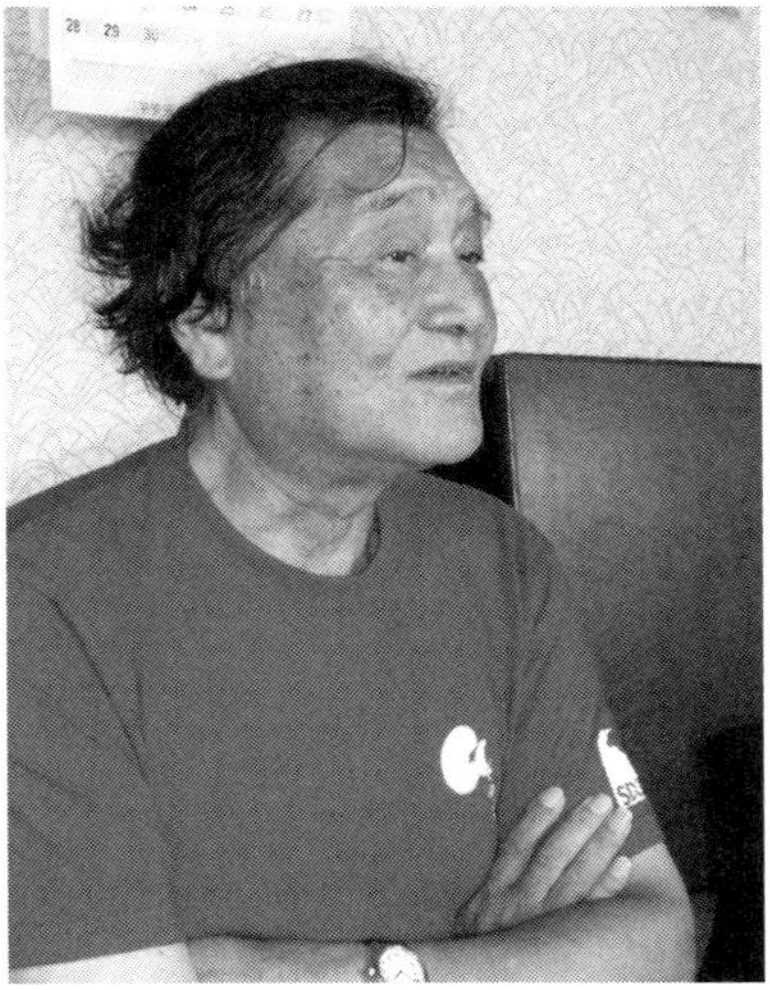

社会になれるかというくらい難しい問題だと思います。

海勢頭　考えられる解決策は、ただ一つ。伊勢神宮では外宮に豊受大神《とようけのおおかみ》を祭って、内宮に天照大神《あまてらすおおみかみ》を祭っています。実は天照大神というのが卑弥呼のことで、この歴史を隠すために、伊勢神宮は奈良盆地の笠縫邑《かさぬいむら》から倭姫命《やまとひめのみこと》がわざわざ伊勢まで持って行ってつくった。外宮の豊受大神だけど、豊玉姫神《とよたまひめのかみ》、玉依姫命《たまよりひめのみこと》としてもあらわれる龍宮神ジュゴンのこと。正しい儀礼としては神人の卑弥呼がごちそう、御食《みけ》つを捧げて龍宮神を祭るのが本来なんだけど、伊勢神宮はこれを真逆にし、豊受大神が天照大神に御食つを捧げる神として祭っている。これを逆にすればいいだけの話。

ヤマトの大きな神社には必ず龍宮神ジュゴンが祭られている。玉依姫命とか、豊玉姫神とか、そういう名前を書いて祭られている。この歴史を表に出すだけで、社会制度を変えずに歴史認識を変えるだけでいいと思う。天皇家が、龍宮神をちゃんと認識して祭るようにしてくれればいいだけの話。これをなくしていいという話ではない。

だから今、辺野古問題があるんです。ジュゴンの研究から天皇の歴史の正統性が奪われてしまうと制度としては困る。国家体制が崩壊しかねない。実は、昭和天皇が新潟の糸魚川のヒスイの研究を禁じたとのこと、あそこでつくられた勾玉が何で沖縄から出てくるかとか、日本政府はそういう危ない研究をすべて抑えているのです。明治時代は特にひどかったのではなかったか。

大逆事件の起こった熊野川下流の新宮あたり、鵜殿村《うどのむら》あたり、あの辺は要するに龍宮神、三つ巴紋を掲げ、日の丸を掲げた卑弥呼の軍隊がさかのぼって、奈良の川上村に入り、そこからおりていって、長く抵抗していたナガスネヒコを退治し、倭国を統治するようになった。そういう歴史がそっくり遺っているので、熊野川の歴史は明かされたら困るから、新宮あたりの社会主義知識人たちを、大逆事件でえん罪をし掛けて取り締まったのでしょう。そういういろんなことを考えると、並大抵の話じゃない。

聞得大君やノロ制度成立以前の基層信仰が大切

安里(英)　私、以前に琉球弧の祭祀世界をとり続けた写真家の比嘉康雄さんと結構議論しながらいろいろ考えたんですけど、村ができること自体一つの秩序ですよね。安里進さんと関連してきますが、御嶽《ウタキ》がいつできたとかの話じゃなくて、一つの秩序、村が、統合されて肥大化して、天皇制や琉球王国になるずっとずっと前、聞得大君ができる以前、ノロ制度ができる以前、沖縄の御嶽《ウタキ》の信仰形態とはどんなものだったのでしょうか。私はこれが重要だと思っています。尚真王によってノロ制度ができて、国家制度に取り込まれていくでしょう。権力に取り込まれていくと、信仰も利用され、変化し、本来の姿を破壊されていったのではないでしょうか。

じゃあ沖縄の信仰の原型になるものは何なのでしょうか。御嶽《ウタキ》は祖霊信仰の一つの象徴として、村の中で祀られています。それによって村の秩序が守られ、維持されている。御嶽《ウタキ》は一種の象徴だったと思います。ただ、祖霊信仰、自然信仰そのままでは、沖縄の場合、象徴化されていくけど、それ以上の力は持たない。だから支配関係としては非常に緩やかで、最初は村の秩序だけ。村が統合されてグスク時代に入ったときに、外からのインパクト、例えば仏教などがあり、宗教として大きな権力を持つようになり、琉球王国まで行くのかなと思うのですが。

だから私は、聞得大君とかノロ制度を賛美しているわけでも何でもなくて、逆にそれはある権力構造として、琉球王国の支配体制の中ででき上がってしまった形だと思います。だから後田多敦が言っているけど、逆に明治政府によってそれが破壊されたことは悪いことではなく、沖縄の権力構造が一度壊れたときに、宮古、八重山で残った祭祀が本物の沖縄の祭りの形ではないのでしょうか。

聞得大君制度やノロ制度が初めからあったように錯覚しているけど、実際はそうではない。ノロ制度というのは、つくられた体制。御嶽《ウタキ》という言葉も、もともとなく、漢字は当て字でしょう。

安里（進） まあ、もともとはムイとかタキとか言ってるけどね。

安里（英） 薩摩以後使われた言葉なので、一枚一枚剥がしていくともっと基層にあるもの、原初的な形は何なのか考える必要があると思います。祖霊信仰の象徴化は意外と新しいと言ってますよね。

私は、制度化される以前の女性の持っている始源的な霊能力者としてのおなり神がとても面白いと思っています。でもまあ、そういう能力がまたどこから生まれたのかもよくわかりませんが。でも、少なくともおなり神は、柳田の言う妹《いも》の力ですよ。だから女性の霊《せじ》力の力を信じることから、ノロ制度、聞得大君までつながっていくわけですよね。

そういう制度的なものを全部取っ払った原初の沖縄の精神世界はどんなだったでしょう。女性の霊力と火の神、水の神、山の神、海の神、龍宮神、魚の神様、船の神様、畑の神様、豆の神様、麦の神様などの自然信仰、アイヌにも通じるのではないでしょうか。もともと世界中にそういう信仰があったわけでしょう。仏教、イスラム教、キリスト教以前の土地の神々が、世界共通のものとしてあると思うんですよね。自然信仰と祖霊信仰。人は親から生まれるという、その最も素朴な、原初的な考え方。

そういう神々も、琉球王国の支配権力に巻き込まれていきます。それ以前の信仰のかたちを見たい。原始に戻るということではなく、原初の信仰のかたちから、その精神を学び取りたい。それで私はたくさんの御嶽《ウタキ》を回ったりしましたけれども、結局そこで見えたのは、天皇制国家あるいは琉球王国までの秩序の形成過程でした。

川満さんは無政府主義ということを言いますが、私の思考も独立論とか自治論とか言うときは、権力、国家によって秩序化される以前の村の形を考えています。そこにはノロとは言わないけど、根人《ニーンチュ》、根神《ニーガン》などという霊的職能者がいたわけでしょう。そういうものの中に、国家を超える何かヒントがないかなというのが、私の独立論です。だからいま言っている国家を見据えた独立論には与しません。一緒になれないのはその辺のところです。

社会の利害を調停する国家機能は超え難い

安里（進） 国家を超えるものとは国民国家を超えることですか、それとも大昔からある広い意味での国家ですか。国民国家は超えられるし、超える前に国民国家は自壊するんじゃないかとも思います。しかし大昔からある国家という枠組みは、なかなか超えがたいものがある。国家というのは単なる支配者の道具じゃなくて、そこの住民のいろんな利害衝突を調停する機能も果たしている。国家は調停機能と支配のための暴力装置の二つを持っていて、暴力装置を取り去っても、調停機能としての国家までなくすと、アナーキーな世界になりませんか。

安里（英） アナーキーな社会じゃなくて、国家の枠組みがない社会。

安里(進)　だから国家という機能はなくならないだろうと思いますよ。国家の機能の重要部分は社会のいろんな利害矛盾を調停することですから。

川満　集団がつくる社会には、統治、あるいは調停などの機能はどうしても必要です。しかしその統治や調整をやるポジションにいる人たちが、自分の権威を誇ったり、あるいは命令系統を立てたりという構造をとってきたのが、今までの政府、国家のあり方です。だからそういう統治形態、調停機関じゃなくして、もっと平面で調停するような機関をイメージできないかということですね。

安里(進)　多分それが実現すれば、それを国家あるいは政府と呼ぶと思いますが。

川満　それが実現したときには、別に従来のような古い概念の国家、政府と言う必要もないわけですよ。

安里(進)　一つの社会の中でもみんなの利害はいろいろ違います。そこで利害の衝突があるから、調停する機能が必要になります。しかしこの調停に従わない者がいたら、やっぱり暴力装置が必要になると思います。

川満　各自治体がそれぞれ完璧な直接民主主義的システムとして成立し、相互の自治体代表が、ここに大きな道をつくるとか、川があふれて困るから治水工事をするとか、話し合いで、解決すればいいわけです。

安里(進)　話し合いがつかないとどうしますか。それから例えば犯罪者を捕らえて刑務所に入れるとか、場合によっては処刑するという暴力装置は、統治という行為と不可分的に持たざるを得ないはずです。犯罪のない社会が登場したら、国家はなくなるんだろうと思いますが、そんなことは不可能ですよね。

伊佐　いまの話をするには、まずは人間観を論ずる必要があるのではないか。

安里（進）　人間観じゃなくて、人間の社会観ですね。

伊佐　いや、私のいう人間観というのは、もともと人間は地域によって言語もそうですが、肌や目の色、風俗や習慣、宗教など、じつに千差万別であって、そうした個々のグループが寄り集まったのが、社会というか、世界を形成しているという意味です。人間をひとつにひっくるめて、またはひとつの単体として、思想や行動様式を云々はできない。ですから、当然にそうした多様な人間集団をどううまくコントロールしていくかが、政治技術の問題になっていく。

安里（英）　昔、部落《シマ》は部落常会で決めていたけどね。

安里（進）　決めるんだけど、それに違反する者にペナルティを与えるために、部落はいろんな暴力装置をやっぱり持っていたと思います。

川満　僕には幼少年期に島の共同体での体験があって、何か犯罪が起きると村の役人たちが、公民館みたいな座というところに、緊急で五、六人から一〇人ぐらい集まって、そこで一々ただして白黒を判断していましたね。

安里（進）　だからやっぱり罪を犯したりしたら、島流しにしたりして処罰するわけですよ。琉球王国時代は、村内にならず者がいると、王府に願い出て、こいつはけしからんから島流しにして再教育してくれなどとやっています。

三木　その行く先が宮古、八重山ですね。

安里(進)　うん、だからそういう、沖縄の村にも小さいながらも暴力装置はあります。直接の執行能力がないので、王府にやってもらうんですが。

川満　そういうものを、全て一元的に暴力という形で考えるのか。あるいは、それこそ人間の良心を取り戻させるための一つの集団的調停として考えるか。

安里(進)　そういう考え方をしたら、正しい暴力、悪い暴力という論理になりませんか。やっぱり暴力は暴力です。人の意思を拘束して、本人の意思に反するようなことを力で物理的に強制するのは、全部暴力じゃないですか。

川満　集団には一定程度の秩序はどうしても必要だから、そのためには個人が持っている自由の一部分は譲らないといけない、これは集団の基本的な問題でしょう。その場合、その秩序を破る者に対してどう対処するかは、かなり難しい問題。

それを国家レベルの法で裁くのか、あるいは小さな自治体社会の中で合議制として、その人間に対する矯正を進めていくのか。制度的問題として考えるばあいと文学的な実存の倫理問題として考える場合とで、暴力とか罪悪の問題は微妙に異なってくる。

安里(進)　沖縄で国家が議論になるのは、沖縄社会が日本国家の枠から外れたときに、もう一度国家なるものを目指すのか、国家の枠組みがない社会が目指し得るのか。めざすものの射程と可能性の問題ですね。

2　戦後米軍統治下の琉球

近代の同化政策、沖縄戦を負った復帰運動

――復帰はよかったのかという問題は、つまるところ沖縄とは何か、琉球とは何かという問題ではないのかと思います。また、「本土並み」という言葉が、どこでどういう意味で使われたのかという議論もありました。この問題も最終的に沖縄の独自性とは何なのかということにつながると思います。沖縄はこれからどういう発展のあり方、社会のあり方をしていくかを議論することが重要ではないかと考えます。

川満　自分が宮古出身だということ、自分の出自と幼少年期における戦争体験については、もう何度もあちらこちらの雑誌あるいは新聞で機会あるごとに書いてきたので、あえて繰り返しません。いずれにしても沖縄で何かを発想するときには、必ず沖縄戦を体験したということが、全ての思想と哲学の基本になるとおもっています。イデオロギーあるいは主義がたまたま沖縄戦という体験からずれて、例えば金もうけが一番大事だとか、あるいは開発が一番大事だとか、一時的な曲折は生じてきますが、必ず沖縄戦体験に引き戻されます。そしてそこからまた沖縄の政治状況を立て直していくとい

うことが、戦後史の中で繰り返されてきました。

その過程で、僕らにとって復帰とは何だったのか。この復帰の問題についても、もう何度も何度も書いてきたので今さらという感じもしないではないが、とにかく戦前の同化政策から考える必要があります。日本は近代国民国家形成の過程で、新たに獲得した領土をただ単に抱え込むだけではなく、日本文化に同化させる政策をとります。だからその植民地、あるいは占領地における教育の場合でも、日本語教育をてこにして、文化の日本化、名前の日本化を行い、日本に同化させてきました。それが日本の近代化の一番の特徴だと思います。外国の場合の植民地化と、日本の近代化過程における対アジア政策とは明らかに性格が違います。その同化政策のために例えば韓国でも中国でも、その反動として、日本近代化に対する、非常に激しい反発と抵抗が持続していると僕は判断しています。

ですから沖縄の復帰の場合にも、その同化政策によって洗脳された戦前の先生方が、まだ戦後辛うじて生き残り、その人たちが戦後沖縄のイデオロギー形成において、リーダーシップを握ったことが現在の問題の根因だとみています。最初は米軍に対する反抗が大衆運動をリードする基礎でしたが、そのうちにいわゆる精神主義的なもの、イデオロギー的なものが入ってきました。素朴な戦前的ナショナリズムと、日本共産党サイドからの、同一民族という規定変更（終戦直後は「祝琉球独立」）によって、民族独立運動の一環としての復帰運動が組織されたのです。

『沖縄県議会史』に映る米軍施政下の琉球

——米軍統治下時代の琉球はどういう状況だったでしょうか。

川満　米軍の支配を受け入れるときの沖縄サイドの対応の仕方には、非常に特徴的な思想が見られました。典型的なのは、屋良朝苗《やらちょうびょう》さんを中心とする教職員会の人たち。それから、戦前日本で社会主義運動にかかわった瀬長亀次郎さん、平良良松《たいらりょうしょう》さん、仲宗根源和《なかそねげんわ》さんら。さらに大田昌秀さんのようなアメリカの学問をいち早く習得して帰ってきて、リーダーになった金門クラブ*系の人たちです。

＊　米陸軍省の支援で、一九四九年から復帰直前まで米国に派遣された留学経験者による親睦団体。サンフランシスコの金門橋にちなんで命名された。

安里（英）　実は私、自分の考えを整理するつもりで「戦後の自治論」という私案を書き始めたことがあります。まだ途中です。『沖縄県議会史』を手掛かりに書いています。県議会が、戦後占領直後からの歴史をずっと二二冊出しました。多分すでに終了しています。『沖縄県議会史』の最初は一九四五年八月に設立された沖縄諮詢会です。琉球政府の話が出ましたけども、それは一九五二年以後のことです。沖縄諮詢会の次が、沖縄民政府、つぎが群島政府、それから琉球臨時中央政府、最終的には琉球政府になります。琉球政府の議会が、立法院です。

つまり米軍の占領政策は模索しながら始まり、収容所時代にまず諮詢会が設立されます。そのときに米国軍政府が沖縄人の委員一五名を招集します。

郵便はがき

料金受取人払

牛込局承認

7198

差出有効期間
平成29年6月
21日まで

162-8790

(受取人)

東京都新宿区
早稲田鶴巻町五二三番地

株式会社 藤原書店 行

ご購入ありがとうございました。このカードは小社の今後の刊行計画および新刊等のご案内の資料といたします。ご記入のうえ、ご投函ください。

お名前	年齢
ご住所 〒 TEL　　E-mail	
ご職業（または学校・学年、できるだけくわしくお書き下さい）	
所属グループ・団体名　　連絡先	
本書をお買い求めの書店 市区郡町　　書店	■新刊案内のご希望 □ある □ない ■図書目録のご希望 □ある □ない ■小社主催の催し物案内のご希望 □ある □ない

書名 | 読者カード

●本書のご感想および今後の出版へのご意見・ご希望など、お書きください。
（小社PR誌『機』に「読者の声」として掲載させて戴く場合もございます。）

■本書をお求めの動機。広告・書評には新聞・雑誌名もお書き添えください。
□店頭でみて　□広告　□書評・紹介記事　□その他
□小社の案内で　（　）　（　）　（　）

■ご購読の新聞・雑誌名

■小社の出版案内を送って欲しい友人・知人のお名前・ご住所

お名前　ご住所 〒

□購入申込書（小社刊行物のご注文にご利用ください。その際書店名を必ずご記入ください。）

書名　冊	書名　冊
書名　冊	書名　冊

ご指定書店名　住所

都道府県　市区郡町

そのときの諮詢会の役割は教科書の編さん、人口調査、市町村での選挙の実施等、戦後復興のための事業が主になります。次が一九四六年四月設立の民政府、一九五〇年八月設立の群島政府の時代になります。民政府、群島政府の時代は、アメリカ軍が自分たちのいう琉球諸島をどう統治していくかを模索し、奄美群島、沖縄群島、宮古群島、八重山群島に分割し、それぞれに民政府、群島政府を作っていきました。名前だけ聞くと、すごく理想的に見えますが、一九五三年に奄美が復帰して、鹿児島県に編入されますので、この体制は短期間でした。

琉球政府時代は、県議会とはいわずに立法院と呼んでいました。その立法院の中で、沖縄の戦後の自治をどうあるべきかという議論が盛んに行われていました。まず使用言語について、英語にすべきか、日本語にすべきかという議論を大真面目にやっています。それからアメリカに帰属すべきか、日本に帰属すべきかということも、具体的な議論が行われています。議会の答弁ですから、全部名前が出ており、細かく記録されています。そういう中で、戦後の沖縄の人々が、どのように米軍の統治下の中で生きるべきか、何を目指すべきかを真剣に議論していることがわかります。その中には、独立論も出てきます。戦後の自治論を調べようと私は読み始めましたが、『沖縄県議会史』には当時のあらゆる苦悩、議論、事件、事項が全部語られていました。

当時の沖縄を知る一番具体的な記録だと思います。

『沖縄県議会史』を見ていくと、米国軍政府が任命した諮詢会の委員には、その後の沖縄で活躍する人々がほとんど入っています。その人たちがその後、琉球政府主席（後の県知事）、立法院議員（後の県議会議員）になったり、地元の名士として活躍していきます。米国軍政府が選んで、ほかの人たちが収容所の中で貧しく生きているときに、特別に宿舎を与えて優遇した沖縄のエリートです。その人たちが、戦後の沖縄の政治を担っていきます。だから見方によっては総保守と見てもいいかも知れない戦前の知識人です。戦後優遇されて、その人たちが戦後の政治をリードしていく立場の人たちになっていくわけです。

それからしばらくして沖縄の政党が、まず一番最初にできたのが八重山ですよね。

三木　一九四八年に結成された八重山民主党と八重山人民党ですね。後に八重山自由党と改称しますが。

安里（英）　離島の方で、最初に政党ができます。そのいきさつについて、いろいろ書いている人がいますが、それなりの理由があって、八重山でまず八重山農本党（四六年十一月）ができます。その後沖縄人民党（四七年七月）、宮古社会党（四七年十月）などが結成されていって、その後にまた政党の再編成、再統合があり、頻繁にくっついたり離れたり進んでいきます。現在、唯一のローカル政党である沖縄社会大衆党の結成は一九五〇年です。一方では琉球政府と米国軍政府、米国民政府とのつながりの中で現実の政治が行われていきました。その中で、沖縄の民衆が、米軍の基地政策に対して抵抗運動を起こしていきます。

しかし沖縄の抵抗運動は、一時的に封じ込められてしまいます。沖縄人はパスポートもなく、声を出しても受け取ってくれるところがありませんでした。その時期、アメリカの人権活動家やアメリカのキリスト教会が非常に重要な役割を果たしてくれました。そういうつながりの中で少しずつ沖縄の事情がアメリカをはじめとする世界に発信されていきました。このように沖縄が独自に世界とつながりながら、またたしか石川達三が沖縄のことでコメントしたと思う。そのような形で日本の人たちとつながり、沖縄の抵抗運動が行われていきます。

復帰運動は最初からあったわけじゃなくて、沖縄県祖国復帰協議会が結成されたのは、一九六〇年です。

琉球政府は米国民政府によってつくられました。サンフランシスコ平和条約が発効されると、沖縄は半永久的に米軍のものだという意識がアメリカにはありますから、そのときに諮詢会以来米人の試行錯誤で変遷のあった機関が、琉球政府として固定化され、復帰までずっと続きます。

――米軍による支配の形が確定するわけですね。琉球政府は傀儡政府と考えていいんですか。主権はないわけですよね。

安里(英) 途中から間接選挙、直接選挙になりましたが、主席は長い間、任命制でした。

伊佐 米民政府のメガネにかなう人物が指名されるから、最終決定権はなかったようなもの。主席は米軍と沖縄住民の間にある緩衝地帯、なんて言った主席もいた。

安里(英) 今で言う県知事は、米国民政府による任命制度だったんです。最期の屋良早苗主席がはじめて一九六八年に直接選挙によって選ばれました。

川満　我部さん、アメリカは、最初は民主主義のモデルとして、沖縄の統治政策を進めようと考えたのではないですか。例えば群島議会、群島政府というのを始めましたが、議員たちは、どういう形で群島議会に出てきたのですか。

米軍統治下の自治権拡大運動――諮詢会から群島議会、立法院へ

我部　そうですね、今の安里さんの説明と少し繰り返しになりますが、藤原さんからの問題提起を私なりにまとめてみますと、終戦直後は沖縄人の異民族支配を重視した米軍の統治です。米軍自身が沖縄統治をどういう方向に持っていこうかということと、沖縄人から聞きながらなんとか統治制度を作り上げたいという気持ちがありました。そういう意味では、基本的に自治拡大という方針をとりました。しかし、すでに日本から切り離されているという点で、それ自体が既に沖縄的な独自性を助長しています。それでこの琉球文化の独自性を自治と結びつけ、琉球王国の再興みたいな形で、沖縄の自治権拡大のモデルを考えていました。ただそれが行き過ぎると、琉球王国の独立になってしまいますから、アメリカはある程度沖縄の自治を認めるけれども、沖縄が過剰に独自性を発揮して、国家の方向に移行するようなことには賛成しない、最終的にはそこを抑圧していきます。

自治権拡大運動は、占領直後の諮詢会から群島議会、そして立法院となるにしたがって、抑えがきかなくなってきます。アメリカの方は統治者として沖縄の自治も認めてはいるけれども、これが行き過ぎるとコントロールがきかなくなるので、最初のころは琉球の文化の独自性を擁護しながら、日本

との関係をできるだけ切り離していく方向をとってきましたが、経済援助を通して沖縄人の自治権拡大運動など政治的な動きをコントロールできると考えていました。ところが自治の要求は、アメリカが抑圧すればするほど抑えがきかなくなり、ついには、支配制度を転換する復帰運動につながることになります。

そこまで来ると、日本と沖縄の格差がかなり大きいことが自覚されてきて、その自覚と戦争体験とが結び着いて、大きく復帰運動に傾いていきます。沖縄の政治状況は、アメリカの沖縄統治政策、アメリカのアジア政策と関連して、徐々に変容しながら進んできました。だから、常に一定の方向で進んでいるわけではない。相互の絡み合いで事態が推移してきました。また日本国内においても、沖縄を切り離して日本の独立だけを考えている時期から、そうもいかなくなる時期に変わります。そういうものが、どういうふうに結びついているのか、人間の行動の中に、それがどう反映されているかを見ていく必要があると思います。

先ほど話題になった「本土並み」という言葉はそういうもろもろの動きの中から、最大公約数的に出てきてた言葉ではないかな。ですからその言葉に託す内容は、言う人によってみんな違うだろうと思います。

我々はそのころから、沖縄の問題が日本の全体的な問題と関連しているんだということを感じていました。そして沖縄が置かれている政治状況の中で、沖縄の独自性を発揮しようと思うと、歴史的に溯って考える必要があります。その歴史の多様な解釈がまた現代に返ってくるわけで、意識の中では過去と現在を行ったり来たりします。海勢頭さんみたいに、ずっと過去にさかのぼってもう帰ってこ

ないんじゃないかと思うような雰囲気もありますが、

戦後の八重山自治会から八重山政庁への展開

三木　私も、復帰前はアメリカの大きな統治の枠の中で、沖縄は日本から切り離され、日本とは別の体制の中で、どうやって自分たちが生きていくかを、さまざまな形で行動し、沖縄の戦後史の中で、沖縄の独自性を求めていた時代だと思います。だから復帰後、その独自性がどうつながっていったか、保証されていったかという認識によって、復帰に対する評価も違ってくると思います。

先ほど安里英子さんから行政の変遷を概括的に述べていただきましたが、八重山の場合は沖縄本島と違います。沖縄本島、宮古、八重山と敗戦直後は分断されていました。島嶼間の往来も軍政官の許可がないとできない状況でした。唯一できたのは、与那国に行って与那国から密航するというコースだけでした。

八重山では敗戦直後の一九四五年十二月に八重山自治会が青年たちによってつくられます。当時、八重山支庁長（戦前の沖縄県庁の出先）も石垣町長も戦死して、行政が麻痺していました。そういう中で日本軍は依然として駐屯していて、翌年一月に復員するまでいました。大量の食料調達を必要としているし、婦女暴行を行っており、自治、治安が非常に不安定になっていました。

それで青年たちが自主的に動いて、八重山自治会をつくりました。これは実質的には八重山全体を対象にした政府です、小さな政府。後に「八重山共和国」などという通称がつけられたりしますが、しかし一週間で終わります。というのは、その一週間後にアメリカの海軍が乗り込んできて、八重山支庁長を選出せよという命令が出て、この自治会が八重山支庁にかわるからです。八重山自治会は宮良長詳という自治会長を選出して、いろんな施策をとり始めていました。自警団を組織して住民の治安を守ったり、食料委員会をつくって、食料の配給を行ったりしました。そういう混とんとした時代に自治会が行政を担って動き出しました。米軍が入ってきて、自治会が廃止されて八重山支庁が再建されましたが、実態はこの八重山自治会を引き継いだものでした。それから疎開先から戻った人たちが旧日本紙幣を八重山に持ち込んだのでインフレーションが進みました。そこで日本紙幣に八重山支庁の認印を押して、紙幣の量を制限しました。これを認印紙幣といいました。

また復興のために、例えば製材、造船などの基幹産業から旧日本軍の車両などを全部買い上げます。ていのいい没収ではありますが、買い上げて戦災復興のために役立てるという、一種の社会主義的な強硬措置をやります。これは、日本の政治史の中でも珍しいできごとだったと思います。それで戦後の行政が動き始めましたが、そこで没収をされた寄留民を中心とする人たちの反発が出て、八重山共和会がつくられ、これが一九四八年三月の市長、議会議員の初選挙に向けて、八重山で初めて政党を生みだします。八重山の支庁長の宮良長詳を頭とする勢力と、これに反発する勢力とが対立して、それぞれ政党を結成します。支庁長派は、最初は八重山人民党と言っていましたが、後に八重山自由党に変わり、沖縄社会大衆党に合流します。対する共和会派は八重山民主党を結成して、保守本流につながっていきます。そういう、島の内部で早くも終戦直後、自治の動きが非常に活発になってくるわけです。選挙戦も激しかった。

また八重山支庁といってもさっき言ったように沖縄本島とは分断されており、本庁とは上下関係がありません。そこで支庁というのはおかしいんじゃないか、ということになり、名称を八重山民政府に変え、民政府のトップを民政府知事と呼ぶようになりました。

そして当時衛生部長をやっていた吉野高善《よしのこうぜん》が知事に就任します。それで住民は「吉野民政府」と言ったりしていました。この八重山民政府は独自のいろんな復興政策を打ち出していきました。例えば、沖縄本島から移民を受け入れるという政策を打ち出しました。八重山にはマラリアが戦前からずっとあって、マラリア対策は八重山の住民の生活の中では大きな柱の一つでしたが、戦争で中断したまま、挫折していました。これが戦争マラリアという、三六〇〇人余りの犠牲者を出す悲劇を生む遠因にもなっています。そこで何としてでもマラリアを撲滅したいという世論を背に、吉野民政府は撲滅するには移民を受け入れて八重山を開発することが早道だということで、移民受け入れ政策とマラリア撲滅政策を表裏一体として進めていくようになります。

これを自由移民の時代と言っています。自由移民というのは沖縄本島や宮古の人たちが自由意思で入ってくる移民という意味です。特に外地からの引き揚げ者がどっと帰って来て、沖縄本島でも人口があふれ、宮古も倍ぐらいになります。引き揚げ者の行き場がないというので、八重山が受け入れましょうと、自由移民の時代が始まります。彼らを入れることによって開発を進め、マラリアを撲滅していこうという考えです。「マラリアの撲滅なくして八重山の発展なし」というのが、八重山ではずっとスローガンになっていました。マラリア対策が最優先で、私もよく覚えていますが、山に入るにも薬を呑まないとならないとか、各家庭に溝の整備をしなさいとか、それはもう厳しいものでした。吉野民政府は罰則規定付きの「マラリア撲滅に関する取締規則」まで出して、強力に推進していきます。

このように八重山では、一九五〇年代にいろんな復興への動きがあって、政党も結成され、その政党との絡みもあって文化的にも新聞がたくさん発行されます。雑誌もできます。一九四六年七月に創刊された『八重山文化』は、通刊四〇号まで出ます。詩、文芸作品はもとより、いろんな評論が掲載されており、藤原書店の『環』の縮小版みたいなもので、活発な言論活動が行われていました。八重山のような小さなところに「八重山雑誌協会」というのもできます。これらの活動を通称、「八重山文芸復興」と呼んでいます。終戦の翌年ぐらいから始まって、一九五〇年代の初めぐらいまでずっと続きます。自治運動と連動し、あるいは政党の動きと絡んで、非常に言論活動が盛んだった時期です。八重山では沖縄本島のような地上戦がなかったので、印刷機は残っていました。しかし紙がないから、米軍からの配給をもらってやりますが、この配給も限度があるので、『八重山文化』は自前で紙を漉いて、それに印刷したりしていました。

　そういう時代でした。だから戦後の八重山には、自分たちで自分たちのことをやるんだという息吹というか意気込みというか、これはもう大変なものがあったと思いますね。

　その後、一九五〇年にさっき安里英子さんから話があったように、アメリカの統治機構の変更によって、奄美、沖縄、宮古、八重山と四つの群島政府ができます。このガバナーは、やはり知事、群島政府知事と呼んでいました。奄美群島、沖縄群島、宮古群島、八重山群島のそれぞれの知事は民選でした。川満さんが言われたアメリカの民主主義を、モデルとしてやるという方針があったようです。

琉球政府の成立が自治権拡大運動を誘発し、復帰まで続く

三木　一九五〇年九月に知事選をやるんですが、八重山では現職の吉野民政府知事と、後に沖縄社会大衆党の委員長になる弁護士の安里積千代《あさとつみちよ》が激しい選挙戦を繰り広げて、安里が当選します。安里は八重山出身ではなく、座間味の出身ですが、戦前台湾の台南で長らく弁護士をやって、引き揚げる途中、八重山に立ち寄ったのが縁で、石垣市内で弁護士活動をやるようになった人です。

もうそのころからサンフランシスコ平和条約締結に向けての動きがあったので、沖縄の帰属問題に対する意識が高まってきていて、安里は選挙戦で日本復帰の主張をしました。これは八重山だけじゃなくて、四つの群島政府知事選挙すべてで、日本復帰派が当選しました。恐らくこれは、アメリカにとっては予期せぬことでショックだったでしょうね。わずか一年後に、この群島政府制度は廃止になります。すなわち臨時中央政府が一九五一年にできて、琉球政府が一九五二年に正式に発足します。そして任命による統一琉球政府の行政主席を置きました。これによってアメリカの統治をしやすいように統治機構ががらっと変わりました。その背景には、朝鮮戦争があり、米軍にとっての沖縄の重要度が高まり、伊佐浜など沖縄本島における土地接収が始まっていきます。それを敢行するために、中央政府のコントロールがきく強力な行政機構が必要だったのです。それで琉球政府をつくって、米国民政府

が主席を任命した。したがって琉球政府は明らかに傀儡政府なんですが、しかしアメリカの言い分を、はい、はいと言って聞いていたかというとそうではなくて、土地接収のプライス勧告などのときも立法院は反対決議をしたり、アメリカに直接要請団を送ったりして、ものすごい抵抗運動をやりました。アメリカが強行にやったがために、さっき我部さんが言ったように、沖縄の自治権拡大運動を誘発していくことになり、これが復帰まで続くわけです。任命制だった主席を公選制にせよという運動もずっとあって、一九六八年に実現します。その結果、屋良主席が誕生し、彼が日本復帰を主張し、アメリカの統治機構も限界が来ていて、今の体制では立ちいかなくなって沖縄返還となっていきます。そして沖縄の施政権を返すかわりに、米軍基地は残す、しかも自由に使うという言質を日本政府からとってから、返還しました。

沖縄は、二七年間もアメリカの植民地支配下、米軍の軍事支配下に置かれていたけれども、それなりの戦いをやってきて、沖縄の独自性を発揮した歴史でもあったと思います。その精神が日本復帰後生かされていない。自治の精神も潰されました。産業の面でもそうです。前にもパインの例を挙げましたが、復帰前、沖縄の実業家たちは自分たちの資源や資本がない中でどうやって生きていくか、真剣に考えて製造業を育て、物をいっぱいつくってきたと思いますが、それが復帰してみんなおかしくなった。だから復帰によって沖縄の独自性や地場産業は失われたのではないでしょうか。

伊佐　私は一九五一年生まれだから戦後間もないころの経験はよくわからないのですが、それでも、一九五〇年代から一九六〇年代初めにかけて、首里の外れの方に住んでいて、貧しくて親がそうめん一束買うのがやっとという生活をやっていました。日常食は、イモ、豆腐、カンダバー（芋の葉）などでした。

沖縄戦によって基幹産業である農業がつぶれてしまったので、沖縄の戦後復興はまず食べることから始まったのは言うまでもありません。また大部分の主要な農地が軍用地として接収され、農民はみんな島の端っこや痩せ地に追いやられて、第一次産業が立ち行かないような時期でした。

沖縄の人たちにとっての自治は、民主主義のアメリカ合衆国が相手というよりも、圧倒的な武力をほしいままにふるまう米軍政との軋轢や葛藤から、ひとつひとつ手にしていったものでしたね。女性への暴行、強姦などアメリカ本国のひとが知ったら驚くようなことが頻繁に起こり、戦後のある時期などデモクラシーどころじゃないほどでした。一九五〇年に始まる朝鮮戦争の影響を受けて本格的な基地建設が始まると、いよいよ大変だということになって、抵抗運動が社会の前面に浮き上がっていくのですね。ですから、復帰前の自治というのは、本来の自治を要求しつつも、いかに早く軍政から抜け出すかという感じでした。

ただ、さっきも話に出たように、アメリカは沖縄に侵攻する前に沖縄のことを大学教授などを総員して調査・研究し、要するに沖縄は日本のなかのマイノリティなんだと言って、そういう認識を沖縄で拡めるような一種の宣伝工作をやります。一般によく知られているのが、『今日の琉球』とか『守礼の光』の定期刊行冊子です。これはホテルだとか、いろんな公共施設に、いつも置いてありました。なかを見ると、沖縄の歴史、沖縄の偉人伝、沖縄のことわざや昔話とかを満載していて、巧みに、君たちは日本本土とは違うんだと説明するんだけれども、そのころの私たちの感じでは、それほどの効果はなかった気がする。学校教育によって、逆にヤマトへの憧れが膨らんでいく。沖縄の独自性を啓蒙するアメリカさんの宣伝工作も、君たちはヤマトとは違うんだよと言いながら、かといってあんまり独自意識が強くなり過ぎると困るようなセーブ感もありましたね。ちょうど島津の沖縄統治がそうであったように、日本人と琉球人のあいだで、宙ぶらりんにしておくのが、一番無難だったのではないか。そういう状況が一九七〇年以前の特徴と言えるんじゃないでしょうか。

一九五一年までは教科書もなかった戦後の初等教育

――米軍施政下の戦後の学校教育、例えば初等教育の教科書とかは、どういう状況でしたか。

我部　戦争が終わって、先ほどの三木さんの話もありましたように、疎開した人たちが帰ってきます。そして沖縄は一時的に人口がかなり増加します。これはある意味では、沖縄戦以外の体験を持った新しい血が流れてくるということです。一方で、これまで沖縄の経済界で活躍していたヤマトンチュが、沖縄戦が始まる前にみんな引き揚げて行きました。その当時の言葉で言えば疎開です。ですから戦後の沖縄は、沖縄人だけによる出発になるわけです。すでにある種の独自性を持っていたということになるかもしれません。

一九四五年十月ごろから学校が始まります。いろいろ理由がありますが、子供がやかましいから学校をつくったという側面もあります。私は半年ぐらいで幼稚園を出て、それから小学校（小等学校）に入りました。その幼稚園のときに奉安殿を、アメリカのブルドーザーが来てひきつぶしました。以前はあれに敬礼していたのに、何でこんな酷いことに抵抗しないのかと思いながら眺めていました。非常にびっくりした記憶があります。

小学校に上がっても、ほとんど教科書はありません。黒板もあったかどうか憶えていません。板に墨を塗って、なにかで字を書いていたのか、白墨があったかどうかも憶えていません。製本された教科書はなく、一年のときは、沖縄文教局で編纂されたガリ版刷りの教科書を使っていました。その一年生の教科書の最初の言葉は、「あおいそら、ひろいうみ」でしたが、読んでもどういう意味かもわからなかった。そういうように、学校教育では日本語を使わされ、沖縄方言で生活していたわけです。そして教科書は日本語です。だから日本語の意味がわからない。意味がわからないけど、学校の先生はそれを教えていました。次第に慣れていくに従って、掛け算九九を習いました。掛け算九九は教科書が要らないから、早く覚えてしまいました。小学校二年に上がるときの進級試験は、電報文の片仮名を平仮名に変えるという問題だったと思います。

本物の教科書で教育されたのが、小学校五年からです。五年生ですから、サンフランシスコ平和条約が結ばれた後から教科書が出てきたわけですね。初めて日本の文部省の検定済み教科書を使いました。だから小学校四年までは、何の教科書もない。何の勉強もしてない。先生が言うのを聞いて、ばかな話をしておるだけでした。休み時間もやることがないから逆立ちしてました。逆立ちして、わざわざ壁に足をもたれかけていました。スポーツ用具も何もないんです。野球ボールも綿をつつむようにしてつくって、野球みたいなことはやってはいましたけれども、何もない、教科書もない。遊び相手もヤギしかいないし、ヤギは草を刈ってきて食べさせないとメーメー鳴くので、配給のあった研究社の英語の辞典を破ってヤギに食べさせていました。そういう生活で、学校教育は、教科書もなくてただ学校に来ているだけという形から始まりました。

ただこの時期から、子供たちを日本人として教育するにはどうした方がいいかと、教育の担当者たちは悩んでいたと思います。教科書は日本語を使うという形で、徐々に日本国家の中にすり寄っていく形になってくるわけです。だから沖縄の人たちは自治を要求し、独自性を要求するとはいっても、国民国家の日本の中に編入すること、復帰することを求めていきます。これを「憲法に復帰する」とか言っていましたが、何も憲法だけが日本を支配しているわけではない。だからそういうことを考えていくと、沖縄人が頭の中で描いているものと、復帰後に現実に流れてくるものとの、食い違いの対応ができないままにずっと来ていると思います。この意識のずれを埋める言葉が「本土並み」だったんじゃないでしょうか。相互に誤解することによって理解し合っているのが、沖縄の社会のような感じもします。

伊佐　文部省検定済み教科書が出てきたのが一九五一年とおっしゃいましたが、一九五一年九月にサンフランシスコ講和条約が調印され、翌年四月に正式に発効します。一九五一年の講和条約調印によって沖縄が日本から引き離されることが決定した時点で、沖縄は日本の教科書を使い始めたということですね。日本政府としは潜在的な主権を確実なものにするためには都合がいいし、教職員を中心とする沖縄側にとっては、日本人意識を強めざるをえない危機意識がせり上がってきたともいえます。

我部　このことは、教科書を扱っていた日本出版貿易の『社史』を送ってもらい、確かめました。僕が小学校五年で使った教科書の最初の項目は「校門のかしの木」でした。「校門のかしの木を、夜明けの風が流れてくる」というような感じで。僕はその本を読むのが好きだったかもしれません。そのころからやっと日本語というものがわかってきました。学校では標準語励行でした。教科書もわからない連中が日本語を使ってどうするのかという気もしますけど。

そのころ、どういう知恵があったかわかりませんが、よくスポーツではタイムをとるでしょう。あれと同じように、我々は方言使いたいときには「タイム」と言って、その間ちょっと日本語（標準語）を使うのを休んで、方言を使いました。また「君、方言使っているよ」と指摘されると、「……と、方言では言うけどね」とごまかしたりしました。日本語はむつかしかったように記憶しています。

伊佐　私はその一九五一年生まれだけど、こういう体験がありますよ。「君が代」の歌詞について、『さざれ石のいわおとなりて』って、先生、これどういう意味ですか」と聞いたら、ウチナーンチュの先生が答えられなかった。意味がわからなかった。私も後年までかなりのあいだ、意味はわかりませんでしたよ。

――ウチナーンチュのその先生は、本土の学校出身でしたか。

安里(進)　戦前の師範学校出身でしょうね。

伊佐　あるいは戦後まもなく設置された教員の速成養成学校である沖縄文教学校の出身だったかも知れませんね。

三木　僕は敗戦の年に入学だから、戦後民主主義の一年生と言っていばっていますが、そのとき教科書はなかったですよ。何をしたかといったら、友達の教科書を持っている人から借りて、写しとりました。それが教科書。たしか最初は「サイタ、サイタ、サクラガサイタ」のような、戦前のものですよ。それが、さっき話に出たようにガリ版刷りも一時出回っていましたよ。ガリ版刷りというのは、戦後のこの一時期の出版文化ですよ。八重山のいろんな雑誌、新聞ではガリ版がかなり普及していました。ガリ版を切る専門業者もいました。八重山民政府時代のいろんな報告書も、みんなきれいなガリ版刷りです。

それはともかく、私が五年生のときに八重山復興博覧会というのがありました。一九五〇年。これは、戦後の八重山でも最大規模のイベントでした。戦後五年たって復興のめどがついた、一段落した節目のときでね。各学校を会場にして、アメリカ生活館とか教育館とか農業館とか名付けて展示をやりました。農業館は八重山農林高校を使いました。各児童も一品ずつみんな出しなさいと言われたので、僕もヒョウタンを磨いて出した記憶があります。八重山挙げてのお祭りで、立派な記念誌も出ました。それを読むと、あの時代のことがよくわかります。

一方では、八重山でも標準語励行が日常的に行われていました。黒板に「今週の週訓」という欄があって、「標準語励行」と書いてあるんです。また、石垣島の入植地では、私も後で知ったんですが、一時期方言札があったらしい。

海勢頭　方言札は、どこでもあった。

三木　戦後だよ。

我部　戦後、本部《もとぶ》の小学校でもありましたよ。

三木　それで調べてみると、八重山の場合は、沖縄本島や宮古から大勢、移民で入ってくるので、みんな言葉が違うわけです。そうすると共通語をしゃべらないと通じないから、方言札を使って標準語をしゃべりましょうという意識が強かった。だから二重言語というか、家に帰ったら島の言葉、学校では標準語、そんな状況が続いていていました。

——本土ではその辺の事情はよくわからず、沖縄では多分英語で教育がなされているのか勝手に考えていました。文部省の検定済み教科書が使われていたんですか。

三木 東京の大学に行っても、「日本語お上手ですね」と言われましたよ。

海勢頭 さっき我部さんの話で思い出したんだけど、学童疎開船で行った学童たちが本土の子供たちより共通語が上手だったというのは、戦時中の話ですよ。皇民化教育でやった時代の子供たちはヤマトグチができたけど、じゃあ戦後育ちの我部さんたちの時代、僕らの時代はみんなウチナーグチになったのはどういうわけかなあ。

我部 たしかに我々の世代はヤマトグチがわからなかった。

戦後の混沌から復興へと向かう沖縄の生活・文化的独自性

我部 安里進さんの領域だと思いますが、戦後沖縄で村芝居が復興しますよね。この村芝居の復興は何を意味するかというと、これはもともとが、その地域の人たちの中で戦死した人たちの鎮魂の意味もあるように思います。戦後に生活も落ち着きを取り戻してくると、そういうなかで村芝居が起こって、沖縄人の心の中に三味線の音色が響いてきた。そして、軍作業に行くことによって経済生活に組み込まれる。朝鮮戦争の特需によって、日本経済が発展したのと同じように、沖縄の人たちは軍作業に行くことによって労働力を売って生活できるようになっていき、沖縄の中に米軍の統治を受け入れる経済システムも出来上がっていきます。これが今の沖縄財界につながるのかもしれませんが、そういう形でみんなが動き出していこうというのが、大体一九五〇年前後の平和条約発効の時期ではないかと考えます。

敗戦後、沖縄に海外の各地から移民や出稼ぎで行っていた人が帰ってきます。特に三木さんが言っていた、南洋群島からたくさん帰ってきます。彼らは直接沖縄に帰ってこられず、いったん鹿児島、神戸に移り、そこから沖縄に帰って来ます。戦争中に無理に帰ってこようとして、途中で沈められて亡くなった人もたくさんいます。戦後の沖縄の出発というのは、沖縄戦の体験だけではなく、海外に出稼ぎで行っていた人たちが帰ってきて、この人たちの体験も生かされていると思います。だから信託統治論とか独立論とかいうのは、南洋群島における日本の信託統治領という体験を持ち込んでいる側面があります。東京で戦後民主主義思想を学んで帰ってきた人もいるかと思います。このような、雑多なものが東京から流れ込んできました。完全に切り離されて、何もないところから自然発生的に起こったものではなくて、さまざまな要因がそこに流れ込んできて、議論されてつくられていくということです。政党がたくさんできるというのも、いろんな人がいろいろ勉強してきた結果じゃないのかな。だから利害関係が衝突してきているんです。

安里(進)　日本復帰前の琉球政府時代というのは、終戦直後の混沌の時代から復興に向かっていく時代です。例えば、戦後の沖縄の美術の原点はニシムイ美術村というところから始まります。首里に西森《にしむい》という場所があって、そこに美術家たちが集まって美術村をつくる。ここから戦後沖縄の美術が復興しますが、いまその展示を沖縄県立博物館・美術館でやっています。この展示を見て思ったのは、戦後の復興は一方向じゃなくて、分野によって違っていたんじゃないかということです。例えば経済は、米軍支配下での民族資本の形成に向かっていて、政治的には自治権の拡大ですよね。芸能とか工芸は琉球の伝統復興、学校教育は日本人としてのアイデンティティの復興だったと思います。

そういうなかで、西洋美術を中心にした沖縄の戦後美術の復興とは一体何だろうと。西洋美術というのはもちろん琉球王国時代には存在しないわけですから、伝統の復興でもない。本土で学んだ洋画家たちが中心になって美術復興に向かいますが、米軍支配という環境のなかでの戦後復興は、日本の戦後美術の歩みとは異なっていたと思います。

今年の七月に島根県の古代出雲歴史博物館が琉球王国展を開催します。その図録に沖縄の歴史文化を紹介することになっていたので、島根の通史を読んでみました。すると、「戦時動員の諸相」や「根こそぎ動員」「徴兵逃れ祈願」などの戦前の項目の次は、「過疎地に芽吹くもの」というもので、戦後の高度経済成長から取り残されてきた島根県、そして現在は過疎化、高齢化の問題を抱えた島根県という内容になっていました。地上戦とか、米軍支配という記述はありません。ほかの都道府県の通史もだいたいそうです。

考えてみれば当たり前ではありますが、地上戦や米軍支配を体験し、その中で琉球政府の自治権を拡大してきた体験は日本の中では沖縄だけです。人命が軽視され、人権が蹂躙された大変な時代だったわけですが、こうした経験は日本の中では沖縄県民しか経験していない。大きな負の遺産ですが、このことを視点を変えて再評価してプラスに転化すべきではないのか、この体験は大きな歴史的財産になっていくのではないかと感じています。

安里（英） くりかえすことになりますが、私は復帰五年目に、『地域の目』を一人で発行することになりますが、テーマは「自力建設」です。これは私が発明した言葉じゃなくて、名護市が一九七三年に出した基本構想から学んだことです。それによると、名護市が住民に、戦争で沖縄がすべて灰になってしまって、何もかも失って最初に何を始めたかを聞いていくと、部落公民館、みんなが集まる集会場を焼け残った材木を集めてきて、米軍のトタンを拾ってきてはつくったそうです。つぎは御嶽《ウタキ》の掃除をした。それから共同井戸の掃除。食べるものもない時代に、どこも補助してくれないのに、村人たちは、自分たちの力で、公民館、御嶽《ウタキ》、共同井戸、そういう共同生活の基盤を再建していきました。これは名護だけではなく、多分沖縄じゅうで行われていったと思います。

もちろん一方では、御嶽《ウタキ》を含め、かつての村の土地を全部基地に取られたところもありますが、そういう人たちはもとの部落単位で別の場所で新しく生活の基盤を建設し、自治会をつくりました。もともとの地域共同体の相互扶助という力が継続していたので、生きていくための装置を再建していくということができました。『地域の目』では、そういうところを取材していきました。

南洋からの引き揚げ者や八重山移民などの状況

――終戦によって南洋から移民が大量に帰ってきたのは、どうしてですか。

我部 とどまることができなかったんです。みんな強制送還の形で追い返されたからです。満洲から引き揚げるときと状況はほぼ同じ。日本の植民地ではそうです。

安里(進) 向こうの国が受け入れた南米移民とは違いますね。

我部 三木さんが言ったニューカレドニアは、状況が少し違います。向こうはもともとフランス領で、ニッケル鉱山の労働者として行きました。フランスが第二次世界大戦の連合国に入った時点で、昭和十三年ごろから日本人の送還が始まります。それで、子供ができて奥さんもいるんだけれども、突然父親が消えてしまいました。子供が残されましたが、名前がわかっているので、親探しという形でまた交流が始まることになります。地域によって大分違うと思います。実際の戦場になったグアム、サイパン、テニアンからは生き残っている人たちが戦後帰ってきます。そういう外地体験、植民地体験をした人たちが沖縄に帰ってきて、米軍の植民地の住人になったので、そのなかには頭がひらめいた人もいるわけです。

また南洋から帰ってきた人たちのなかには、ずっと沖縄にいるわけじゃなくて、その後また新天地を求めて南米に渡った人も結構います。沖縄は小さいし、この平安座島はもっと小さいけど、音楽を通して世界的に活躍している海勢頭さんみたいな人もいます。沖縄の人たちは、土地が制約されていることもありますので、移動性が高いんです。だから日本政府の言うようなことだけで、沖縄人の抑えがきくと考えるには、非常に問題が大きい。霊的な世界に重きを置く沖縄の思考様式の普遍性にも注目する必要があるとおもいますが。

海勢頭 外地から引き揚げてきたウチナーンチュの中に、僕を育ててくれた母の実家の祖父、おじたちがいます。オーストラリアの木曜島に行って、真珠とりをしていたそうです。戦後、平安座の漁

業が復興したときには、沿岸捕鯨をやっていましたが、それよりもスクラップ産業がもうかるということで、海に沈んでいるスクラップを探しに、慶良間の沖まで行って、とうとうおじ二人は潜水病で死んでしまいました。

生き残っている一人のおじは今アルゼンチンにいます。祖父やおじたちの外地体験を聞きながら、僕を実際育ててくれたのは母方の祖父とおじたちだったんです。

三木 さっき八重山に移民が入ってきた話をしましたが、琉球政府ができて、沖縄本島で米軍基地の土地収用が本格的に始まったころに、大量の農民が土地を失っていきますね。その行き場がどこかということで探したところ、一つは八重山、一つは南米のボリビアでした。だからボリビア移民と八重山移民は、根っこは同じなのです。ボリビアに行くか、八重山に行くかという感じで分かれていくんです。

ところが八重山に入植者を送り込むには、二つのネックがありました。一つは道路、もう一つはマラリアです。入植地は石垣の市街地からはなれた北部や、当時「裏石垣」と呼ばれていた島の西側方面ですが、そこに行くには人馬が通れるほどの道しかありません。入植させるには車の通る道路が必要です。そこで八重山民政府は軍政当局に要請して、道路開削に必要なブルドーザーや、クレーダーなどを提供してもらい、二、三カ月で道を開けました。その道に時の軍政副長官の名をとって、東側の道をマクラム道路、西側をオグデン道路と名付けました。オグデン道路にいたっては、入口の川平近くに記念碑までつくっています。

もう一つのマラリアについては、先にも触れましたが、吉野八重山民政府が米軍の薬剤提供で力を入れ、ほぼマラリア蚊の撲滅に近いところまでもっていったのですが、一九五二年の琉球政府による計画移民が入って来てから、再びぶり返して流行しました。そこで米軍が乗り出し、本国から専門家を招いてウイラープランをつくって徹底した撲滅作戦に乗り出しました。そして数年後に撲滅されました。戦前からマラリアに苦しめられた住民からすれば画期的なことでした。しかし米軍は人道主義にもとづいてこの事業をしたのではなかったのです。先のような沖縄本島での土地接収と表裏をなしていたのです。

戦後の入植のことについては、私の父が石垣の街から二〇キロほどの北の大野（当時は伊野田に入っていた）で開墾をしていたので、よく覚えています。出来たばかりのマクラム道路を、トラックにゆられながら小学校から中学校まで通ったものです。

戦災復興に密貿易の果たした役割は大きい

川満　戦後は与那国を中心とした密貿易の活発な動きがあったでしょう。あの辺のことを少し。

三木　そうですね、与那国は台湾と一一一キロしか離れていなくて、戦前から台湾との交流の一つの中継地点みたいになっていました。戦時中は日本国内と一時間の時差がある「西部標準時」が通用し、通貨も台湾銀行券が流通していたといいますから、地理的にも双方の交流は自然だったのです。ところが、敗戦で人為的に国境線が引かれて切り離されたわけですが、実際は台湾と与那国との交易関係は続いていて、沖縄の復興のため、いろんな生活物資がないような状況の中で、台湾からの物資が大量に与那国経由で流れてきます。これは台湾から与那国に入ってきて、もちろん石垣に来るのもあるし、沖縄本島に行くのもあるし、本土の方に行くのもあるし、いろんなルートがあったようですが、大体は生活物資で台湾から与那国に持ち込まれました。逆に与那国経由で持っていったのは、スクラップ、米軍の横流しのいろんな毛布、ＨＢＴ、そういうものを持っていってバーターをやりました。与那国の久部良港の近くに資材置き場がいっぱいあって、その資材置き場で物々交換をやっていました。

これはもちろん、制度的に言えば税関を通さないわけだから密貿易でしょうが、実際、これが沖縄の戦災復興に果たした役割は非常に大きかった。当初米軍も、ある程度黙認していた節があります。大目に見ていました。

一九四九年に中華人民共和国が建国されると、そのスクラップなどの物資がどうも共産軍に流れているという情報をアメリカがつかんで、この流れを遮断することになり、警察権力を投入して取り締りを強化しました。与那国の人口は通常、数千人かしかいないところが、急に一万五千人とかに膨れ上がって、映画館もできて飲み屋も軒を連ねて夜通し電灯がついていたという時代がありました。与那国村が町に昇格したのも、その頃のことです。この時代を、与那国の人たちは「景気時代」と呼んでいました。ところが、米軍の取り締まりが強化されて、数年で密貿易は収束しました。

我部　密貿易というのは、制度以外の貿易のことで、アメリカ統治の制度下で起きる特異な現象です。普通は、国家の統率力が衰えた時にしばしば見られます。沖縄人のがわから考えると、国家でない琉球人の自主的な貿易の面も考えられます。貿易は船を持っている人しかできない。大きな船は別として、密貿易用の船を所有しているのは大方漁師です。漁師は魚を釣って生活するよりも密貿易した方がもうかるから、海に行くけど魚はとらない。いま三木さんがおっしゃったように、米軍は自分たちの供出物資が少ないから、沖縄人の生活の向上のために密貿易をある程度は黙認せざるを得なかったことも考えられます。

川満 その代表は、オリオンビールでいま財を成している具志堅宗精《ぐしけんそうせい》。彼はあの当時、宮古群島のころの警察署長で。

安里(英) もう故人ですが……。実は私の家の近くに住んでいました。

我部 こういう史料は、アメリカの国立公文書館に残っています。おそらくイギリス支配下の香港を介して関係史料は入手できたのではと思います。一般的な話ですが、密貿易は資料が残る確率は少ないのです。発覚しそうになると資料の焼却を命じられます。公認しているわけではないけど、黙認耕作地と同じです。要するに沖縄の法律というのは、アメリカの意志であり命令なので、統治に支障のない限りは、黙認したのでしょう。そういう形で密貿易をしていました。香港から何を持ってきたかというと、大豆や薬品。結核の薬なんかは、アメリカの病院から提供されるものよりも密貿易で入ってきたもののほうが多かったといわれています。私の父も密貿易に参加していました。

安里(英) 我部さん、お父さんは本部《もとぶ》の漁師ですよね。この間、与論に行きましたが、与論が先に復帰した後、与論も密貿易の拠点になったんですよ。与論に近い沖縄の山原《やんばる》の人たちとやっていた。与論の人たちは、先に復帰するまで山原の人たちといろんな生活物資を交換していたけど、復帰後それが密貿易と呼ばれるようになった。我部さんのお父さんはどこに行ったんですか。

我部 以前に聞いたところによると、イギリス統治下の香港です。沖縄人の密貿易の入港先は大方は香港です。鹿児島あたりの密貿易業者が本部《もとぶ》に来て、そうめんやコンブとかいろいろおろします。一度浅瀬に船を持っていき過ぎて、サンゴ礁で沈んでしまって、コンブが船からあふれてしまい、それを集めてきて、乾かして食べたことがあります。

安里(英)　本部《もとぶ》が拠点だったんだ、面白いですね。

我部　漁民の多い本部《もとぶ》と糸満《いとまん》が連携していたかもしれません。

安里(進)　戦後の密貿易も沖縄の伝統的な経済活動ですね。琉球王国時代は、中国への朝貢貿易だけじゃなくて、民間レベルの密貿易をやっています。『与那国町史』の中で紹介されている密貿易は、与那国では琉球王国時代から台湾住民と、海上で出会い貿易をしていたようです。奄美以北は薩摩藩の支配下にありますから、自由に往来できませんが、久高島《くだかじま》の島民は、エラブウミヘビ漁をしながら船に商品を積み込んで奄美から屋久島あたりまで出かけて密貿易を行っています。漁をしながら密貿易もするというのが伝統的に行われていて、戦後も奄美と与那国に国境が発生すると何の抵抗もなく密貿易を展開するようになる。

我部　これは密貿易と言うから法律違反に聞こえるけど、ある意味では私貿易で、いわば、民間人の自主的な貿易の側面もあった。アメリカ統治下の沖縄社会は、生活物資の不足でそれを必要としていた。手に入れる方法は、他に見つからなかった。解釈でごまかすわけではないが、言葉をかえると結構意味が通じてくる。

米軍物資を頂く「戦果」による戦後復興

伊佐 そのころの特殊用語でいえば、戦後沖縄でウチナーンチュが生活のために米軍物資を盗むんだけど、それを「戦果」と言っていた。アメリカさんもそこは以心伝心だったのか知らないけれど、親たちの体験談を聞いていると、どうもある程度知っていてこれを黙認していた。のちの立志伝中の幾人かは、それでうまく立ちまわった人物ですね。

我部 これは、泥棒を認めるようでもあるが、戦後の混乱の社会では、必要な人が必要なものを持っていくから、配給より効率が良かったかもしれませんね。

川満 戦後の経済復興を考えるうえで、この戦果の持つ意味は非常に大きい。宮城善兵さんという人を知ってる。最初はトラックから始まる沖縄の公共交通を復興させ、沖縄交通という会社を創建した人。善兵さんは、戦果で稼いで沖縄交通の基礎資本をつくった。こういうふうにして、戦果を上げることによって資本の基盤をつくった人たちが、沖縄の戦後の財界のリーダーたちになっていった。

沖縄は戦災で活字がすべてなくなったでしょう。ところがどうしても新聞を出す必要があると考えた文化人たちが動き出す。そうすると高良一《たからはじめ》がその動きをいち早くかぎとって、宮古には戦災を免れた新聞社の活字があるはずだと考え、眞栄城徳松《まえしろとくまつ》に連絡を入れた。眞栄城が「戦前の活字がまだ残っていますが、どうしますか」と言ったら、いま宮古で必要なのは何かと聞く。「ガソリンです」と答えると、「幾らでもガソリンを提供するから活字を持ってきてくれ」と高良は答えた。「ガソリンをそんなにたくさん用意できるんですか」と言ったら、「用意してあるから、すぐ活字を持ってこい」と。それで、名護の許田《きょだ》港に密航でいくわけです。(当時、群島間の民間交易は米軍によって禁止されていた)。高良一は持ってきた活字を全部貰って、「ガソリンはどこにあるんですか」と聞くと、「あそこにある」と、金網で囲まれた米軍基地の中を指さした。そこに積まれているドラム缶を盗み出して持って行けという。空手で帰るわけにはいかないから、夜になってから命がけで金網に穴をあけ、そこからドラム缶を盗みだしたが、一晩かかっても三、四本しか運べなかったそうです。

我部　密貿易を簡単にみんな思っているけど、それを実行することはそう簡単ではない。十分な条件の揃っていたのは、ごく一部の人でした。船を所有していても、燃料がないと走らない。このガソリンや石油の燃料をどこからどのような方法で手に入れるかが、密貿易以上に大変な問題です。当時、牧港に米軍が管理していた給油所がありました。漁民はみんな本部《もとぶ》から船で行き、ここで給油して、さらにドラム缶を何十本もロープ(つな)で縛って切れないようにして船で引っ張って持って帰っていました。当時、船も満足なものではなく、米軍の上陸用舟艇をカツオ船につくりかえて、漁業を始めていました。ノルマンディー上陸作戦に使用したあの小さな四角ばった船です。

漁業をやって生活も落ちついたと思ったら朝鮮戦争が始まりました。日本国内は特需で経済発展を遂げたけれども、沖縄には戦争の残骸のような資産が残っていた。あっちこっちに船が沈んでいたし、壊れた戦車が放置されていた。そういうものをみんなかき集めて、とくに、真鍮や銅は、香港経由で中国に売りさばかれたようです。その余波はのちのスクラップ景気へと続くはずです。戦後日本の経済が朝鮮戦争の特需で潤うように、沖縄も密貿易の展開で潤うことになります。戦争は沖縄人を多く殺しましたが、辛うじて生き残った人に戦果を残していたのです。皮肉な現実です。この戦果のことは、実際は誰も口にしたくないようです。ですが、歴史というのは前の遺産をどういう形で引き継いだかということであって、切れ切れではなく、連綿とつながっています。こういう側面を見ていかなくてはなりません。

元来、沖縄人には、島が小さいという意識はなかった

――沖縄は小さな島ですが、人々が海に乗り出していく沖縄人の空間は広いのではないでしょうか。

安里(進)　島が小さい（狭い）という考え方は農業社会の発想で、広大な海域に点在する島々で先史時代から交易を生産基盤に据えた琉球王国時代には、島が小さいとかいうのは、意識の中にはなかったのだろうと思います。

三木　実際私自身も、島が小さいという意識は持ったことがありません。さっき移民の話が出ましたが、南洋群島に出かけることに対する抵抗感がありません。風呂敷包み一つ持って、下駄ばきで隣の村に行くような感じで、南洋に行っています。我部さんのお父さんがシンガポールに行ったのも、隣の島に行くような感覚だったでしょう。そういうところから考えると、我々の先祖も沖縄が狭い、小さいなどという意識はなかったんじゃないかと思いますね。

海勢頭　そうですね。僕は子供のときにおじいたちから「島畏《シマウス》り、神畏《カミウス》り」という言葉を教わりました。他島に行くときは、その島をおそれ敬いなさい、そしてそこにある神をおそれ敬いなさいとい

う意味です。敵をつくるなということですね。

三木 いい言葉だね。要するに他の島々の多様性を尊重しなさい、ということですね。

海勢頭 これはウミンチュたちが持っていた感覚じゃないかなと思います。だからブラジルであろうとどこであろうと、その地元と溶け合って、共生社会をつくる。

安里(進) 琉球王国時代には、島が小さいとか、島をマイナスの存在と感じる意識はほとんどなかったんじゃないかと思います。「島チャビ」(孤島苦)を言い出すのは多分近代になってから。伊波普猷が言い出したのかなあ。

伊佐 少なくとも広めたのは、伊波普猷でしょうね。しかし、彼も京都の第三高等学校時代は、「海の沖縄人」という琉球史論を書いて、琉球史にもたらした海の豊饒さを強調していたんです。それがヤマトとの関係史にのめり込んでいくうちに、いつしか「孤島苦」がメインになっていったんです。

川満 今の海洋民的な意識の広がりと、山に囲まれた農耕民的な生活意識の断層の話で面白いのは、東京裁判をめぐる当時のマッカーサーの発言です。戦争が始まる前、アメリカは日本の軍国主義を抑えるために、経済制裁措置をとりました。日本のシーレーンを遮断すれば、日本はおのずから軍国強化の方向を転換せざるを得ないだろうと、考えたわけです。

ところがマッカーサーは東京裁判に関連して、資源の乏しかった日本が原料の供給を断ち切られたら、一〇〇〇万から一二〇〇万人の失業者が発生する、それを日本の統治者たちは非常に恐れていた、したがって彼らが戦争に飛び込んでいった動機は、大部分が自国の安全保障の必要性に迫られてだったと言いました。

この見方を今の沖縄問題に応用してみると、占領統治の米軍の支配も、復帰後の日本の統治の仕方も、この沖縄が持っている不思議な海洋民的な広がりに対して、これを日本の農耕民的意識あるいは国民国家的領土意識で断ち切ろうとするから、沖縄では根深い抵抗が続いているのではないかと感じますね。

安里(英) 沖縄の海の豊かさは、果てしなく広がる海に乗り出して行う交易とともに、無数の島があり、その島々がサンゴ礁に囲まれて、サンゴ礁に生活が根ざしているので、そのサンゴ礁文化の恩恵がすごく大きいと思います。サンゴ礁の内海には、豊かな魚介類とジュゴンが生息していて、それらを食料として生きてきた。また安里進さんが専門ですが、海辺に近いところにたくさんの貝塚遺跡がある。海辺がサンゴ礁で守られているからですね。サンゴ礁は沖縄の人々の命を育んできた。本土にはない自然環境です。

海の豊かさの中には、島々の多様性もありますね。沖縄本島に宮古、八重山。八重山には目からうろこが落ちるほど面白い話がいっぱいある。宮古もびっくりするような話が出てくると思う。我部さんのお父さんがマレー語を話せるって、すごいですね。だって、普通のウミンチュがマレー語を話すわけですよ。

久高島では女は神人《カミンチュ》といわれ祭祀をとりおこないますが、男の人たちはみんな船乗りですね。琉球王府の朝貢船に乗ってみんな中国に行く。そして中国の文化を学んで久高に持ってくる。琉球王国時代に、福州、さらには一部の人たちが北京まで行っているわけですから、想像を絶するすごさだと思う。

川満 まあ沖縄人が自分のアイデンティティを確立していくために、そういうふうに沖縄を自慢して、その辺に視点を定めるのもいいけど、世界的な視点にたって沖縄を相対化すると、沖縄なんて地図上にいくらでもある島文化の中の一つにすぎない。世界には無数の島々があって、そこにはそれぞれの人たちが、自分の島に対するプライドやアイデンティティをみんな形成している。沖縄だけが特別ではないという相対化も必要。

安里(進) まあ自慢ではないけど、沖縄の島での生き方は、男は漁に出ながら貿易も行いどこまでも行く。島には女たちが小さな畑で菜園農業をして、ウタキで拝みをする。これが基本的なライフスタイルで、その典型例が久高島です。

安里(英) 男は海人《ウミンチュ》、女は神人《カミンチュ》。

三木 私がかかわってるニューカレドニアの場合ですと、あそこにウチナーンチュ八百人ほどが鉱山労働者として渡っています。行った当初は本当に高い山に行って、ニッケル鉱石を掘る。しかし労働はきつく、太陽はきつい。それでウチナーンチュたちは「ヒンギラタイ（逃げよう）」と言って鉱山から逃げ出します。そのときどこに向うかといえば海に向かいます。ウチナーンチュ特有のものかなと、私は思ったりします。山の中に逃げそうなものですが、海辺に行って、トルカといって、ボタンの原料になるタカセガイを素潜りでとって、それを売って生計を立てます。そして少しずつ資金をためて、お店を持ったり農地を持ったりして、そのうち妻帯して家庭を持っていくことになりますが、その行動パターンがみんな大体似ています。

安里(進) これはもうはるか先史時代から続いている琉球人の生き方ですね。島の人間にとって、サンゴ礁の海は日常の食料資源だけじゃなくて交易資源を調達する生産場所です。もう二千年も前から弥生人を相手にサンゴ礁の海からゴホウラやイモガイなどを採取して交易していた。これが日本で売れなくなるとヤコウガイに品を変え、さらに朝鮮、中国へも大量に輸出する。サンゴ礁の海にウヨウヨいるナマコもイリコ（干しナマコ）にして中国に輸出する。サンゴ礁の海は経済資源です。特に琉球列島のサンゴ礁は、日本、朝鮮、中国という巨大消費地に囲まれているので、交換価値が高い海産物が採れた。琉球列島の島々では、こういうことを何千年も続けているので、多分直接親から教わらなくても、自然に発想するんでしょうね。ＤＮＡみたいなものです。

Ｂ円（米軍軍票）時代からドル時代へ

川満　戦後の沖縄における経済活動の中からもたくさん面白いことが見えてきます。例えば通貨の切りかえが何度もあったでしょう。それに対して沖縄の人たちはどういう反応の仕方をしたのかということが、沖縄人の経済活動を考える上で大事な問題を含んでいると思います。

我部　以前に、憲政記念会館で「日本の戦後」という展示会がありました。そのときに、Ｂ円が展示されていましたが、「日本では使われなかった貨幣です」と紹介されていました。そのとき日本には沖縄は含まれていませんでした。米軍は占領地区で使うために、Ｂ円という軍票を導入したのです。これは沖縄ではずいぶん長い期間使ってました。親しみがある。一九五八年に、Ｂ円からドルにかわった。

川満　そのＢ円が始まる前は、戦前から引き継いだ日本円がしばらく使われていた。

安里（英）　Ｂ円からドルへの切りかえのときは、ドルを使うから自由貿易になるわけでしょう。

それで普通のおばさんたちが「今度L／C（Letter of Credit）組もう」とか話題にしてそれでもうかっていましたよ。

我部　海外貿易ですよ。

安里（進）　今のインターネットで個人貿易するみたいなものです。

川満　スクラップとか、L／Cとか、そういう言葉がごく当たり前に、庶民の感性の中に入っていました。

我部　こういう生活経験を積むということは、沖縄人の独自性につながっていると思います。植民地体験であって独自性ではないと言えばそれまでの話だけど、生活経験から言えばやはり独自性です。だからそういういろんな経験を積み重ねて日本人になると、日本人でいることが窮屈になったり、以前のものに親しみを感じたりするようなところがあります。沖縄人は自分たちの経験の中から自由なものを思い出して、それをもとに新しいものを構想して満足しているんじゃないかと思います。

例えば古典音楽を聞きに行ったとします。これは昔から変わらないようなものかもしれないけど、人々は古典音楽を聴き自分の精神状態が落ちつき、そのよさもわかるし、演奏の善し悪しを気にするようになります。

海勢頭　ウチナーンチュがドルに慣れ親しんでいたときは、ベトナム戦争時代で、米兵たちがたくさんドルを落としてくれて、コザの街はそれでしたたかもうかった。しかしベトナムでアメリカは軍事費を使い果たして、固定相場だったドルと円が変動相場に切りかわった。あのときから銀貨も偽銀貨に変わった。そして基地の中と基地の外との経済力の差がいろいろ出はじめた。相変わらず米兵は犯罪ばかり。ドルが下がると、基地の外で遊ぶ金が足りなくなって、タクシー強盗とかの犯罪が増えるようになった。いずれにしても米兵の事件と、このドル固定相場から変動相場に変わったときの沖縄人の対応の仕方は、夜の商売人にとって非常に矛盾を孕み、政治的対立の原因となった。

我部　一九七一年のニクソンショックで、ドル防衛のためいったん三〇八円になり、最終的に一九七三年に変動相場になります。

川満　そこです、沖縄人はみんな一ドル三六〇円で計算していたのに、復帰一年後の変動相場では、本土並みの復帰といって一ドル二六〇円前後にまでなってしまいました。その間にみんな一ドルにつき百円ずつ損をしたわけです。本土並みじゃ困るということです。沖縄人は自分たちが使ってきた「本土並み」という言葉に裏切られて、頭に来ました。

海勢頭　宮里松正《みやざとまつしょう》氏（当時の副主席）が一所懸命頑張ったけど、あれが限界だったのかな。

川満　それともう一つ、米軍基地内にはＰＸという販売店があって、ウイスキー、ベーコン、チョコレート、ガム、コーヒーなどアメリカの豊かな物資が置かれていましたが、民間の物価に比べるとべらぼうに安かった。みなさん、それぞれＰＸに関する体験があるんじゃないですか。

海勢頭　軍作業で働いている人や、軍に許可されて入る業者が、ＰＸからいろいろ物を買って民間に持ち出していました。そういう基地の中と外との自由貿易みたいな状況がありましたね。

我部　あれも密貿易の変種ですかね。

伊佐　直接ＰＸから買うのではなく、あのころウチナーンチュがメイドとしてたくさんアメリカ人の家庭に入っていましたが、そのメイドさんを経由してＰＸのものが流れていました。私の母もそうで、南風原から小禄にあった米軍の家族部隊にメイドとして通っていました。まだ私が生まれる結婚前で、その家族の写真がいまも残っています。

安里(英)　平和通りにはそういうアメリカ流れのものを交換するおばさんたちがたくさん集まっていました。それとは別にドルと日本円を交換するおばさんたちが、あっちこっちの腰かけに座っていました。その人たちは商品を並べていない。そこに行けば黙っていても交換してもらえる。どういう仕組みになっているのかわからないけど、それで生計を立てて、一家を支えた那覇の女性たち、主婦たちが結構いた。平和通りにドル交換のおばさんたちがいたことも、沖縄の独自性の面白い側面じゃないかなあ。

我部　私設銀行みたいだね。

安里(進)　ドル交換所。

三木　私は一九五八年春に那覇、鹿児島を経由して東京にパスポートを手に「留学」するのですが、石垣島を出るときにはB円でした。その年九月にドル切り替えがあり、一ドルが一二〇B円で交換されたので、学資の送金もドルになりました。毎月の受け取りが一万八百円でした。山ノ手線の一区間が一〇円かそこらの時代です。小遣銭稼ぎに多くの学生は、帰省時にアメリカ産のウイスキーやコーヒー、タバコを買い、これを上野の闇市・アメ横で売って稼いでいました。持ち出すときの数量制限がありますので、船舶の税関検査のとき、数の少ない友人や行きずりの人に頼んで預ってもらい、検査がすむと受け取るということを、日常的にしていました。預ける方も預かる方もお互いさま、当然という感覚でした。那覇を出航するときはそうでもなかったが、鹿児島入港時の検査は厳しかった印象があります。東京行きの夜行列車の通路は、こうした〝ヤミ物資〟で結構あふれていました。そういう通貨交換の中を、沖縄の庶民はしたたかに生きてきましたね。

米兵による沖縄女性への人権問題など

安里(英) 女性の出席者が私一人だけなので、私が話さなければならないのは、米兵が沖縄の女性に対して起こした人権問題。例えば基地の中でメイドとして働くということがありますが、本当にそこにいてメイドの仕事だけ、家事労働だけをすればよかったのかというとそうではなくて、そこの雇い主にレイプされるとか、そこのハニーになるとかというようなことも起こっていた。基地の中の女性労働者は常にそういう負の部分と隣り合わせで働いていた。また基地周辺の飲み屋も、米兵相手に性を売る女性たちがいたし、それと同時に、米軍によるレイプ事件が、戦後一貫して継続していた。今も続いていますが、アメリカ軍政下で、米兵による人権問題は大変大きな問題でした。

川満 沖縄の女性が被害に遭うという問題だけじゃなかった。米軍の要員である女性が、旦那がベトナムにいっている間に、沖縄の男性を誘惑して、基地の中で関係するということもあった。バレたら法律で死刑ものです。

安里(英) そんなことしたんですか。

川満 たくさん例がある。私の回りでもそういう体験談をよく聞かされた。アバンチュールは笑えるけど、旦那がベトナムから帰ってきて、その怪しげな関係に気づいて疑う。そうすると女性はがらりと変わって、自分がレイプされたと弁明する。そうすると、そのまま撃ち殺されても弁明出来ないという制度が通用していた。

安里（英） 初めて聞きました、そんな話。

安里（進） まさに古代社会の奴隷制ですね。沖縄人の生殺与奪の権限を雇い主の米兵が持っている。

三木 一九五五年の集成刑法の中にそれは出てきますよ。ただし撃ち殺していいんじゃなくて、レイプした場合は、「死刑又は民政府裁判所の命ずる他の刑に処する」となっています。

安里（英） それはアメリカ人女性を守る法律なの。アメリカは逆のことを考えていたわけですね。

我部 今の集成刑法の問題と関係して、不平等条約の問題があります。なかでも裁判権の問題はこれと関連している。キリスト教を信じている西洋文明の法規制の生き方をしている外国人にとって、自国民を日本の裁判に委ねるということは、異教徒に売り渡したことになる。これが明治時代に条約改正に反対し、裁判権を日本に譲らず、治外法権を主張する西欧列強の主張する理由になっている。この主張が、沖縄の戦後でも守られていた。不平等条約は、日露戦争のときに改正されてうまくいったことになっていますが、何を隠そう、これは戦後沖縄の集成刑法の中に生きていました。だから米軍統治時代の府令布告は、全て命令です。法律じゃない。命令が政治だという法律上はあり得ないことが存在していました。これは怖いことだなと思います。

僕は戦時中の軍機保護法というのを調べたときに、どうしてあんなばかな戦争にみんながなだれ込んでいったのか、抵抗できなかったのかということを考えましたが、軍の持つ国民に対する統治権、法律の持つ意味はすごく大きいですね。さらに心理的にコントロールする力も強い。最終的には集団自決に抵抗できなかった理由は、法的な強制と軍への協力を求める教育的な洗脳によって、がんじがらめにされた生き方をせざるをえなかったからだと思います。アメリカの沖縄統治も、法的な面で見れば日本国家の制度とそんなに変わりはない。しかし、下の方ではある程度自由を認めながら、食えるようにしておけば何とかなると考えていたところがあるんじゃないかと感じます。警察用語でいえば、経済的に「泳がせる」ことを統治の原則にして、基本的なところを押さえておけばあとはいいじゃないかということです。そして沖縄復帰では、「本土並み」「憲法復帰」とかいう観念的なもので日常的な生活の中に何か新しい風景を取り入れようとしたのが、戦後の沖縄の政治だったのかなあと思います。

3　一八七二―七九年の琉球処分以後

琉球王国を明治国家に編入する琉球処分

――一八七九（明治十二）年の琉球処分では、日本が琉球の何をどう処分したのか。

我部　「処分」というのは、僕も好きな言葉じゃないですね。何の理由があって処分されたのかと思ってしまいます。ただ当時は、秩禄処分、士族処分というように、問題を処理すること、権力の対象になるものを片づけることを「処分」といっていました。ただ沖縄人自身が処分という言葉を使うということは何か意味が通らないんじゃないかと思ったりもしますが、歴史用語として、みんなが使用するから、という意味で、沖縄でも長く学術用語として定着しています。

琉球処分とは、琉球王府の尚家、すなわち琉球王国を近代国家になった日本の明治国家に編入することをいいます。時期的には明治五年ごろから明治十二年までの七年間かけて行いました。最終的には松田道之《まつだみちゆき》が乗り込んで首里城を接収して、琉球国王の尚泰《しょうたい》を東京に連れていくという形で落着します。この日本という近代国家への併合を、民族国家の形成という意味では非常に前向きに評価してきました。戦後の我々の復帰運動の要求とどう結びつくかということを考えてみると、復帰運動の最初のところが琉球処分であるということができます。私の場合の琉球処分研究は、いつ日本に復帰できるかというような理想を求めて闘う内容としての琉球処分でした。ですから、琉球処分は日本の国家に併合される、日本復帰が実現するというような意味において、プラスイメージとして考えていました。

ところが実際にこの復帰が実現すると、中央権力の地方への浸透過程のみが前面に出るという結果になるわけです。琉球処分は沖縄処分につながり、非常にマイナスイメージで評価されてきました。皮肉な反省を込めて言うならば、このプラスからマイナスに逆転していく時期に自分の学問研究をちゃんと整理できなかったことが、その後の僕の敗北感となります。しかしそのままにしておくこともできないのですが、なんとか整理していきたいと思っています。

明治政府は、王政復古が進む中で、徳川時代の領土である琉球をなお尚家が私有していると考えました。すなわち、「携弐《けいじ》の罪」に当たると考えました。平たく言えば、反抗状態にあるということでしょうか。だから明治政府からすると、尚家から領土を返還してもらうのが、琉球の王政復古ということになります。そして廃藩置県と王政復古の二つを同時に実現する政治過程が、明治政府にとっての琉球処分ということになります。

琉球処分以降、国内統合化ということを非常に進めますが、王府の支配層である大方の士族が清国に亡命して、李鴻章《りこうしょう》らにいろいろ情報を伝えて、日本にはつきたくない、これまでどおり中国との冊封関係を続けていきたいと訴えます。これを当時の日本政府は脱清派と言っています。脱清というのは、琉球を脱して清国に渡って、日本の非難をまき散らすという国際的なスパイ行動を、当時は脱清という言葉で表現しています。こういう脱清派の連中を取り締まる一方、取り込むことも考えました。それが、支配層の慰撫対策として、その後の日本政府の統治方針になっていきます。

しかし脱清派に背後から指示しているのは、首里の尚家でした。したがってその尚家をどういう形で日本化していくかということがまず大きな問題で、手始めに、琉球王国を琉球藩に改めます。尚家を国内的に片づけて、尚泰という最期の琉球国王を華族に任じて明治十二年に東京に移住させます。廃藩置県を実施する段階で琉球だけをなぜ藩にしたのか、問題もあります。そして、ある程度尚泰の教育が進んだ頃を見計らい彼を沖縄に遣わすことになります。明治政府は尚泰に、琉球の人たちに対して日本には尚泰よりも上位に位する天皇がいる、ということを知らしめる役目を与えて帰郷させた。天皇の存在する意識を琉球人の意識に刷り込もうとしたのです。しかし、実際には計画通りにはいきませんでした。急激に強硬に政策を進めるだけでは、うまくいかない。これまでの清朝との朝貢関係やある程度の自治を認めながら、徐々に、徐々に国内化していくことになります。

皇民化教育などの統合化策と、宮古・八重山の領土分割案

我部　政府の統合化策には、ある幅がありますが、国内化していく大きな要因となったのは、徴兵令の実施です。沖縄人に徴兵制を指示するためには、軍の命令が理解され、命令の内容が、わかるための日本語教育を行わなければならない。上官が進めとか、行けと言ってもただ立っているのでは、

軍人として使いものにならないし、戦争にならないので、日本語を教えます。日本語を教えるということが、沖縄における皇民化教育になりました。これが学校教育になります。ただ当初は、学校の先生からして日本語がわからない。ウチナーグチがわからない本土の先生が沖縄に赴任すると、ウチナーグチができる先生をもう一人雇って、通訳してもらっていました。教室に先生が二人いるというのが明治初年の沖縄の学校でした。徐々に沖縄人の中にも免許をとって学校の教員になっていく人が出てきますが、かなり時間がかかります。そうこうしているうちに士族は清朝に亡命するし、後には徴兵令を嫌って中国に亡命する人間も出ます。大体これが明治の二十五年ぐらいまでの事です。明治十二年から明治二十五年までの一四年間に、徐々に皇民化教育の成果が進んでいって、いわゆる日本語・ヤマトグチを話せるような人も出てきます。

反日派のシンボル的な存在である尚家の方も、これ以上抵抗を続けても勝目がないので、やめる方向に傾いていく。最終的には組織を解散しようという形で、この脱清派の活動も沈静化していきます。

明治政府にも解決の迫られている課題がありました。そのなかでも日本政府にとって最も重要な外交課題は、不平等条約を改正することでした。しかし西欧列強は、なかなか応じてくれない。理由は、期限内の条約改正は認めないということが一つ。もう一つは、条文を見るとわかりますが、一カ国が承認しても、ほかの条約を結んでいる国が同時に賛成しないとできないという最恵国待遇条項があって、そのためイギリスと交渉を成立してもアメリカが反対すれば条約を改正できないような形になっています。このため不平等条約の改正は袋小路に追い込まれます。明治四年に締結された日清修好条約が、一〇年の期限で切れるのではと想定して、日本政府が目をつけて交渉に入ったのが、清国との外交交渉でした。もしもそれが実現するならば、それを前例として、西欧列強との条約改正を実現しようとします。それで清朝側への誘い水として、宮古、八重山を清朝に譲るから、我々の期限内条約改正を認めてくれないかということで交渉しました。要するに日本の条約改正の問題を、領土分割という形で実現しようとしたのが分島問題です。統合のため皇民化教育を進めながらも、外交では、分割や割譲も考えていたことになります。

これにはいろいろな事情が絡んでおり、この条約を仲介したのはアメリカの元大統領グラントです。グラントは、アメリカが上海に行く場合に、台湾の南を通って台湾海峡を通過して上海に行くルートは遠回りであり、琉球が分割され、その間を通って上海に行く方が近い、と考えたという説もあります。

このように琉球処分という民族統一を実行しながら、そのすぐ直後に琉球分島という民族分断をやるような論理が日本国家にあったということは、戦後の体制とそんなに変わらないことが既に歴史上起こっているということです。琉球処分によって日本の国家に併合され、併合後、日本人としての教育がなされながら、分割の危機もあったわけです。

琉球処分は、復帰を見通せる一番近い事例

我部　したがって琉球処分の研究というのは、日本の国民国家に組み込まれるときに抱えた問題が、どうして占領の中でまた復帰という問題につながっていくかを考える場合、相当重要な問題点を指摘できるんじゃないかと思います。

川満　戦後は一九六八年前後、つまり復帰の見通しが立った頃から、琉球処分に関する関心が高まりました。この復帰の対応、あり方は、第三の琉球処分じゃないかということで、明治の琉球処分まで遡って沖縄人の意識に上がってきました。

安里(英)　安良城盛昭さんと新里恵二さんの有名な論争がありますよね。

川満　あのころはみんな、薩摩の支配は処分だったか、処分じゃなかったかというところまでさかのぼって議論していました。

我部　確かに、琉球処分のそのまた前の近世までさかのぼって議論していますが、僕の研究対象としては復帰の実現を見通せる一番近い事例が琉球処分期でした。ただ私たちが琉球処分を研究しようと思ったころ、琉球処分に関する基本的な史料はほとんどなかった。伊波普猷が「琉球処分は奴隷解放である」と決まり文句をいうための史料ではなくて、その当時の政策決定者、権力者たちがどういう決断をして琉球問題を解決していったかを知るための史料です。松田道之の『琉球処分』に大体のことは書かれていますが、その本も貴重書でした。その本の元になった文書があるはずだと思って、探してみたら、国立公文書館に保管されていました。またペリーと琉球王府が結んだ条約なども外交史料館に保存されていることがわかりました。史料は、探せば、出てくるものですね。

琉球処分で松田道之が沖縄に乗り込んでくるときに、伊藤博文から、琉球にある文書をすべて没収してこいという特別の訓令が出されています。いずれ琉球は、日本と清国の外交の災いのもとになる、この外交文書があると危ない、日本に不利になることもあるからすべてを取り上げて東京に持ってこいということです。現実を冷静に見ていた政治家もいたことになります。ところが、奪い取って持ってきた資料は、そのほとんどが、関東大震災で焼けてしまった。沖縄にあったのは、戦争で消滅。そのこともあって、非常に史料が少ない。国立公文書館ができ、国の史料が公開になったので、辛うじて沖縄関係の史料も見ることができるようになってきました。明治以降、百年間も史料を見せなかったけれども、百年後にこれを見ることができます。

分島問題が起こったときのことです。琉球処分については、清朝と日本との中で、論争がありました。領土問題をめぐる歴史論争です。今の尖閣列島や北方四島の論争と何となくよく似ている感じです。琉球はどこのものかということです。今の日本語に「固有の領土」という概念があるようですが、「固有の領土」という概念は、歴史的には存在しません。しかし、そういう「固有の領土」と言うことによって、何かさもあるように錯覚しているだけです。そのときに、琉球は、冊封体制の中では、両国に属していたことを認め、その琉球列島を分割することで妥協を図ろうとした。固有の領土論の一歩後退現象です。日本政府が清朝に宮古、八重山を割譲する案です。その提案で、日本政府は、条約改正をめざしたのです。

川満　その条約問題の前段階で、イギリス商人が広州に運んできたアヘンを清朝の役人が没収して廃棄するという事件が起きて、イギリスが清朝に対してアヘン戦争を仕掛ける。清朝が大敗北し、イギリスに対して巨額の賠償金を支払う不利な条約を結ばされました。今から振り返ると、こんなものが国際的な条約として了解されるのかと思うぐらいにひどい内容です。この情報が日本に入り、欧米列強に対してどういう姿勢をとるかをめぐって、日本の政界や思想界は動揺します。そして清朝がまるでだめになった段階で、幕府はいわゆる安政五カ国条約を欧米列強と結びます。

我部　そのころの国際条約は今の日本語で言えば国際公法に基づいて締結されていますが、国際公法は、大国が植民地を獲得するための論理です。問題となってくるのは、明治維新、琉球処分後、分島問題が出てくる前後からです。

フランスが清仏戦争を起こし、ベトナムを領有してフランス領インドシナ植民地をつくる少し前に、フランス政府は日本政府に対して、あんた方も琉球問題で中国といま災いがあるから、我々と一緒になってそれをやろうじゃないかと言いました。しかしそのころ日本政府の方は分島条約の問題を抱えているから、このフランスの誘いには乗らなかった。

川満　明治政府による琉球処分は、日本自体の資本主義と国民国家形成の初期段階に起こっています。国民国家の三要素は、主権、領土、国民になるわけだから、沖縄を領土として射程距離に入れてくるのは、国民国家形成の初期段階として、当然の理屈でした。

日本国民国家形成の初期段階をやり遂げ、沖縄が中学生くらいの国民になった段階で起こったのが沖縄戦。沖縄戦では、本土防衛の捨て石としてきれいに処分されました。

それからいわゆる復帰では、資本主義の段階として日本国は十分に成長しており、国際資本主義の大国アメリカとの取引により、復帰という処分を成し遂げました。このように近代国民国家としての日本の成長過程は、沖縄との関係を通してよく見えてきます。

我部　大局的に見れば、いま川満さんがおっしゃった流れになると思います。私が申し上げたのは、「琉球処分」という言葉が本来持っている意味と、それを沖縄人が受け入れる段階の問題を考えていくと、清朝につくか日本につくかという場合に、当時の沖縄人が日本につくのは当然だと考えるのは、日本における皇民化教育がある程度進んだ段階の、沖縄人の意識の反映だろうと思います。だから、琉球処分は日本人になったという喜びを表しているという意味で、伊波普猷なんかは奴隷解放と表現しているわけです。

川満　伊波普猷は歴史的反省にもとづき、そういうことを言っているのでしょうか。

伊佐　彼の『古琉球』の初版には、この有名なタイトルの文章、「琉球処分は一種の奴隷解放也」は入っていません。この論考を伊波さんが最初に発表したのは大正の初め、二年か、三年です。だから明治四十四年に出た『古琉球』初版には、当然入っていません。ですので大正五年に出た『古琉球』第二版と、大正十一年に刊行された版に収録されます。ですが、そのころ伊波さんは「琉球処分」を沖縄の「廃藩置県」とも呼んでいるんですね。琉球処分というきつい表現を和らげようという気持があったのではと思いますが、それが戦時体制下の第四版になると、この文章を収録からはずしてしまいます。日本国家に対する沖縄人としてのポジションが、「琉球処分」と「廃藩置県」の用語使用には明瞭に出ているし、またヤマト、あるいは統治者からみた場合に具合の悪そうな文章を削除することにつながっているのですね。岩波文庫の『古琉球』は第四版を底本にしていますから、その一文は入っていません。

我部　河上肇の跋文《ばつぶん》にも入ってないでしょう。あれも入れるべきだと思う。それで川満さんね、私が言いたいことは、沖縄の戦後の復帰運動の原動力になったのは、アメリカ支配に対する抵抗もありますが、復帰運動を推進した教員たちとの問題を考えると、やっぱり戦前の国民教育、皇民化教育が復帰運動で花開いたんだと思います。

川満　同化教育が、政治のイデオロギーに入ってしまったわけですね。

琉球藩設置の後に琉球処分を行なう法的論理

安里(進)　琉球処分の日本側の法的根拠は薩摩藩の琉球支配ですか。明治天皇が尚泰を琉球藩王に任命した後に琉球処分をするでしょう。

我部　いや、これはすごい問いになっていますね、琉球王国を解体するときに、尚家が琉球を私物化しているという考えは、先に触れましたが、王政復古によって返せということが琉球処分を実施する理由になっているはずです。日本国内が廃藩置県という時期にあえて琉球藩にするということは、それなりの理由が存在するはずです。今のところそれを説明することができません。今の安里さんの法的根拠ということと関連して言えば、あるいは琉球藩の設置は、処分を行う前提として必要な措置であったかもしれません。

安里(進)　琉球国王は、日本の徳川将軍が、あるいは薩摩の藩主が任命しているわけではなくて、形式的には清朝が承認している。

我部　だから日本の琉球併合を清朝は認めたくないということでしょう。

川満　明治五年から明治十二年のこの七年間が問題になる。五年の段階で日本は琉球藩を設置し、尚泰を藩王に任じることによって、国内的な手は打ってある。

安里(進)　何の根拠もなく武力で琉球を処分するというわけにいかないから、それなりの法的根拠を日本側もつける。それが天皇による琉球藩王任命で、これを根拠にしていると思います。天皇が琉球藩王に任命したあと、王権を天皇に返上しろと命じている。

川満 その明治五年の藩を設置するときの日本側の理由としては、島津による実質的支配が持ち出されるわけでしょう。薩摩藩を持ち出せば、さらに今度は豊臣秀吉の南島支配権の問題になり、琉球藩を設置しても、これは島津以来あるいは豊臣秀吉以来ずっと続いているんだから、日本政府としては正統な権利として藩を設置したという理由付けができる。

安里(進) 天皇が琉球藩王に任命しなかったら、国際的に琉球処分ができたかあやしいですね。清朝から琉球国王は承認されている。ところが島津藩は、内々には承認するけど形式的には承認しないので、琉球国王の宗主権は清朝にあって、日本には琉球王権に対する権限がない。

川満 ところが当時の清朝自体が既にもう弱体化し、外交政策をちゃんとやれるような政府じゃなかった。だから一八六〇年の北京条約は、列強が一方的に自分たちの都合で全部処断する条約になっている。

安里(英) 日本が朝鮮半島を支配するときも、やっぱり条約を結んでいる。

安里(進) 日本も条約を結んで、ちゃんと根拠をつくってそれなりに、万国公法に準拠してやろうとしています。

川満 ではなぜ、韓国とはああいう正式な条約を結ばざるを得なかったのですか。

我部 韓国と日本は、近世の国家のありかたが違うように思う。琉球の場合は、形式的にはいま安里さんが言っていることも成り立つけれども、実質的には日本の一部として当時は考えられていた。鎖国の幕藩体制下の琉球、朝貢・冊封体制下の琉球の歴史的な位置をどのように考えるかに関係してきます。ここのところは、前近代の研究者の声も聞かないと明確なことは言えませんが。

川満　琉球は国家として認めていない。

我部　そうだと思います。異国という概念は、つかみにくいが、琉球は国家として認められてない。一地方でしょう。

安里(進)　その一環としてやるわけですが、天皇は、あるいはその前の徳川将軍とか島津藩主は、琉球王を任命しているわけじゃない。宗主国じゃない。だから天皇は琉球に対して、琉球国王に、王権国土を天皇に返還せよと言う根拠がない。

我部　そうも言えるかもしれません。近代国家の形成期にそのことが論じられていないように思います。明治政府は、実質的には日本の一地方ないし地域として考え、武力の論理で対処している。

安里(英)　私もこの問題には関心があります。というのは、いま独立論が盛んですが、何を根拠にして沖縄解放を唱えているのでしょうか。第二次大戦後、朝鮮半島と台湾は植民地から解放されます。でも、沖縄だけは残る。では独立論を言うときに、法的な根拠として何を持ち出すかというと、やっぱり条約がとても重要になってきます。

安里(進)　近代日本の沖縄支配は、実効支配なのか、国際法的根拠があるのか、専門外の者としては知りたいですね。

伊佐　近代の国際法的根拠は、非常に弱いでしょうね。明治五年に琉球藩を設置したというのは、どの通史や年表を見ても書いてあるけども、設置というだけの実質的な統治機構の改変を伴っていません。たんなる名称の変更に過ぎません。だから尚泰が琉球藩王に任命されたとき、東京で明治維新

を慶賀する使節の三司官たちがその任命書を受け取ったとき、彼らは薩摩支配時代がこれまでどおり続くんだろうと、つまり中国と日本に両属していくものと考えていたのだと思います。ましてや版籍を天皇に奉還するなんて頭のどこにもなかったはずなんです。現在でも日本政府はそのときの法的根拠を云々されるのを嫌がりますし、いつだったかの国会答弁では返答になってませんでしたね。

安里（進）　薩摩藩が琉球を征服して、尚寧《しょうねい》王に起請文を書かせますよね。これによって国王自身が薩摩への忠誠を誓った。同じようなことを尚泰王は日本政府、あるいは天皇に対してやってない。王権を日本に、天皇に差し上げますなどの意思表示なしに、武力で取り上げられている。万国公法に照らしたとき、日本の沖縄、琉球支配の根拠は何でしょうか。

川満　東京に行って、尚泰は侯爵に列される。

我部　それはもう琉球処分が終わり、明治十七年の頃の話です。

安里(進)　でも日本政府の諸議の中で、琉球処遇をめぐって、国内化するか従来どおり日本の配下にある独自の国家とするかということを、議論していたんじゃないですか。

我部　確かに議論しています。その案は、採用されませんでした。琉球王国は独自に外国とも条約も結んでおり、琉球王国を一方的に編入した場合の責任問題もあるので、その条約を日本政府が引き継ぐということを西欧列強に通達して了解を得て、その外交文書を琉球王府から取り上げました。

台湾併合、韓国併合のケースと比較して

川満　知識がないからよくわからないけど、琉球の次に台湾を植民地化しますが、台湾を日本が植民地化するときには、台湾との間ではどうしたの。

我部　台湾は独立国じゃない。清朝の領土だから、下関条約で割譲させました。

三木　台湾出兵のときに、そういう言質を清朝からとった形になってるんじゃないの。

我部　それでは、ここで、台湾出兵と台湾併合のことに触れておくことにします。台湾出兵の直接の要因は、明治四年に台湾の山岳民に琉球漂流民の五四名が殺害されたことによるものです。その情報が日本社会に大きな反響を引き起こすことになるのは言うまでもありません。政府の琉球処分も琉球王府側の柔軟な抵抗にあい進展を見せなかった。政府は琉球問題の打開策として、琉球処分と台湾出兵と結びつけることを構想しました。それで清朝から、台湾は「政教禁令不相及化外ノ民」であるという言質を得ます。これは、台湾の地は清朝の支配権が及んでいないということであって、自国の

領土ではないと明言しているわけではない。日本はその弱い論理を根拠にして台湾出兵の理由にしたのです。台湾を領有するのは、日清戦争後の下関条約によって割譲した明治二十八年のことです。これ以後、植民地化が進むことになります。

三木 いやいや、台湾の問題じゃなくて、琉球処分の一つの前段階として、台湾出兵する際に向こう側から琉球藩民は日本国民である、旨の言質をとろうとしたのではないか。一八七三年に副島種臣が同治帝に謁見するため北京を訪れた際、清朝の要人との会談で、「(牡丹社事件で)殺されたのは、琉球人で日本人ではない。琉球は清の藩属である」と言われたことに、「琉球は薩摩に服属しており、琉球人は日本人である」と答えています。台湾出兵の口実のためではあるが、その前提となる琉球藩民は日本人であるということも念頭に置いたものではなかったろうか。

川満 台湾の獲得は、日清戦争で勝ったから、戦利品として台湾をもらうと。韓国を併合するときは、どうやりましたか。

安里(英) 一九一〇年に韓国併合条約を結んだ。

安里(進) むりやり結ばせた条約で、強制条約などと言われているけど、それを根拠にして、併合した。

川満 国際法上の体裁は、条約という形で一応取り繕ったのですね。

明治政府の琉球併合論と「日琉同祖論」

安里(進) 沖縄県民が自決権を主張しはじめている動きの中で、沖縄県は外交権を求めているのではないでしょうか。外交権というのは結局自決権の一部じゃないですか。それを求めるとき、琉球処分のときに日本政府には万国公法に準拠した明確な根拠があって併合したのか、単に実力で支配されたのかでは、国際的に沖縄の主張がどう理解されるかというところで、大きな違いがあると思う。この辺が、研究上曖昧ではないのかなという気がしますが。

伊佐 安里さんのいう科学的な学問的及び法的根拠があったのかという点では、当時の欧米諸国の観点からは非常に弱いでしょうね。薩摩以来の実効支配と、文化的な近似性を根拠にしたことがヤマト側にしても沖縄側にしても大きかったのじゃないかな。三司官の宜湾《ぎわん》朝保《ちょうほ》などをみていると、どうも一方はそういうふうに処分しても構わないという姿勢で、他方はそういうふうに併合されてもやむなしといった暗黙の感覚がベースにあったように思うのですが、どうでしょうか。

それに関連しているけれども、明治の沖縄研究は、沖縄人によるそれは明治三十年代ごろから始まりますが、すでに伊波さんや東恩納さんたちがやる以前の段階で、明治政府が内務省や大蔵省から優秀な役人を沖縄に派遣して、土地の形態、地方制度の構造、租税の問題など、沖縄を詳細に調査していました。加えて幣原坦《しではらたいら》など帝大出身者を中心とした学者たちが、沖縄とヤマトとの関係を学問的な課題としてつよく押し出していきます。もともと沖縄は日本の版図である、日本古来の領土だったんだということを強調するわけです。『おもろさうし』研究の開拓者として有名な田島利三郎なんかも、通常は沖縄民衆のこよなき理解者だと言われてますが、明治の膨張的国家意識の観点から沖縄をみていたことを見逃してはなりません。

安里(進) 日本側は、もともと琉球は日本の領土だ、大もとをただせば琉球国王も天皇につながるものだとか、日琉同祖論を持ち出して正当化しますが、琉球側は国王を初め、併合はやむを得ないとか、日本に吸収されようとか一切言っていない。こういう対立があったのに、日本政府側の琉球併合の根拠が、我々の頭の中に百年かけてしみ込んでいます。文化的に同じだったから、同祖だからといって一方的に併合していいということにはならない。韓国併合の場合にも、日鮮同祖論が出てきますが、しかしこれだけではやはり完結しないので、最終的には条約により万国公法に基づいた根拠づけをして併合します。では琉球の場合はどうなんだろうということがずっと引っかかっています。

川満 この間、浦添美術館で幕末展をやったでしょう。琉米修好条約の原本が目玉として展示されていた。あの琉米修好条約を根拠にして、国際法的に琉球が独立国として、あのころ世界に認識されていたと言えますか。

安里(進) そう認識したからアメリカ、フランス、オランダは琉球と条約を結んだわけで、主権がないと考えていたらやらないでしょう。琉球は当然薩摩藩の指示を仰いでいるけれども、今の近世史研究の大勢は、近世琉球王国は独立国家、独自の国家という理解だと思います。

川満 琉球側は修好条約を結んでいながら、琉球国自体が独立国だという意識が全くなかったということですか。

安里(進) いやいや、独立国、独自の国家だという意識は十分にあったと思う。だから尚泰は最後まで抵抗した。

川満 結局屈服したと言うことですか。

安里(進) 要するに武力を持たない小国と、圧倒的な武力を持っている国との力の差ですね。

川満　今の日本国憲法では九八条で、憲法は最高法規であると規定しながら、その②項では「日本国が締結した条約及び確立された国際法規は、これを誠実に遵守することを必要とする」という矛盾した規定がなされている。その条項によって、アメリカと結んだ安保条約他の法規が、憲法の上位にくるような解釈が一般化している。その意味では現憲法を改正する必要がある。憲法九条に反する条約はこれを廃棄し、遵守しない、という条文なら沖縄問題ももっとすっきり解決の道が開けるのではないか。

我部　そうすると基地問題もアメリカと条約を結んでいるから納得すべきだという論理になってくるよ。僕は、実際にフランスが琉球と条約を結んでいるからといって、フランス人が琉球王国の存在を認めているということにはならないと思う。認識していないけれども、条約を結んでいるから国際法上は存在する。だから日本の不平等条約も、中国の不平等条約も、条約を結んでいるから平等だという考え方になると、不平等条約という言葉も意味をなさなくなる。条約ではあるが押しつけ、押しつけがあり得るから実効支配もなされている。琉球処分は、近代国家ができるときの領土の観念から出ており、それまでの朝貢貿易、両属体制とか言われた状況を処理する一環として琉球処分が行われたのであって、これを後の台湾併合、韓国併合と関連づけてしまったら、琉球の問題は解決が難しくなるように思いますが。

川満　それよりも、台湾、韓国と琉球の処理の仕方がどこでどう違っているのかを考えるといろんな事がわかってくるのではないでしょうか。

我部　だから琉球王国は、国家として成り立っていたということになりますかな。

安里（進）　琉球が独自の国家なのか、あるいは傀儡国家で形式的なものにすぎないのかという議論は、近代国家を前提にして見ているから出てくる。アジアの中には琉球みたいに両属していた国家はあった。これがアジアにおける国家のありようのひとつで、ヨーロッパの国家概念から言ったら、これは国家なのかという議論になってしまう。

安里（英）　うろ覚えなんですけど、一九八〇年代かな、仲松弥秀さんや高良倉吉さんらの間で、琉球王国は国家であったかという王国論争がありましたね。今は何となく琉球王国があったということから始まるけれど。

安里（進）　古琉球自体がもう日本の一部だというのが、仲松先生の言い分でした。

安里（英）　つい最近まで、そういう論争をしています。

幕藩体制における異国としての琉球

我部　安里さんは、国民近代国家の概念で近世の国家を見ているというけど、琉球王国は清朝との宗藩体制の中で、近代国家の概念では捉えられない朝貢貿易をやっていました。しかし、そういうあり方が近代国家の中に併合されるときに、近代国家の概念で総括されてしまうわけです。宗属体制のなかで朝貢関係を築いていたものを国家として認めていくと、それは近世から近代を見ていたことになるんじゃないかな。

安里（進）　近代国家として条件を近世の琉球国がどのぐらい整えているかという論点よりも、どの程度の主権を持っていたかという実態の議論が大事だろうと思います。

川満　古代天皇制の支配下に琉球はありましたか。

安里(進)　ないですね。奈良時代に朝貢してるけど、異国だから朝貢する。

川満　じゃあ中世期に入って平安、鎌倉時代に、琉球は日本国家の支配下にありましたか。

安里(進)　琉球処分以前の日本と琉球の関係は、日本国家が成立して文献史料で確認できる限りは、日本は一貫してトカラ列島・奄美あたり以南を異国（日本の外）として見なしています。トカラ列島や喜界島あたりに境界があり、それ以南は日本にとっては異国という認識です。

川満　古代国家、中世国家としての日本には入ってなかったということですね。

安里(進)　入っていなかった。近代国民国家を形成しようとする段階で、初めて内国化されると思います。

三木　いやそういう結論を出す前に近世期、一六〇九年以降の琉球の取り扱い方がどうだったかを考えてみる必要がある。

安里(進)　安良城盛昭さんの議論は、琉球王国は実質的（経済的、政治的に）に日本の枠の中に入っていたが、幕藩体制そのものに入っているわけじゃなかったという議論ですよね。

我部　戦後のアメリカ統治下の沖縄は、日本の中に入っていないのか、入っているのかという問題を考えてみるといい。あまりに概念的すぎる話ではあるが、分断の事実が切り離されたと言っているでしょう。切り離されたがために、深く結びついている場合もあります。ものの考え方として。

カイロ宣言に絡む琉球議論

安里(英)　大きな政治の中では、物語はすべてできているんですよ。一九四三年アメリカのルーズベルト、イギリスのチャーチル、中国の蔣介石がカイロで会談し、いわゆるカイロ宣言を出します。汪暉《ワンフイ》は『世界の中の中国・文革・琉球・チベット』(青土社)で、カイロ会談時の蔣介石の日記にふれている。はじめ日記には琉球問題に言及しているが会談では、そのことが消えている、という。朝鮮や台湾の解放については、正式議題になったけど、沖縄解放については、ふれられなかったということです。蔣介石はかなりアメリカに気をつかっていたという。ということは、アメリカは台湾は中国に戻し朝鮮は独立させ、沖縄は残すというストーリーを持っていたのではないかと思う。このことは蔣介石が書き残した中国語の史料が残っており、それを汪暉《ワンフイ》が解読した。

安里(進)　沖縄を占領したアメリカが沖縄を独立国家、独立の主体として認めると、中国の宗主権の問題がぶり返してくるから、これをアメリカが阻止しようとしたのかな。

安里(英)　いま若林千代さんとか、東アジア研究をやっている割と若手の研究者がそういう史料を掘り起こしてますね。

我部　カイロ宣言のころの話にさかのぼるとね、アジアから日本の支配を外して、中国をアジアの中心にしてやっていこうと、ルーズベルトは考えていた。そしてもう一つ、可能なことならば、琉球、台湾を含めた非武装地帯をつくることによって、アジアの緊張関係をある程度和らげようと考えていた。しかし、蒋介石はもう力がなくなりつつあった時期です。だからとてもルーズベルトの指摘するようなことはできないと断る。そのときに、琉球はどうするかという議論になったけれども、結局、台湾と同じような取り扱いにはならなかった。

アメリカが沖縄をとるつもりでいて物語ができていたというような考え方は、その後の結果からの類推にすぎません。例えばペリーが来たときに、琉球は日本のものでもないから、アメリカはとった方がいいと考え、百年後に実現したという歴史家がいます。これも結果からの類推に過ぎず、歴史的発想とは考えられない。

——すでに琉球処分の政治的、制度的なところは討論いただきましたので、ここでは庶民がこの琉球処分についてどういうことを考えてきたのかなどをお話しいただけたら思います。

琉球の創世神話から考えた琉球処分の狙い

海勢頭　琉球処分とは処分する方に理由があって、処分せざるを得なかったということだと思います。「処分」という意味の沖縄語に「ウラキユン」という言葉があります。処理する、きれいにする、整理する、そういう言葉です。琉球王府が採録した、恐らく琉球王国が完成する前に女たちが歌っていたであろう創世神話のおもろというのがあり、その中にヤマト、いわゆる倭国をつくるときの状況が歌われています。アマミキヨとシネリキを寄せ集めて、島々、国々をつくったけれども、「てだこうらきれて、せのみうらきれて」という言葉がありますが、「てだこ」は卑弥呼のことだろうと思われます。「せのみ」というのはシンミ、これはおばあたちが歌うのを文字にして「せのみ」と書いてありますが、シンミというのは神武に近い言葉で、これは龍宮神ジュゴンのことだろうと思います。つまりてだこ信仰、神武信仰がヤマトに裏切られたために、それが琉球をつくるエネルギーになったのだと思います。たとえウチナーだけになっても琉球は守るという意思を示した歌ですが、そういう時代があったことを考えると、この「うらきれて」という、処分されてという意味合いの言葉に、明治の琉球処分に通じるものを感じるわけです。

明治の琉球処分は、明治政府に「うらきら」なければいけなかった理由があってのことで、天皇制を正当化するために、歴史認識を神話に求めてしまったからだろうと思います。調べると、岩倉具視が言い出したようで、どうせ西洋列強の王の歴史と対峙させるんだったら、大きく紀元前六六〇年二月十一日にさかのぼらせて、神武を天皇にして、それで国の歴史を作ろうとなった。そこからうその歴史が始まり、このうそがばれてはいけないことから、政府による琉球処分がなされたんだろうと、私はそういうふうに思います。

その証拠は沖縄中、日本中に多数あり、遺跡、言葉、歌に残されています。地名としても残されています。それをまとめ上げて、日本の国体護持思想が戦後七〇年のいまも、明治国家がつくったうその歴史認識を引き継いだまま来ているということを、明かにすることが必要じゃないかと思います。沖縄側の信仰の正当性を立証しなきゃいけない。それを立証した上で、初めて独立の正当性を国際的に認めてもらう方向に持っていかないといけないかなと、思っています。

年号使用から見た、庶民レベルの帰属意識

安里(進) 琉球処分のとき、明治政府の密偵が琉球の民情をいろいろ探っていますが、庶民の動きはあまり見えてきません。ただ沖縄の墓の調査から、庶民が琉球処分(日本への併合)をどう受け止めていたかを知ることができる面白い事例があります。

琉球では、亡くなった人の遺体を数年後に洗骨して、厨子(骨壺)に納める風習があります。厨子にはどこの誰某という個人情報と亡くなった年代や洗骨した年代を墨書します。この年号がなかなか面白い。例えば、中国が明朝の時代は明の年号を使い、清朝になると清の年号を使います。琉球の宗主国の年号を使うわけです。

では明治の琉球処分以後はどうなるのか。浦添市での調査事例ですが、中国年号の使用が明治二十年代まで続きます。公的には明治政府の新暦を用いるようになったと思いますが、洗骨などのプライベートな行事では、庶民はみんな相変わらず清朝の年号を使っていたんですね。これが明治二十八年の日清戦争以後は、日本年号に変わっていきます。清国の敗北で、庶民レベルにまで日本の枠の中で生きるしかないという認識が定着し、日本支配が定着していったのではないかと思います。厨子に書き込んだ年号の変化はそういうことを示していると思います。

ところが、沖縄戦が終わると、すぐ西暦に変わる事例がいくつかありました。浦添市での事例ですが、戦後すぐに西暦で「一九四五年」と記された厨子が出てきます。中国年号から日本年号に変わるのに十数年を要したのに、米軍支配とともにすぐに日本年号から西暦へ切り替えています。その辺か

ら庶民レベルでの日本支配の受け止め方が感じられます。

八重山における琉球処分時の諸緊張とその後

三木　琉球処分のとき、最南西端であり、限界地域である八重山でどういうことが起こったか、お話しします。処分期に、八重山の政治の中心として蔵元がありました。ここは、もともと人頭税を取り立てる役所でしたが、政治の中心になっていきました。そこには「蔵元日記抜」という史料が残されていて、処分時期に蔵元がどういう対応を迫られ、どういう対応をしたかということが事細かに書かれています。ただどうもこれは破棄された部分があり全部ではありません。さきほど我部さんが、明治政府が琉球王府の文書は全部持ってこいと役人に命じたという話をしましたが、蔵元に残っている文書には、琉球王府からの指示で書類は全部隠せ、明治政府の役人が来ても渡すな、と指示したことが書かれています。それで一部破り取られて、つながりがとれていないところもあるわけですが、どうもそれからすると、この文書そのものは明治政府に渡したものと隠したものとがあり、現存するものは隠した方のものじゃないかと私は推測しています。

琉球処分のとき明治政府、沖縄県の通達がおりてきますが、王府の側もいろいろ首里で行われたことを連絡して、やがてヤマト役人が来るはずだから、こういう場合にはこう対応しなさい、文書を隠しなさい、いろんなことは「知らない、知らない」と言いなさいなどと、事細かく指示しています。実際、明治政府の役人と警察がやってきて責任者を出せと言い、蔵元の頭職は病気で今は会えないとか言って、なかなか応対しませんでした。首里城で行われた王府の対応の八重山版みたいなことが行われました。それで明治政府の役人は業を煮やして、結局処分を断行します。

そのため八重山では、群衆が蔵元を取り巻き口笛を吹いて、明治政府の支配に対して不穏な動きに出ようとします。そのとき、八重山の頭職の人が、今ここで事件を起こすと厄介なことになるから、みんなおさめて解散してくれ、と説得したのでことなきを得ますが、首里王府の出先である八重山在番の渡喜次親雲上へは、免官の辞令が交付され、在番は廃止された。渡喜次は藩王への責任感から帰沖の船から飛び降り自殺をしている。その後八重山では島役所や警察署が設かれますが、ずっと士族の抵抗が続いていくことになります。明治政府の支配には従わないと誓い、血判状をつくったりします。そういう抵抗運動が続きましたが、明治二十七年の日清戦争以後だんだん変わってきます。頼みとする清国が、どうも日本に負けて頼りにならないと感じ始めました。八重山では、清国の軍艦を「キル（黄色い）軍艦」と言いますが、この「キル軍艦」が沖縄を助けに来るとずっと言いふらしていた人がおり、その人の家の屋号がいつしか「キルグンカンチャー」になりました。そのくらい噂になりました。

結局、キル軍艦は助けに来なかった。それで血判状をつくった人たちが日清戦争後国事犯でみんな逮捕されました。

教育面では次のような事件がありました。琉球処分後、早い時期に学校が開設され、ヤマトグチの教育が導入されました。しかし相変わらず士族の子供たちは、かたかしらを結って通学していました。あるとき修学旅行でこの子供たちを竹富島に連れていき、何十人かいる子供たちの夜寝込みを狙って、先生らが子供のカタカシラをハサミでちょん切ってしまいます。ざんばら頭になって修学旅行から帰ってきた子供たちの姿を見た親たちが騒ぎだし、今度は子供たちを登校させないようにしました。このようにしてヤマト派の役所と八重山の士族とが対立する状況が続きました。この事件を断髪騒動事件と言っています。こういう対立も日清、日露の戦争を終えて、また、ヤマトの教育がだんだん浸透していくに従って下火になっていきます。明治の末ごろにはカタカシラを結ってる人はほとんどいなくなります。八重山では、教育がかなり徹底して行われました。

明治政府の当時の役人が記した沖縄統治に関する記録を見ても、皇民化教育を徹底してやれということが書かれています。このようにして皇民化が進んでいったのだと思います。

また八重山では境界地域として特徴的な変化が見られました。日清戦争で台湾が日本の植民地になりましたが、今度は逆に台湾からヤマト化の波が押し寄せて浸透していきました。

当時の八重山の民衆にとって最大の問題は人頭税です。人数割り、頭割りに課される琉球王国時代以来の税制で、民衆からは早期撤廃の要望がありましたが、明治政府の旧慣温存政策により、これがなくなるのは明治三十五年のことです。税制から見ると、このように八重山の琉球処分には沖縄本島とはちょっと違うワンクッションがありました。人頭税は琉球王国以来の税制ですから王府に対する反発と、それを存続させた明治政府の支配に対する反発、こういう非常に複雑な事情がありました。

人頭税のあとに問題になってきたのはマラリアです。大正時代にマラリア撲滅の動きが起きますが、結局これも戦時体制に入って不完全なまま戦争に突入して、ああいう悲劇を生んでいきました。

安里(英)　私の父から聞いた話では、処分後、首里は退廃したそうです。今まで士族は、王府から俸禄をもらって生活していましたが、それがなくなってしまいました。明治政府は何か食べていくための券を士族に支給したみたいです。それを、少しずつお米にかえたりして生活することになっていたのですが、男たちは外で遊んで一挙に飲み食いして、使い果たし、生活できなくなったそうです。またそういう男たちの間では性病が広がり、生きる希望を失って、首里は退廃していきました。家が潰れていくような状況。父親は多くを語りたがりませんでした。首里出身であることは、誇りでも何でもないと。

三木　ただ、八重山に来ている首里の士族は、日清戦争の頃まで相当権力を振り回しており、それに対する反感もあったようです。尚家の資本でつくられた「丸一商会」の八重山支店に来ていた旧王家の士族の人たちは、まるで役所のように地元住民を扱っていた、と笹森《ささもり》儀助《ぎすけ》の『南嶋探験』は書いていますね。

4 琉球は日本か？——近世以前を問う

土地所有観念の希薄な沖縄の民とヤマト勢力の流入

安里（英）　いま三木さんから、旧慣温存政策の話がありましたので、土地問題に触れたいと思います。沖縄の土地の私有化が始まるのは、明治三十六年に完了する土地整理事業以後です。それまでは土地は総有制、要するに土地を使用する権利はあるけれども所有権は認められていませんでした。そういう状態が本土よりもかなり長くつづき、旧慣温存政策により明治三十六年まで続きます。今でも総有地、共有地が沖縄ではたくさん残っています。久高島は伝統的な総有制を維持しながら一九八八年に「久高島土地憲章」を作定し今でも土地総有制で、個人所有ではありません。土地を持つことが必ずしもいいとは思っていませんでした。土地を持つと固定資産税を払わなければなりませんからね。私が浦添市の字仲間で九〇年代に聞いた話ではあの地域の雑木林や荒地が売りに出されたそうですが、誰も買わなかったそうです。あのとき土地を買っておけば、金持ちになれたのにと、今ごろ後悔しています。つまり最近まで、沖縄では土地の所有観念が希薄だったのです。

三木　税との関連だな。八重山では、明治の末に一群一村と言って、行政機関が統合され、一群一村の村長に上江洲由恭という人がなります。この人は、土地整理局の事務局員から村長になった人です。彼はいろいろ内情を知っているものだから、旧藩時代の石垣の杣山《そまやま》を全部各字の所有地に切りかえるように言って土地の払い下げを行いました。ところが西表の場合は、土地を持つとまた税を取られるんじゃないかという風評が流れて、上江洲の勧めがあったにもかかわらず、結局やらなかった。それで土地が払い下げにならず、国有林があれだけ残ったと言われています。

伊佐　土地整理事業の終了後を見越して、明治二十年代から、ヤマトの政治家、実業家などがどんどん流入してきますね。むろん、これは沖縄県外からの土地簒奪だけでなくて、沖縄内部の旧士族層も含めてです。明治三十年代初頭の民権運動が問題にしたのが、それだったわけです。彼らの主張のひとつが、杣山なんかはどうしても民有にしなくちゃあならないということでした。

三木　民地民木論ですね。

伊佐　そう。税が発生して住民の負担が増えるというのが、官地民木を唱える権力側の脅し文句というか、民有化しない方が税を負担しなくてすむのでいいとの宣伝でした。それに対して民権運動の人たちは、土地にかかる税金というのは、面積の広い狭いにかかわらず、その土地の肥沃度の具合、そこで生産される収穫物の多寡などをすべて勘案して決まるものであって、民有にしたからといって、それがすぐに負担になるわけではないし、不利でもないことを説いたのです。しかし、何といっても官尊民卑の最たる時代でしたし、多勢に無勢というか、ご承知のように押し切られてしまったわけです。

三木　旧慣温存政策で古い習慣を温存しておきながら、明治政府は近代資本主義的な要素も、導入しました。例えば炭鉱です。西表の炭鉱は明治十九年には内務大臣の山県有朋が、西表の舟浮湾を視察に来て、三井資本と結託して始まります。マラリアもあるようなところですから、当初は労働者がなかなか集まらなかったため、囚人を使役させるということになって、沖縄刑務所にいた囚人を炭鉱の労働力として投入します。ところが、マラリアでほとんど全滅したため、また別の方法で九州あたりから募集して連れてきました。それから大正期に入るとカツオ漁が盛んになって、宮崎あたりのカツオ節業者がどんどん入ってきます。このように、一方で旧慣温存政策をとりながら、一方では近代資本主義的な要素を導入して本土の資本進出を図っています。境界地域である八重山は、ほかとは少し違うんじゃないかと思います。

何回かにわたる琉球の日本化と、その揺り戻し

――近世以前の日琉関係についてお話しいただけますか。

安里(進)　日本にとって琉球というのは、奈良時代に『古事記』『日本書紀』の記録が登場してから明治の琉球処分で併合されるまで、一貫して日本の異国つまり外国として位置づけられてきました。中世日本の領域が、北は外ヶ浜(青森)から南は鬼界島までと言われるように、トカラ列島辺りが、日琉の境界域でした。縄文時代に日本と琉球が全く同質文化圏だったと言ってよいか問題はありますが、少なくとも弥生時代以後、本土では農耕民として国家形成に向かう一方で、琉球の人々は交易民

になっていきます。サンゴ礁の海の資源を交易品として、日本、朝鮮、中国と交易する交易民の道を二千年ぐらい続けてきており、日本と琉球は歩む方向性が違ってきました。そして日本の枠の中に文化的にも、国家的にもとらわれたことがないという歴史を歩んできました。

沖縄には三万年ほどの人類の歴史がありまして、琉球処分や日本復帰などは、琉球史の全体の中に位置づけて考える必要があるだろうと思います。政治的に日本とは異国関係にあったということのほかに、文化的経済的にはどうなのかという問題もあります。琉球処分以後の近代は、沖縄の歴史の全体の中で考えると、不安定な時代です。明治から現在まで一三〇年余りの間に、琉球は三回世変わりしています。極めて不安定な時代で、多分まだ落ちつきどころがない。近世琉球王国は二七〇年続き、古琉球王国の時代は大体六百年続いています。先史時代だと何千年という大変安定した時代です。

こうした歴史が日琉同祖論、民族統一論で説明されていきます。縄文時代に同質の文化圏で先祖が一緒（同祖）だったが、これが日本と琉球という二つの国家となり、明治になって民族再統合されたというのが、一九六〇年代から一九七〇年代の琉球史論でした。それは、島津の琉球征服のうえに琉球処分があって民族統一が達成されるという二段階統一論の形をとっていました。これは「上からの統一」ではあるが、歴史的必然で受け入れるべきだという論理でした。島津の琉球征服や明治政府の琉球併合を受け入れる論理として、何千年も前の縄文時代に同一文化だったことを根拠にした。

それはさておき、研究が進展すると、千年ほど前に大きく日本化した時代があったことがわかってきました。平安時代の後期の十一世紀後半頃から十二世紀頃のグスク時代が始まる時期です。最近の研究で具体的にわかってきました。琉球語は日本語と同一系統で、御嶽《ウタキ》信仰も神道に似ているところがあるし、そのほか日本と沖縄の風習にはいろんな共通要素がありますが、いつどのようにして共通要素を持つに至ったかいう問題につながります。この問題はグスク時代の日本化にさかのぼるようで、DNAからはグスク時代に、文化だけではなく、人間の形質も日本化するというのがわかってきています。喜界島に日本人集団の交易基地があったところに、朝鮮半島や中国の商人が混在する時期があり、喜界島集団が琉球列島に広がって在来先史人と混血することで、琉球列島の人々が日本化していったようです。

ところが、日本化していくものの日本にはならず、琉球王国を打ち立てます。長い歴史の中で見ると、縄文時代だけじゃなく平安時代の終わりにも日本化の時代があったわけです。そうすると、近現代の日本の一部としての沖縄は歴史上何回かあった日本化の波の一つということが見えてきます。しかも琉球処分以後の一三〇年余りの中で三回も世変わりした不安定の時代が現代だとすると、沖縄が日本の中の一部として、これから未来永劫続いていくとはとても思えません。いずれかの時点で、揺り戻しが来ると思います。

揺り戻しは始まっているかも知れません。ウチナーグチの復興運動の急速な盛り上がりや、辺野古新基地建設に対するオール沖縄の抵抗は、政治的な問題だけじゃなくて、沖縄人のアイデンティティの問題が根っこにある。最近の県民の動きをみると、日本化からまた琉球化、沖縄化に戻っていく大きな歴史のうねりが始まっているように感じます。だから今の沖縄の状況は、袋小路に入って切羽詰っているんじゃなくて、歴史の転換にむかう出発点ではないか。歴史の大きな流れから見たらそう見えます。

伊佐 長い沖縄の歴史のなかには、日本化との関連で、島津の侵略、琉球処分、沖縄戦以後の米軍統治、そして一九七二年の施政権返還という四回の大きな節目がありましたが、琉球処分は、ほかの三つと並べてみた場合、比較にならないほど圧倒的な拡がりをもった影響力がありました。琉球王国時代の土地制度、租税制度、そして地方制度は日本と著しく異なっていましたので、それを日本に合わせた画一的な制度にするのに、明治十二年から四半世紀の年月を要します。これによって、資本主義の基盤となる土地の個人所有形態に移行するわけですが、沖縄の日本化、つまり近代化は外見的な制度として整うことになります。

と同時に、この時代を境にして、ヤマトから沖縄に多くの寄留商人、教員、警官、役人がやってきます。また沖縄からもヤマトに人間が出て行きます。この大掛かりな人的交流が、それ以前の時代の日本化とは決定的に違うところです。ところが、制度面では同一になっていくのだけれども、沖縄人の精神面、人間の自己認識はそう簡単に日本化していかない。沖縄人の意識だけでなく、日本人の方もすんなりと自分たちと同じだと受容していくわけじゃない。この面における明治政府の仕事が学校教育であり、沖縄人自身の対応のひとつが、いわゆる「沖縄学」になります。そうして徐々に沖縄自身が、言語や民族意識も含めて日本と文化的にも人種的にも同質なんだという意識を深めていくようになっていきます。

そうした文化的な共通性については何も明治になって初めて出てきたわけではなくて、琉球王国時代にも羽地朝秀がヤマトと似た部分がありはすると言いはしたけれども、琉球処分以降における両者の共通性への言及は、沖縄人を日本人に改造する目的のそれになる。この地球上にいるすべての人間には必ず何かしら共通する部分があるのであって、共通する部分があるからといって、それを根拠にして同じ集団や国家になるべき理由はない。

沖縄学における伊波普猷と羽地朝秀の違い

伊佐　この沖縄人の自己認識に多大な影響を与えたのが伊波普猷です。彼は明治二十四年に十六歳で沖縄県尋常中学に入学します。ですから日清戦争のころはまだ中学生で、清国に対する敵愾心はすごかった。明治十二年の琉球処分のあと明治政府は翌年には公立の小学校をつくり始めます。『沖縄対話』という教科書を作ってヤマトグチ（日本語）とウチナーグチ（琉球語）を並べて、まずは言語教育からやるわけです。小学校をつくった最初のころは、首里のなかでも学校に行く人は非常に少なかった。まず親が反対し、本人も行かなかった。それが一〇年足らずのあいだに、ほとんどが学校に行くようになります。同じ士族といっても、かなりバリエーションがあって、たぶん経済的に弱い階層は、割と早く七、八年以内には学校に行くようになっています。だから明治二十年代の中学生の年齢はばらばらです。十幾つもいれば二十歳前後の者もいて、すでに所帯を持っているのもいました。真境名安興も金城《かなぐすく》紀光《きこう》も、中学生のときすでに結婚していました。

たしかに、処分前後にはいわゆる「脱清派」など明治政府に抵抗した士族の一団がいたけれど、日本国家のなかで生きていくしかないんだという考えは、伊波が中学生になったとき、つまり日本への併合から一〇年後には、ゆるぎのないものになっていた。こうした状況のもとで、日本と琉球の同祖という考え方は、学問というよりも、琉球処分後に人的交流が社会全体で盛んになり、沖縄人と日本人が雑居して生活せざるを得ないなかで、小が大にのみ込まれるかたちになっていく。大きくて力の強いものに合わさないと、やはり不利、差別を受けるという切実な利害が、好むと好まざるとにかかわらず、同祖論的な考えを浸透させていったと思います。

同祖論というと伊波が有名ですが、彼の人生のなかで同祖論の内容も変化していきます。最初は言語を起点にして沖縄を理解しようとします。彼は帝大に入る前からすでに沖縄の言語に関心があって、自分のウチナーグチを近所の古老に矯正してもらったりして、結構専門書も読んだりしていました。旧制高等学校に入る前の浪人時代に、もうバジル・ホール・チェンバレンの英語の原著を読んでいます。あれは明治二十八年に出版された非常に立派な琉球語の研究書です。今から見ると、内容の一部に訂正すべき点もありますが、琉球語の基本を明快に解明しています。

その本のなかでチェンバレンは、沖縄と日本との関係を言語の面から説明しています。チェンバレンは大もとの言語を、祖語という意味で、ペアレント・ランゲージ（Parent Language）という言葉を使い、そこから古代日本語と古代琉球語が分かれ、それぞれから近代日本語と近代琉球語ができるんだと論じます。伊波さんは、この理解の上に立って研究をすすめていきますが、言語だけで日琉の同一性を決定するには非常に不安を感じて、後年「沖縄学」といわれる、多岐にわたる分野横断的な沖縄研究をすることになります。多方面への積極的な進出は彼自身の興味が広かったとか、彼の視野がただ単に広かったからではなく、言語学だけでは同祖を解明する根拠が非常に弱いという必要性から、帝大では人類学の鳥居《とりい》龍蔵《りゅうぞう》や歴史学の幣原坦《しではらたいら》から学んだりしたわけです。自主的に人類学会や考古学会に入って、そこから自分の目的に必要な養分を吸収していきます。

その伊波さんの研究は、昭和になると、以前の考えを変えて、古代琉球語は古代日本語から派生したというふうになります。これも祖語からの流れという点では日琉同祖論にはちがいありませんが、このとき琉球語と日本語は祖語から分岐したヨコの並列関係ではなく、上下の関係に変化しています。

チェンバレンは、その原著の中で琉球語と日本語はシスター・ランゲージと言っています。姉妹言語の関係です。彼は例としてこんなことを書いています。イタリア語とスペイン語は、非常に似た部分が多い、しかし違いも多い。そしてスペイン語と隣のフランス語も、なかなか切り分けられないくらいに共通部分も多く、一方では似ても似つかないほどの違いもある。これらの言語を念頭において、琉球語と日本語をみると、共通性と同時に相違はさらに大きいことがわかる、と。以上の結論からチェンバレンは、

その本のタイトルをリューチューアン・ランゲージ（Luchuan Language・琉球語）としています。本のなかには琉球の言葉をダイアレクト（Dialect・方言）とした表記はひとつも出てきません。彼から見ると、日本語と琉球語は対等平等の関係です。

しかし私が見るところ、伊波さんによるチェンバレンの本の読み方は、違いの面にポイントを置いたものではなくて、共通部分に比重を置いてみようとするものです。それがその後の日本語研究の成果を取り入れて、琉球語と日本語を共通の祖語から分かれ出た並列関係ではなくて、古代日本語から古代琉球語が派生していくという上下関係に変わるのです。前者の見方も後者の見方も、ともに祖語から産まれたという点では同祖ですが、前者は姉妹の関係であり、後者は親子の関係です。

安里（進）　日琉語の系統関係を証明したのは服部四郎です。彼は一九五五年の『民族学研究』の沖縄特集号だったと思いますが、その中で「琉球語」と呼ぶべきか、「琉球方言」と呼ぶべきかは、沖縄の皆さんが決めるべきことだと言っています。日琉語はイタリア語とフランス語ぐらいの違いがあるので、琉球語とも言えるし、日本語のなかの琉球方言とも言えるということです。

日琉同祖論の大きな根拠は言語の共通性です。羽地《はねじ》朝秀《ちょうしゅう》もそれを言っています。羽地朝秀はよく日琉同祖論者だと言われていますが違います。行政改革の一環で、琉球国王が久高島まで行って祭祀することを廃止する説明のなかで、日琉は先祖が同じではないかと言っているのです。羽地と同時代の琉球王府の支配層の考えは、先祖は一緒かもしれんが国家は別だという認識だと思います。伊波普猷は、先祖が一緒だから国家も一緒になるべきだといっています。この点で羽地と伊波の考え方は、決定的に違います。

現代の私達は誰に学ぶべきかというとやはり羽地朝秀だと思いますね。十五、十六世紀から、琉球王家の先祖は日本ではないかという議論がありました。しかし、先祖が同祖であるということと国家は別の話です。先祖が一緒だという理由で日本に併合された結果は、差別され、戦場にされ、米軍支配下に置かれ、復帰後も米軍基地が増強されるという目に遭っています。日琉同祖論や日本人の分肢論では、沖縄が抱える問題は解決つかないと思います。

伊佐　チェンバレンは、言語の面から琉球の独自性を論じているのですが、しかし琉球語を日本語との関係でどう認識するかは沖縄の人間が決めることだと暗に語っているように思います。服部さんと同様に、最終的な決定権は沖縄の人たちがどう認識するかにかかっているということです。その本でチェンバレンは、ヤマトは現に沖縄にとってのマスター（Master）だと言ってるんです。明治二十年代後半の沖縄人の社会的な状態をみての感想なんでしょうが、サーヴァント（Servant）の用語こそ使ってないけれども、私はそれを読んだとき、沖縄よもっと自信を持てと言ってるような気がしましたね。

古墳時代に日琉の交流があったか否か

安里(進)　日本人と沖縄人の先祖については、縄文時代に九州から集団移住があったと思います。しかし無人の地に縄文人がやって来たのではない。旧石器時代から人が住んでいます。旧石器時代は、九州と奄美以南の文化とは全く異なります。同祖をたどっていくと最後はアフリカの人類発祥にまで行きつきます。同祖だから同民族だから国家も一体化すべきだというのは政治的な主張で、これにとらわれる必要はない。

川満　現在、島言葉復興運動で盛んに方言を再生しようという運動が起きているでしょう。それとの関連で、学術サイドからも言語文化論の問題を深めなくちゃいけないと思う。言語自体も、沖縄は何であるかを考える上で大事な基本的な問題ではないか。

また沖縄方言とまとめているけど、今度の島言葉復興運動を通して見えてくるのは、沖縄内部における言語文化の偏差、この偏差について自分たちはどのぐらいの共通の認識を持っているか、これは非常に大事な問題です。沖縄で方言、島言葉復興といったらウチナーグチの復興を言うし、宮古で方言復活といったら宮古の言葉ですね。八重山の方言といったら八重山の言葉。そうするとその三つの言語文化の圏域の間で、島言葉復活として共通の体系ができるか。あるいは島ごとに島口の復活を進めるということなのか。

安里(進)　最近「琉球語」と言わないで「琉球諸語」と言うようになってきています。東京から福岡ぐらいまでの広大な空間に多数の島が散らばっていて言葉にも違いがある。言語の多様性がある。だから琉球諸語というのは、とても適切な表現だと思います。ただ今盛り上がっているシマクトゥバの復興は、それぞれ多様性を持った言葉を復興させようという話のようですが、復興の先はどうするのかという展望を十分持ってないと思う。滅びていくものに対して何とか対処しようという段階だと思う。

海勢頭　古代史を調べていると、卑弥呼の後のトヨに入り婿した御間城入彦が、これが後の崇神とされますが、この崇神の血筋に川上一族の血が入る。本妻の丹波竹野媛《たにわたかぬひめ》、「竹野媛《たけのひめ》」と書いて、ウチナーグチ風に「たかぬひめ」と読みます。その子供が日子、いわゆるテダコになります。そのテダコが崇神によって奈良から丹波に追いやられる。その日子巫《ヒコイマス》の息子が丹波道主命という名前。系図から言えば川上《カワカミノ》真若《マワカ》が本名だけど、丹波道主命という奇妙な名前。その古い当て字が旦波比古多多須美知能《タンバヒコタタスミチノ》宇斯《ウシ》王。ウチナーグチで読むと、よくこの当て字の意味がよくわかる。そのころのウチナーグチは日本の共通語だったんじゃないかなと思うほど。姉妹言語というより、よくわかる。

安里(進) 海勢頭さんには悪いけどね、卑弥呼の前の時代、弥生時代は、琉球と九州以北は全然違う文化です。片や農耕民で、片や交易民。交易で人の往来はあるけれども、人間集団の移住による血の交流はほとんどない。日本が卑弥呼の時代から古墳時代に入っていくと、日本と琉球の関係は一番関係が薄れる時期になる。弥生時代までは、琉球のゴホウラ貝などが、弥生人の権威・権力の象徴としての腕輪の原材料として交易されますが、卑弥呼の時代になり、古墳時代に入ると、この交流が切れてしまいます。日本側が、王権の象徴として青銅器や玉を使うようになり、琉球の貝を使わなくなるからです。考古学の研究からみると、卑弥呼と琉球はほとんど無縁だったと考えられます。

海勢頭 ただ残されている祭祀のしきたりや勾玉、太陽信仰などから考えると、無縁ではなかったと思いますね。

安里(進) だからそういう祭祀や信仰が、いつ琉球に入るかが問題です。日本に伝承されていて、十一世紀ぐらいに琉球に入ってくるんじゃないでしょうか。

海勢頭 いや、ずっと古くから伝わる世直しに関する神歌が残っていて、世直し運動を成功させて、それを報告に来たことを祝っている歌ですが、この世直しの歌の存在そのものが琉球を日本古代史、卑弥呼とウチナーを結びつけていると思えるわけです。

安里(進)　琉球諸語の歌謡は、琉球列島に日本語がいつ入ってきたかという問題でもありますね。琉球諸語は八重山の言葉をふくめ明らかに日本語の系統ですが、これがいつ入ってくるのかという問題です。一九六〇年代から一九七〇年代の言語学研究では、奈良時代以前であることは間違いがなく、弥生時代に八重山まで入ってきたかもしれないという理解でした。ところが考古学からみると、十一世紀ころまで宮古・八重山諸島は南方系文化の世界で沖縄諸島とはほとんど交流がない。考古学の成果から考えると、人の交流もないのに言語だけが日本語化するということはあり得ないので、宮古・八重山諸島で日本語化が始まるのは早くても十一世紀。恐らく十二、十三世紀ぐらいじゃないかなと思います。考古学と言語学研究は、見解のずれが続いています。考古学研究はその後随分進展しましたが、琉球諸語の起源と成立に関する言語学研究は、一九八〇年代以後、ほとんど停止した状態だと思います。

遺跡が少なく、沖縄考古学は解明しにくい

川満　宮古のピンザアブから出てきた、いろんな考古学遺物があるでしょう。いつごろのものですか。

安里(進)　旧石器人骨がありますね。二、三万年ぐらいと言われています。

川満　考古学サイドから攻めていくとしたら、十一世紀までしか沖縄本島との交流はたどれない。しかし八重山の人類の歴史は上限三万年までたどれる。その間の二万数千年のブランクは、考古学にとっては丸ごと空白ということですか。

安里(進) まだ証拠が見つかっていないということです。沖縄諸島では、一万八千から一万六千年前といわれている港川人につづく貝塚時代の九千年前の土器が見つかってきています。だから旧石器時代と貝塚時代の間が埋まりつつありますが。

川満 その点は、沖縄考古学者の怠慢ですか。

安里(進) 怠慢というよりは、遺跡が非常に少ないので、極めて解明しにくい時代だからと思います。

安里(英) あと海進の隆起はあれは八、九千年前ですか。サンゴ礁も消えてしまっているのもある。もう一つ、いま日本対沖縄だけで論じているけど、例えば照葉樹林文化とか焼き畑文化とか、東アジア、中国大陸と沖縄、日本を含むもうちょっと広い範囲の文化論もありますよね。

安里(進) みんな関心はあるけど証拠が見つからないですね。

安里(英) 私は遺跡も含めてかなり御嶽《ウタキ》回りをしてきました。不思議なのは、無人島にたくさんの考古学的遺跡があることです。人が住んでいないところに。なぜと思います。屋慶名の藪地島には六千年前の遺跡が、海をちょっと隔ててありますよね。伊是名の近くにある今は無人になっている具志川島にも古い遺跡がある。そういう地先の小さな無人島が重要な信仰の対象になっています。海の浮き沈みがあり、藪地と屋慶名は、サンゴ礁などによって昔つながっていたのではありませんか。

安里(進) 藪地島は近いからあるかもしれませんが、それでも何万年前の話ですね。

安里(英) ミッシングリンクになっているというのは、その間に海進が起こったりしたのではないかな思ったものですから。サンゴ礁の島は生きている非常に新しい島なので、人類がそこに住み着いたときの事も考えなければなりませんね。私はそういうところにある聖地を一〇年近くかけて巡りました。

三木 石垣で新空港の建設のときに、方言でスンタバルといい、漢字では竿根田原と書きますが、そこから二万年前の遺跡が発見されて、八重山の考古年代がぐっとさかのぼったことがありましたね。まだ大陸と陸続きだった頃で、沖縄本島の港川人が一万八千年前ですから、それよりも古いということになります。しかし、この人たちがどこからやってきたのか、くわしいことはまだわかっていません。それにしてもこの頃から島に人が住んでいたというのは驚きです。私は考古学の門外漢ですが、その後、長い空白期を経て、波照間で下田原式土器が出土して、八重山は先史時代に入ります。日本史で言えば縄文時代から弥生時代にかけてとなりますが、八重山ではそのいずれも影響を受けていないということです。

ところがこの下田原式土器もいつの間にかなくなり、空白期を経て、再び無土器時代になっていきます。石垣島や西表島の貝塚からは貝製品や鉄製品が出土しますが、再び土器が登場するのは、一一〇〇年頃の新里村式土器からといわれています。

この土器から無土器、そして土器の再登場というめずらしい現象も、なぜそういうことが起きたのか、ナゾとされています。一説では土器を使用していた集団が、自然災害か疫病などで滅び、そのあとに別の集団が島外から来て入れ替ったからではないか、とも言われますが、その証拠はありません。

もうひとつ先島の先史時代で興味深いのは、シャコ貝の背中で作った貝斧が、石垣と宮古の両島で出土しているのに、沖縄本島ではこれまでのところ出土していないということです。シャコ貝製の貝斧は、石垣島の名蔵貝塚と、宮古島城辺町の浦底遺跡から二〇年以上も前に出土していますが、浦底遺跡では貝斧と併せて黒こげのボール状の石群も出土しています。これはストーン・ボイル、すなわち焼石調理法の跡ではないかとみられています。貝斧はその材質や形、製造技術がフィリピンのパラワン島出土のものとそっくりということで発見当時、注目されました。

こうしたシャコ貝製の貝斧は、フィリピンからミクロネシア、ポリネシアに至る太平洋の広大な地域に分布する貝器文化だそうで、その北限が宮古・八重山というわけです。宮古と沖縄本島の間の海溝は、北からの縄文・弥生を遮断したように、この貝器文化をへだてるものともなっていたのです。

私は沖縄の文化やルーツを考えるとき、北に目を向けるだけでなく、南にも目を向け、柔軟な考察をすべきではないかと考えています。

現在を論ずるために、大きく過去に遡る必要がある

三木 それにつけても、私はこの言語や考古の問題でいつも思い出すのは、一九五四年に八重山出身の言語学者の宮良當壮さんと、考古学の金関丈夫さんの有名な論争です。簡単に言うと、波照間をどういうふうに理解するかという論争です。宮良當壮は日本語の古語から分析して「はてのうるま」だと言いました。金関丈夫は台湾側からのアプローチで、沖の島を「ボトロー」と言うので、「ボトロー」がハテローに転化したんじゃないかという説を唱えて、それで二人で論争が始まりました。宮良當壮さんは日琉同祖論的な発想で、この論争に対して非常に感情的に反発しました。金関丈夫は、学者ともあろう者が感情的になってどうするというような批判をしました。

僕は、言語の問題になるといつも感情的な対立が起こるので、日琉同祖論的な発想から卒業しないとだめだと思います。さっき安里英子さんから「東アジアの中で」という話がありましたが、同感です。もっと進めて言えば、太平洋の島嶼圏のひとつとして見る視点もあっていい。私は先に太平洋の島々をめぐって『オキネシア文化論』（海風社）を書いた話をしましたが、その本のサブタイトルは「精神の共和国を求めて」というものでした。それは日琉同祖論の軛《くびき》からの解放を込めていたのです。

我部　今の話で、私が非常に関心を持っているのは、千年前後にいろいろと日本化した流れがあるということと、日琉同祖論と沖縄方言の祖語との関係です。今後もう少し研究していかないとわからないことですが、どうしてそういうことが現在問題になるのかということから考えてみると、この論理に従って現代を説明することがあるからで、どうしてもその実態としての過去にさかのぼって捉えないとならないということだと思います。いま問題になっているのは近代化です。国民国家の形成の中に沖縄が組み込まれていく過程で、実にさまざまなことが起きています。皇民化教育も強力に推進されます。とりわけ土地制度、教育などについて問題点を検討してきました。日本国民という概念が成り立つようになって、沖縄人も日本人の中に組み込まれていきます。ごく普通に会話ができるような言語生活の領域もできました。それから生活様式がかなり共通化してきました。しかし表面はともかく、精神文化の面では相当程度に違う面も残っております。そういうふうに均一化する国民国家の形成の過程で、宗教、土地制度、税制などに関して前の時代からの遺産が削られ、負担も強いられます。最終的には自治的な決定権が少なくなっていくような印象を強く持ちます。これに対して決定権を拡大するような要求がなされてきます。

そうすると、一体化することによって統合化されていく過程と、その中で残る部分の実質的な面や個性的な面をどう残すかという問題が、これと同時に論じられます。そしてその中間策として日琉同祖論や言語の問題が出てきて、これによってある程度対立が緩和されるかのように見えます。もう少し具体的に明らかにしていかないと、この問題は対応できないかもしれないと思います。

例えば土地制度の問題は、総有制で、土地整理以前は、地割制度という形でなされてきたけれども、明治になってそれを個人所有に移すことになります。なぜ個人所有に移す必要があるのかは、選挙制度と関係があります。当時は納税額によって選挙権の資格要件を決定していますから、土地を個人所有にして納税させないと近代化が進みません。このため自立した個人、国民をつくる課題と、沖縄が伝統的に持ってきたしきたりとの間に、いろいろ解決しないといけない問題が一挙に発生します。そうすると、どうしても時代の激変についていけない人々が出てきます。その人々の存在が大きな社会問題化するはずです。沖縄の祖先崇拝思想はその状況が支えている面もあるような気がします。これから続く若い人たちも、この問題を押しつけられて、堂々めぐりを繰り返す可能性が非常に大きいと思います。

アジアの中で沖縄をどうするかということも、いろんな共通の問題を抱えているので、他の国はどうでもいいじゃないかとは言わないけれども、自分自身の周辺のこともはっきりわからないでアジアをどうするかという気持ちもあります。日本の中でも、沖縄だけが特殊であると僕は思わないし、日本は日本として大きく固まっているとか、沖縄は沖縄として固まっているわけでもない。相互関係もいろいろあるし、そこにはさまざまな問題があるので、その辺も見ていく必要があるような気がします。

川満　我部先生に、僕は二点ばかり反論がある。

「自分自身の周辺のこともはっきりわからないでアジアをどうするか」という発言がありましたね。冗談じゃない。いま尖閣をめぐって中国と日本がこれだけ鍔迫《つばぜ》り合いして、その接点に我々は置かれています。アジア全域が安定してくれないと、僕らはまたいつ紛争に巻き込まれてひどい目に遭うかわからないという現状認識を持っています。当然アジア全域の問題は、非常に切羽詰った問題として、当事者として考えなくちゃいけないと思います。

次ぎに土地所有の問題。太古においては、無所有ですよね。狩猟民族にしたって採集民族にしたって、誰も土地なんか持とうとしない。しかしこれが中世あたり、少し権力が集中してくると、そこでは平安貴族みたいな荘園制になる。そしてそこに農民奴隷を働かせる土地の所有形態が出てくるでしょう。その系譜とは別に沖縄なんかの例で見ると、土地は共有になっているわけですね。

安里（英）　総有といいます。使用権、みんなで使う権利があるという意味です。

川満　言ってみれば共有だね、ともに有する。

安里（英）　まあ大きな概念で言えばそうでしょう。

川満　それが近代に入って、私有という形式に変わってくる。この近代というのは、資本主義と国民国家とが結び着いて一体となったものです。我部さんは、資本主義の問題として、土地の私有制への変化を考えるのか、あるいは文化的、社会制度的側面から考えるのですか。

我部　僕が言いたかったのは、権力や国家が個人を縛る手段は土地制度と税です。古い時代からずっとそうです。沖縄の土地制度と税がどういう変化を遂げたかを明らかにすることが非常に重要だということです。近代化の過程で私的な土地所有の制度を作ったということを述べたのであり、根本的な問題として、土地の私有を認めない制度がいいのかは、正直なところ、僕の想像力を超える問題です。僕のさきの発言には、川満さんに誤解される内容がありました。現状認識の甘いことそして低いことも認めます。

尖閣列島の問題が念頭にないわけではありません。なんとなくですが、かつての満州問題にしがみつく態度は似ているような気がします。もちろん、川満さんが、北京に赴き尖閣の問題を論じていることも承知しております。過去の朝鮮戦争やベトナム戦争を想起すれば、沖縄人が沖縄の問題を国際社会のなかで考え、置き換えることによって理解したような気持になっていることにも疑問なしに感じているのです。もちろんアジアだけじゃなくて、ヨーロッパ、ロシア周辺、中東も含めて世界各地で、さまざまな問題が起こっています。そういうふうに考えていくと、これらの問題を我々が関与して解決できるのか。また沖縄の今の問題の中は、権力の正当性と関係していることが少なくありません。しかし、沖縄の人も選挙をして、選んだ人たちが代表として行動しています。日本国家は、こういう制度をいますぐやめることはできません。この制度によって、別に正当性が担保されているとは思わないけど、現在の制度はそうなっており、一応、民主的な手続を経て政府は成立しています。これは認めざるを得ない。制度にも変革を求めなくてはならないものもあります。政権を認めることは、それを支持することとは違います。認めるというのは、容認してそのとおり従うという意味ではありません。

川満　一九六〇年代から、既に擬制民主主義という言葉があります。代表制民主主義はいつごろから擬制民主主義になってしまったのでしょうか。沖縄から国会に送り出している議員は、多数決を確保するための頭数にしかなっていない。それが制度の現実であれば、自分たちの問題を解決するためには、制度をどう変えるかが課題だと思います。制度のありかたを認識することは手始め、それをどう変えていくのかはつぎの創造的作業。そのために古代まで遡る論議が交わされているわけです。

祭祀組織の変容に見る、ヤマト化と琉球化の流れ

安里（英）　我部さんが一挙にいろんなことを言っちゃいましたが、ノロとユタの問題、薩摩の支配から琉球処分までの祭祀組織の変遷を話しておきたいと想います。

琉球王府では一七〇三年から『琉球国由来記』の編纂を開始し、一七一三年に完成しています。奄美はすでに薩摩の直接支配下に入っていますから、記載はありませんが、沖縄本島及びその周辺、宮古、八重山の御嶽《ウタキ》をすべて記録してあります。この編纂事業と前後して、琉球王府は御嶽《ウタキ》を整理統合して、任命御嶽と、任命ノロがあらわれます。これもやはり日本化されていく過程での御嶽《ウタキ》の整理統合だと考え、既に十七、十八世紀にはもう始まっているのです。

安里(進)　それは日本化ではなく、むしろ琉球化だと思う。安良城盛昭《あらきもりあき》さんの研究によると、古琉球の時代に聞得大君を頂点にしたノロ制度が出来上がりますが、これが島津支配以後、羽地朝秀《はねじちょうしゅう》の登場によって現実政治を重視し、祭祀の比重を減らしていこうという流れがあった。そこで祭祀を再編成した。その結果を記録したのが『琉球国由来記』であり、この時期に近世琉球の祭祀が大きく変わるというのが安良城盛昭さんの説です。薩摩藩の指示で祭祀を再編したのではなくて、薩摩支配下で琉球王国を立て直すために行った琉球自らの改革です。

安里(英)　でも、薩摩の影響を外圧として受けているわけよね。

安里(進)　薩摩への上納米という新たな負担を乗り越えるための社会改革の一環として出てきたものだと思います。これは、中国での明清交代で清朝という新たな中華帝国の登場とも関係していると思う。清朝の登場という新たな東アジア世界のなかで、琉球の独自体制を再構築するための琉球化じゃないかと思う。

安里(英)　薩摩支配のインパクトが、一時祭祀世界でも影響します。

また琉球処分以後、皇民化政策の中で、日本の神社合祀政策に対して南方熊楠がやったような一連の運動が起こります。沖縄の皇民化政策として、神社と御嶽《ウタキ》の合祀というか、同一化が起こります。明治期、大正期、それから戦争直前という幾つかの時期がありますが、結果としてはうまくいきませんでした。本来沖縄にはないはずの鳥居が御嶽《ウタキ》の前に建てられました。

この間与論に行ったら、明治三年に与論の御嶽《ウタキ》はほとんど全部合祀されてしまって、琴平神社にまとめられたと聞きました。沖縄の場合、御嶽《ウタキ》はなくならなかった。鳥居を建てて、ヤマトの神様もウチナーの神様も一緒に祭って、あまり矛盾なく、うまくそこを乗り切りました。しかしかなり強制的なノロの巫女化教育があり、それには反対しました。要するに、明治以後、皇民化政策で沖縄の信仰は変容を余儀なくされましたが、それでも残りました。ある意味奇跡的だと思います。

安里(進)　いや、奇跡でも何でもない。人間は宗教的なものに頼らざるを得ないから、祖先神を祭ってある御嶽《ウタキ》は残ったのではないですか。

安里(英)　あれだけ外からの圧力があっても、ヤマト化されなかったという意味で奇跡的だと思います。戦前期は、首里城の正殿も神社になったくらい、特にヤマト化の圧力は強かった。

川満　僕の体験ですが、戦争中出征兵士を送るときには、まず村の御嶽《ウタキ》の神様のところへ行って、どうぞ元気で帰って来させてくださいみたいな武運長久を祈ります。次に琉球八社でつくられている神社があって、その鳥居をくぐって、今度はそこでまた祈願をして、それから出征していました。そういう二重の構造をあまり問題にすることもなくこなしていました。

安里(進)　あまり抵抗感はなかったと思う。

川満　ほとんど、抵抗感はなかった。

安里(英)　神様は一つと思っているからかな。

安里(進)　いやいや。私の親戚に、もう亡くなったんだけど、戦前からのクリスチャンで英語の先生だったおばさんがいました。日曜日は教会に行くけど、毎朝散歩しながら園比屋武《そのひゃん》御嶽《ウタキ》とか円覚寺《えんかくじ》とかも拝んでいた。私が、何でクリスチャンなのに御嶽《ウタキ》も拝むのかと聞いたところ、「拝んどけば当たるんじゃないの」という答えです。キリストも御嶽《ウタキ》の神も受け入れる結構緩やかな宗教観だと思います。

川満　小学校に入学したとき、もう既に皇民化教育が始まっていました。学校の校庭に御真影を飾る祠みたいな奉安殿がありました。校長先生がそこへ行って白い手袋であけて、拝むように命令したでしょう。ただ僕らが御真影を拝むときは、ちっとも神様を拝むような気持ちじゃなかった。御嶽《ウタキ》に行って、御嶽《ウタキ》の御香炉を前にして立つときは震えるような神秘的な気持になるけど、あの御真影の前では幾ら最敬礼しても、頭の中ではまったく別の遊びをしていた。だから信仰に関する限り、特に庶民の場合は、そこの地域に必要がない神様は必ず消えていくんじゃないかな。

伊佐　沖縄のひとたちには一般的に、神社と寺院の区別はないんじゃないか。

安里(進)　御嶽《ウタキ》信仰の一方で、葬式では遺体を地蔵菩薩の絵を描いた龕《がん》に入れて墓まで運ぶ。そして骨になった頃に洗骨をして神骨化する風習があるが、この骨を地蔵菩薩や仏教的な蓮華文様で飾った厨子（骨壺）に入れることを、何の矛盾もなくやっている。

伊佐　ヤマトにあるような、檀家制度もない社会だからね。きちっとした秩序立った制約になじまない精神構造があるのかもしれない。

川満　ただし、死者に対する送りの気持ちとか、あるいは現実から離れた抽象的な神観念の世界に所属する何者かに対する敬意とか、そういうのはちゃんと一貫して働いているわけでしょう。

安里(進)　だからとても緩やかで、結構何でも受け入れる、そういう体質を持っていると思います。

社会混乱期にはユタが多く生まれる

安里（英） だけど意外と地方ではそうでもない、祭祀に関してはかなり厳しいタブー、戒律もある。それとノロとユタははっきり分けて考えないと、ノロは制度的に任命された人たちがなり、ユタはもっと自由。だからユタは権力にとっては邪魔な存在で、ユタ狩りもありました。

安里（進） ノロは一種の行政官ですね。「諸役増減」という王府の文書に、最近百姓どもがユタの指示で牛馬豚鳥を潰したりするのはもっての外だが、首里城の女たちも祭祀の日選びにユタを使っているのでこれでは示しがつかないと書かれている。つまり王府の男たちがユタの取り締まりに苦心している一方で、首里城内の女たちがユタを買っている。

安里（英） ユタ、つまりシャーマンが多くなるときは、やっぱり社会の混乱期。だから韓国でもムーダンと呼ばれるシャーマンがどんどん生まれてくるんだそうですね。やっぱり我部さんが言ったように、どうしていいかわからない混乱期には、シャーマンが多く生まれます。社会が要求するんですね。

安里（進） この沖縄のユタの問題をどう捉えるかです。ユタは現代沖縄社会の障害になっているという見方があります。王府も民衆を惑わす者としてユタを取り締まり、近年も新聞で反ユタキャンペーンをやっていた。しかし、ユタが歴史上、何度弾圧しても消滅しないのは、沖縄人がさまざまな問題解決の方法としてユタを必要としているからですね。

三木 いくらユタを弾圧しても生き延びてきた理由は、一種のカウンセラーとしての社会的機能を持っていたからだと思います。

川満　ただ、処分とか、あるいは戦争とか、あるいは復帰とか、そういう制度が大きな変わり目を迎えるときにこれを庶民はどう受け入れたかという問題、それが先ほどから出されているテーマじゃないかと思います。戦争が終わったときは、沖縄の庶民はどうだったの。「艦砲ぬ喰ぇー残さー（艦砲の喰い残し）」。あるいは、今の辺野古の近くにある「二見情話」に歌われている心情。

我部　「艦砲ぬ喰ぇー残さー」というのは、人間のことを言ってるの、土地のことを言ってるの。

川満　わかんないけど、それが戦争をくぐったあとの庶民のトータルな感情だったと思う。それからもう一つ、「唐《トー》ぬ世《ユー》から大和《ヤマトゥ》ぬ世、大和ぬ世からアミリカ世」という、そこには何でそうなるのという感情があるわけでしょう。だから庶民は、時代が変わるときには、どの体制権力が自分にとって具合がいいかじっと見詰めて、少しだけ判断できたときに、自分たちの方向を定めていく、この選択に当たってての用心深さが、いつでも生活の論理の中に働いているから、二つの神様を同時にそ知らぬ顔で拝むことが出来たのだと思う。

我部　僕は、民衆意識の表出として、重要な指摘であると思いますが、その生活の論理の中で、その意識は働いてないと思うね。働いているかのように見えるけども。もしも働いていたら、あんなばかげた戦争をしなかったと思います。

川満　いやいや、それは結果的にばかげた戦争であって、あのとき庶民は、この戦争によって、困窮している自分たちの状態は飛躍的に解決できるんだ、光の国を実現するために戦争をやるんだと考えていたと思う。

我部　そうですかね。

Photo by Ichige Minoru

5　次世代へのメッセージ

――沖縄学の父、伊波普猷は戦後一九四七年に亡くなられます。その亡くなる一カ月ぐらい前に、最後の言葉として沖縄の帰属問題について語っています。その言葉は、まず「沖縄の帰属問題は、近く開かれる講和会議で決定されるが」とサンフランシスコで開催されることになる講和会議を予測し、「沖縄人はそれまでに、それに関する希望を述べる自由を有するとしても、現在の世界情勢から推すと、自分の運命を自分で決定することのできない境遇に置かれていることを知らなければならない。彼らは、その子孫に対してかくありたいと希望することはできても、かくあるべしと命令することはできないはずだ。というのは廃藩置県後、わずか七〇年間における人心の変化を見てもうなずかれよう。否、伝統さえも他の伝統にすげかえられることを覚悟しておく必要がある」と結んでいます。この言葉は、二日間ご議論いただいた、今ここにおられる方が、これからの人たちに何を残していくのかということともつながっていくんじゃないかと思います。最後に皆さんから次世代の方々に向けてメッセージを送っていただければと思います。

伊波普猷の功績を踏み台に、私たちの新たな道を（伊佐眞一）

伊佐　よく言われるように伊波さんの研究は非常に多分野にわたっているけれども、功績を簡潔に言うと、沖縄が持っている独特の個性をしっかりと自覚することが第一点、つまり自分たちの歴史や文化を知らないことからくる卑屈感と、沖縄に対する無知が原因となる差別感の払拭に努めたことです。明治国家の一員になった沖縄人に自信の根拠を与えたことだろうと思います。

そして二点目は、そうした沖縄の独自性を、日本のなかにおいてこそ、個性として再生、蘇生させていくことができる、それが本来のあり方だと考えたわけです。彼の近代観といいますか、琉球処分以後の沖縄のゆく道には、彼の深層心理において政治的圧迫と恐れがたえずあって、それがこの二つの骨組みを形成させていったように感じます。

この二つのありようは、彼の沖縄存在論を語るときの基本になっていますし、現在では圧倒的多数の沖縄人の認識でもあると思います。ただ、この二本が成り立つには日本社会がつねに平穏で、ギクシャクした緊張関係のない場合に限ります。つまり世の中が波風が立たないときにはそれは確かに両立するけれども、いったん非常に緊張した政治状況などが起こった場合は、沖縄の個性論は他方の柱のずっと後方に隠れる、もしくは小さく縮こまってしまう。関東大震災後に朝鮮人の虐殺がありましたけど、そのときの沖縄人にとって個性を発揮することが何を意味したかです。そして、沖縄戦については改めていうまでもないでしょう。伊波自身が沖縄戦の開始と同時に、『東京新聞』で現地沖縄に「皇国民としての自覚」を強調して檄を飛ばした事実が何よりの証拠です。

七〇年余の人生で彼は学問をしてというよりも、ヤマトと沖縄のあいだにある溝を埋めようとして研究をしたとも言えます。その生を終えるまで彼は、沖縄は日本のなかでなくては生きていけない存在なんだということに落着したと、私は考えています。沖縄とヤマトは、密着性というか均質性というか、きれいに腑分け出来ないぐらい毛細血管のように複雑に入り組んだ関係にあります。ですから同じといえば同じだし、違うといえば違う。先ほどの話に戻りますが、やはり当の本人、沖縄自身がどう思うか、どう自覚するかによって決まると、最終的には言ってもいいんじゃないかと思います。

そういったことを踏まえながら最近の社会状況を見ていると、この二つの大きな命題は、少なくとも一九七〇年前後、施政権返還のころまではかなり大きな力を持っていたと思うし、また、現在も非常に強いものがあるだろうと思うけれども、二本柱の後者は必ずしも自明ではなくなりつつあることを、私は実感します。

というのも、去年の夏から今年にかけて、「沖縄島ぐるみ会議」が手配している辺野古行きのバスで行ったり来たりしてきましたが、片道二時間ちょっとかかるものだから、バスの中でみんないろんな自分の考えを喋ったり、思いを吐露するわけです。マイクを握るのはこれまでとくに人前で政治を語るという経験のないひとばかりです。私が知っているウチナーンチュにはなかったことで、驚くばかりの雄弁さなのです。かつては知名士や知識人に特有のものだった弁舌が最近ではそうではなくて、ふつうのおじさん、おばさんが、沖縄の歴史を必要にかられて自己学習しており、それに基づいた現状への発言になっているのです。この、沖縄の節目にあって、自分たちが自分たちの厳しい現実を変えて、新たな歴史をつくるんだということを堂々と主張するのを何度も目にしました。沖縄の至るところでこうした新しい型の人間が陸続として出てきているのではないでしょうか。

伊波普猷は、確かに沖縄にとっては学問的に非常に大きな貢献をした先人ですが、彼の沖縄を特徴づけた歴史観は、いまや伊波を知らなくても、実質的には変化しはじめているのではないかと思います。だって、私が学生のころは、沖縄人という言葉を言うこと自体が憚られるというか、一種のタブーだったことを思うと、昨今の状況はほんとに隔世の感というほかありません。伊波普猷を踏み台にして、私たちは新たな道を、私たちが真に自分らしく生きる必要に迫られて、内発的な欲求によって動き出しているのだと思います。今後もこの波はつよく大きく広がっていくのではないかと予想しています。

沖縄、アジア、世界における島連合社会が、私の夢(安里英子)

安里(英)　独立学会という学会までできたという今の状況、少なくともそのうねりは今に始まったことではなくて、近いところでは琉球処分以後、さらには戦後ずっと沖縄人の課題として議論してきたことです。特に復帰後、自立論、独立論は頻繁に議論されました。一九八〇年代はすごかった。一九九〇年代の後半、私自身も独立論の討論会を自分自身で企画したこともあります。そういう意味では私も広く言えば独立論者からもしれません。ただ、独立の内容が共有されてない。独立という言葉は使っているけれども、あるいは自立とか自治とか使っているけれども、その内容について共通理解ができていません。

抵抗運動としての独立、自治権運動は常にあったし、抵抗運動として当然やるべきだと私は思っていますが、私たちがどのような社会を目指すかというその中身について懸念しています。私たちは生活の現場で生きていて、そこに文化も思想も、喜怒哀楽も全部あって、その一部が政治であり、政治的な独立だけではないということです。そして本当に愛を持った、愛という言葉をあえて使いますけれども、そして思想を持った独立運動が可能かということです。場合によっては血を見るような独立運動は、私は求めたくありません。だから、本当に思想的に豊かな自立運動を目指すべきだと思います。それは世界にもいろんな前例があります。

身近なところではアイヌ民族が先住民族だということを二〇〇八年に獲得しましたが、それに学ぶべきことも多い。アイヌ民族はまだ独立分離はしていませんね。今後アイヌがどういう方向を向くかは、私たち沖縄人にとってもとても注目すべきことです。今の段階ではとどまっていくのか、分離独立するのか、あるいは日本の中で自治権を獲得し自治州をつくっていくのか。沖縄も同じように、国家はある意味暫定的な仮の姿であって、当面は日本国家であってもよろしい、ただし、沖縄は独立した自治権を持ちますよという考え方もあるかもしれない。あるいはそういうものを取っ払って、私が今までやった地域の目の思想からすると、地域の独立というのかな、国家と言う概念は不要で、地域連合という広がりの中でやっていく。その連合体が、大きな輪があったり小さな輪があったりしながら鎖状につながっていく。そこには国家はないわけですから、台湾までつながったり中国までつながったり、いろんな形でつながっていく世界。これは私が思い描くこれからの沖縄、アジア、世界における島連合社会です。私の夢です。

だから私は、今の沖縄でいろいろ沸騰している議論の中にはまだ入り切れないというか、用心しています。今までの私の活動を踏まえて、議論に加わる前に、自分の考え方、思想を確立したい。その上でみんなと議論していきたいと思います。

沖縄は現実の利害に立って、現在と将来を考えるべき（安里進）

安里（進）　現在の沖縄で最も大きく重要な問題は米軍基地、とくに辺野古新基地建設ですが、これ

は政治的な問題と同時に日本と沖縄の歴史的文化的な問題でもあると考えています。この問題を考える大前提から、沖縄人と本土日本人は同一民族で運命共同体だという考えをひとまず捨てるべきだと思います。

琉球王国時代の琉球人と日本人はお互いに異国人と認識していたわけですが、琉球処分で日本に併合されて以後日本人となった私たちは、本当に日本民族なのか自問し揺らいできました。保守政治家の西銘順治(元沖縄県知事)が、沖縄人の心とは?と問われて「ヤマトゥンチュになりたくてなれない心」と語ったのは有名な話です。自分の心のなかで確信がもてないので、学術的研究成果(考古学、言語学、形質人類学、DNAなど)に一喜一憂する沖縄人もいますが、こうした学術的な「証明」は、明治以後の研究史をたどるとわかりますが、ずっと揺らいでいます。沖縄人にとってあやふやな日本民族という枠組みの中で沖縄の将来を考える必要はない。そういうものにとらわれずに、現実の利害に立って沖縄の現在の問題解決方法、将来の在り方を考えるべきだというのが私の考えです。

そうすると、いくつかの選択肢が見えてきます。日本の一県という現在の形だけではない。分離独立という主張もあるわけですが、それも一つの選択肢だと思います。また、イギリスのスコットランドのように日本と琉球（沖縄）が連合国家をつくるという関係も選択肢としてあるかもしれない。そのほかにも、いろいろあると思います。琉球列島の「先住民」という自己認識も沖縄への国際的な理解を広げる力になると考えています。日本民族とか日本の一県という枠から離れて考えるべき時に来ているんじゃないでしょうか。

そして最後に申し上げたいことがあります。歴史の大きな変わり目では、一〇年先のことは実は誰もわからないということです。それは突然やってきます。徳川幕府が倒れて近代日本が誕生するなどとは明治維新の一〇年前には誰も考えなかった。沖縄が戦場になって米軍支配下におかれるなどとは沖縄戦の一〇年前は誰も分からなかった。ソ連が崩壊して多くの国々に分裂するということも一〇年前には予想もしなかった。沖縄のように、何度も外の力で運命を決められた地域では、我々の願いとは関係なく、強国の論理で再びカードを切られることも覚悟しておかないといけない。そういう変わり目の時代に生きる私たちは、いろんな可能性に備えた準備をしておく必要があると思います。

龍宮神信仰の正当性を世界に訴えたい（海勢頭豊）

海勢頭　私はもう生まれたときからテーマを決めてきたので、それを証明しながら今回の辺野古の問題に対処しようと思っています。幸い安倍総理は来年のサミットを伊勢志摩でやるといっています。伊勢神宮に世界の代表を案内して、、素晴らしい?日本の神道文化を自慢したいのでしょう。そのサミットに集まる世界の報道陣に対し、伊勢神宮で行われている儀礼の欺瞞性、うそを証明し訴えたいと考えます。要するに琉球国は辺野古の海のジュゴンを龍宮神として、守護神として国の守り神として崇拝し、祭ってきたという歴史的事実がありますから、今現在もそれは変わらないということを外国のメディアに訴えて、辺野古問題を理解してもらおうということです。那覇空港の西側にある大嶺岬、大嶺と書くけど本当は「うふんみ」と読みますから、うふの海で龍宮神信仰を表す海辺の村の岬の意味です。そこの龍宮の碑文を見ると、航海安全の神、豊穣の神として昔から祭っているのでこの碑を建てますと書いてあります。そういう証拠となる具体例がたくさんあります。しかしこの龍宮神信仰に対する差別の歴史、迫害の歴史が古代から続き、今日《こんにち》の辺野古問題にあぶり出されているわけです。この龍宮神信仰を、明治政府は都合が悪いものとして秘匿してきた。これが琉球処分につながり、天皇制を正当化する上では都合の悪い動物としてジュゴンの研究を止めてきた。全て神話化してごまかしてきましたが、そういう歴史を洗いざらい検証して、琉球の信仰の正当性を世界に向けて発表できたらいいなと思っております。既に材料はかなり取りそろえていて、これからの闘いになります。

沖縄未来像のあらゆる可能性を模索すべき(三木健)

三木　戦後七〇年たって、いま大きな歴史の曲がり角に来ているという感じは強くします。辺野古の問題、戦後七〇年たってもまだこういう新たな基地をつくるのかということは、これは沖縄県民なら誰でも、もういいかげんにしてくれ、という気持ちを共通して持っていると思います。それとこの七〇年の間に沖縄の社会経済のありよう、基盤、こういうのも大きく変わってきていると思います。沖縄の経済人が今度の辺野古の基地建設に反対し、翁長知事の誕生を支持しているということが、社会の変化を象徴しているように思います。戦後しばらくなかったこういう潮流が、新たに大きなうねりとして出てきて、これからの沖縄の持つ可能性の大きなばねになればと思います。

沖縄のどういう未来像を描くか。これはあらゆる可能性があるということを担保して考えていくといいと思います。特定のものに収斂するのは先でいい。とにかくあらゆる可能性を模索していくことが今の段階では必要でしょう。私も辺野古に何度か行きましたが、今のやり方だと押し切られるかもしれない。でも反対し続けてきたということは、やっぱり大事だと思います。これはこれで今後も進めるべきです。

今、日本の民主政治が非常に劣化しています。戦争に向けての集団的自衛権、シビリアンコントロールの崩壊、武器三原則の放棄、もろもろのそういう動きが出てきていますが、しかし民意は必ずしもそれを支持していないことが、いろんな世論調査で明らかになっています。民意はそうなのになぜこういう事態がまかり通るのか、ということを考えざるを得ない。その理由の一つは、今の選挙制度の問題です。小選挙区制自体が民主主義を形骸化させている大きな原因じゃないかと思います。いかにも民意を代表しているかのように見えますが、実際は過半数にも満たない得票数であれだけの議席をとっている。ここに民意と政権とのギャップがあります。しかも小選挙区制の場合は、自民党候補者を党自身が選別する権限を握っています。前の中選挙区制の場合は、いろんな多様な意見が同じ党内でも出てきて、競うことにより政権暴走の抑制が生まれたと思いますが、今はそういうことができません。多様な意見が反映されないような仕組みになっているところが、今の官邸支配を許していると思います。

もうひとつは比例代表制ですが、これが民意を反映しているようでしていない。前回の衆院選で、辺野古反対を掲げた候補が全員当選し、自民党候補を引きずり降したにもかかわらず、比例で全員が復活した。まるで茶番劇だ。こんな有権者をバカにした制度もない。

しかしこういう政治が本当にいつまで続くでしょうか。今後の沖縄の動きが次第に全国的にも広がっていって、今の辺野古に対する政府の対応はおかしいということが国民的な議論になっていけば、いつまでもそういう政治ができるわけではないだろうと私は思っています。その動きはまた、安保体制の反対運動にも大きな影響を与えてゆくのではないか。いずれにしても、今ほど戦後民主主義が問われているときはありません。

とりあえずは、一票の行動に思いを託す(我部政男)

我部　戦後七〇年見てくると、こうも社会が変わるのかな、恐らく誰も想像しなかっただろうなと思います。私なりの戦後民主主義観を持っておりますが、いま話に出た制度の問題はさておき、戦前期の人たちの一票と、戦後我々が民主主義の中で持っている一票の重みの差は大きいと思います。だからかつての戦争の中から、戦没者の叫びも含めて何かを学びとり、自分の一票に思いを託すような投票行動を展開する以外に方法がないと思います。それ以外にもちろんいろんな考え方もあります。

ごく簡単な結論のように思いますが、制約や欠点はあっても、とりあえずはこの投票行動という選挙権をうまく利用していく以外に道はないように私には思われます、たった一票ですが。

世界的危機の下、若者たちの構想力の発揮を（川満信一）

川満　いま沖縄が差し迫られている状況は、決して沖縄だけの地域的問題ではない。これは世界的共時性において、同じように先鋭化した危機的状況が僕らに訪れていると思っています。だから単に沖縄問題として僕らの周辺の状況を考えるのではなく、この沖縄が課されている状況は、世界的スケールで危機が迫っていることを示しているんだ、と考える必要があると思っています。

それから次に、いつの時代にもこういう危機感は人々の時代意識の中にあった、ということも考慮しなければなりません。そしてどの時代にも鋭敏に危機を感知できた人がいたことを忘れてはいけません。

例えば、出口なお、出口王仁三郎という大本教の教祖がいますが、アメリカと戦争をすることになって、その結果東京が空爆を受けて、原爆を投下されて敗戦という結果になりますよという予言を、日中戦争のころからずっと言い続けていました。これはすごいと思う。それから二・二六事件で処刑された北一輝は、ロシアとは戦ってもいいがアメリカと戦争をしてはいけないと盛んに力説していました。このように、その時代における危機を鋭敏に感じた人たちがいつの時代にもいるのです。今、例えば安里英子が一所懸命御嶽《ウタキ》回りをしている。彼女の中には、多分たくさんの御嶽《ウタキ》の霊的な予言能力がインプットされているはずです。あるいは海勢頭豊、今たどっている道を通って将来を感知しているはずです。あるいは沖縄は全体として霊力《せじ》高い島と言われているから、きっと島自体が忌避すべき事態を予知させる力を持ち、伝統的にユタとかノロの能力を持った人たちがいたかもしれない。そういう人たちをしっかりと見つけながら、その予言をみんなで共有することがまず大事なことでしょう。
この沖縄には歴史的にも、あるいは状況的にも非常に発想を豊かにする足場があります。これから沖縄を背負って立つ若者たちは、この足場に立って、今の国家、制度が持っている矛盾を忍耐強く突き出し、それからその矛盾を超えて、こういう社会を創造したい、こういう世界になってほしいという構想を一所懸命出す。そして構想を出すと同時に、じゃあいかにすれば、そういう世界へ向けて自分たちは創造的な力を発揮できるか。そういう姿勢で若い人たちには、これからの世の中に向かってほしいと考えています。

——二日間にわたって、新しい琉球、新しい沖縄にむけて、これからの世代のために歴史を語り、将来を展望してまいりました。

我々の思考は限定された地域にとどまることなく、常に世界の中で有機的につながっています。ますます世界は狭くなりました。我々以上にこれからの世代の人たちは世界との関係を密にして生きていかざるを得ないと思います。昨日、本日と議論したことが、少しでもこれからの人の力になればと思っております。

どうも二日間、長時間ありがとうございました。

一同　お疲れさまでした。

（二〇一五年六月十五日〜十六日　於・観光ビジネスホテル平安（沖縄県うるま市平安座島））

Photo by Ichige Minoru

III　座談会を終えて

マブイを取り戻し、ジュゴンと憲法九条を守護神にした国づくりを

海勢頭豊

平安座島での座談会は、久々に楽しい集いだった。各々が苦難の歴史を語ったが、それにも関わらず座が明るかったのは、マブイを失わずにきた琉球人としての精神的優位性からだろうと思った。島津による琉球支配、明治国家による琉球処分、昭和天皇による沖縄戦の悲劇と米軍支配下に於ける過酷な体験。そのような琉球差別の理不尽な歴史的犯罪行為に対し、加害者であるヤマト人の不幸に比べると、心から「沖縄に生まれて良かった。琉球人で良かった」と七名の同志が、何処かでそう思いながら語りあっていたように思う。沖縄には「他人にころされても眠ることはできるが、他人をころしては眠ることができない」とのことわざがある。

確かにマブイを失わないでいることは、幸せだ。『神』の教えを絶対に護りさえすれば、幸せになれるということである。逆にマブイを失うことは『神』の教えに背くことであり、生きる掟を持たないということであり、しかしそれでは人は幸せになれないという『神』の教えである。つまり、権力

や暴力で富を得ても幸せにはなれないということだ。ただし、完璧に『神』を無視して生きられるのであれば、個人としては幸せを手にしたと思い込むことはできる。だがしかし、掟破りの罪は結果として子孫を不幸にし、人類滅亡の道を辿らせてしまうことになる。だから怖い。

しかし琉球人は、魂の中に自らの行動を規定するマブイを持っている。『神』の教えに従って生きてきた純粋な宗教民族であることを、女性達の伝統祭祀から伺い知ることができる。一方ヤマト人は、『神』の掟に背いて生きている分「臆病」になり、軍事力を持って生きるしか無い、男性主導の人間集団ということになる。従って、現在、辺野古新基地建設を巡る沖縄県対日本政府の闘いの根元は、マブイを失わずにきた琉球側と、マブイを失って暴走する政府と、それに盲従する国民との闘いということになる。一体どちらが幸せかと言えば、勿論、琉球側が幸せであることは間違いない。

私が、「マブイ」という琉球語の意味をみんなに理解して欲しく、二〇〇三年に『真振』(藤原書店)を出版したのも、事の重大さを感じてのことだった。その中で述べたが、長く意味不明だった「マブイ」が、実は「マブリ」だと気づかされたのは、奄美大島を旅したからだった。沖縄本島語が「リ」を「イ」に転化して訛るのに対し、奄美語は訛らずに「リ」を発音していたからだ。思い出してみると久高島の神歌や石垣島辺りの神司の祈り言葉の中にも「マブル」があった。そこで「マ」と「ブリ・ブル」を分けて考え、琉球の精神文化の根幹と言える「真」が「マ」であり、「ブリ・ブル」が「振」であることが理解できた。

「真」とは「真玉」、所謂マガタマに込められた「真」であり、先祖代々の位牌の中心に印されている「帰真・霊位」の「真」のこと。人間の魂がその「真」にしがみついて振る舞わない限り、生きていようが死んでいようが、『神』の次元である天国に帰ることはできないことを意味する。即ち「マブイ」とは、漢字を当てると「真振り、真振る」の意味である。琉球人がその「真振」を否定して「振れ者」となることは、死人と同様、生きていても生きた心地はせず、神の掟に背いて『大罪』を犯した明治維新から太平洋戦争敗北に至る「日本国民」の愚かさと同等になり下がることを意味する。そこで戦後いち早く「真振」を取り戻しにかかった琉球人の反省の意図が、其処にあると言える。ヤマトは「罪」を美化し、いつまでも犯した「罪」から逃れられない文化を持つが、琉球は『神』に謝り、即座に「罪」を清らにする文化を持つからだ。

私は、戦後日本人が「真振」を取り戻せないでいることに危機感を持ち、本土の友人達にその事を何とか理解して欲しく「真振」を出版した。しかし、神国日本に呪縛された侭で、理解を得るのは至難の業。欲望の流れに身を任せ、溺れている国民を「マブイ込め」して目覚めさせることなどできるものではない。せっかく藤原良雄さんが応援してくれたのにだ。しかし、このまま引き下がる訳にはいかないし、とにかく辺野古のジュゴンを護る為に、あらゆる手段を尽くさなければならない。何故なら、私は龍宮神を祀る海勢頭家の神役を担っていて、ＮＧＯジュゴン保護キャンペーンセンターの代表だからだ。

そこで、先ずもって「真振」の重要性を認識して欲しい話がある。それはフランスの数学者エバリスト・ガロア（一八一一—一八三二）の話だが、二十歳で決闘し、若くして命を落としたその彼が、「5次以上の方程式に、一般的な代数解がないことを証明した」ということである。私も学生時代に、何故微分積分は4次までなのか？　不思議に思っていたが、実はそのことが宇宙の存在と精神世界の在り方を理解する上で、大変重要な示唆であった。

即ち、3次元空間に存在する原子や光は、4次元空間の時間局面『0』にしがみ付くことによってしか、存在できないということ。従って我々の肉体を形成している原子も、4次元局面『0』にしがみついている為に、常に『今』という『0』局面の中に在って、何時迄経っても肉体は『今』しか生きられない存在であるということだ。但し、死ねば、人間の肉体を形成している原子も生命維持の目的から解放され、本来の原子として宇宙を包んでいる4次元の時間局面『0』にしがみつき、物質として存在し続けることになる。即ちそれが、原子の「真振」であり、唯物論の論拠と言える。

だがそこで問題は、何故原子は生命体を構成する為に集合するのか？　その事実を理解するには5次以上の世界を考えねばならない。それは代数解のない、即ち答の定まらない自由な世界であり、人間が生きている間の脳内に於ける精神活動もその世界である。言うまでもないが、我々は時間局面『0』に閉じられているにも関わらず、過去や未来を自由に考えることができ、ミクロの宇宙からマクロの宇宙まで観測できるばかりでなく、物理的に存在するはずのない、ありえない世界をも想像してしまう驚くべき能力を、個々の脳内宇宙に持っている。そして、唯物論的宇宙を理解し、過去の歴史を反省できる能力を持ち、それがまた唯心論の論拠にもなる。但し人間個々の脳内宇宙の能力が『神の教え』の「真振」を失い暴走すると、どうなるか？　たちまち真実を見る能力を失い、唯心論は破局を迎えて消滅することになる。それこそがガロアの証明した「5次以上の方程式に、一般的な代数解がない」ということの意味を、宗教、政治、経済、娯楽文化などあらゆる虚妄の罪を正せない人間社会の現状を、数学的に暴き、警告したものではないのか?

つまり、人間の脳内宇宙は5次元以上の能力を備えているが、自らの生命を維持し、集団社会の平和と安定を維持する為には、旧約聖書の『神の教え』に「真振」して従うことが重要だということになる。即ち、原子が4次元局面『0』にしがみついてしか存在できないように、人間の自由勝手な5次元の精神世界も、「真振」すべき『神』の次元『0』にしがみついてしか存在できないということである。

私は、旧約聖書を手にし、出エジプト記を読んだ。すると琉球の守護神であるジュゴンが『神の教え』の中に記されていることに驚いた。『神』が人々に幕屋の作り方を教え、最後に天幕の上を、ジュゴンの皮で覆うよう指定していたのだ。即ち『神』はユダヤの民に向かって「戦争のない平和な暮らしがしたいなら、ジュゴンのように無防備で大人しく生きる勇気を持ちなさい」と教えていることになる。もしかしたらユダヤ人の間では、かなり以前からジュゴンのような生き方に憧れがあったのかもしれない。いずれにしても紀元前七二二年、イスラエル十支族の北朝ユダヤ国はアッシリアに滅ぼされ、多くの国民が殺され、残った国民の殆どが虜囚となって移動させられたという。所がその後、彼らはばったり消息を絶ち、何処へ消えたかさっぱり分からなくなったという。これが所謂「失われたユダヤの十支族」の話だが、私は、彼ら十支族の中の倭人族こそが秦始皇帝に遣わされた徐福集団であり、日本列島に渡来してきた我々の祖先であることを疑わない。徐福とはジュウの当字であり、琉球の沖縄本島語が、古代ヘブライ語同様アイウの三母音を主に使用する言語であり、最早疑えない。そして何よりも、琉球とヤマトの各地に存在する龍宮神信仰の痕跡が、ユダヤの民の渡来を証明している。

『神』の指定したジュゴンを守護神に、本土より先に理想郷作りに成功したのは倭及奴、即ちウチナーであった。と、そう書いたのが『卑弥呼コード　龍宮神黙示録』（藤原書店）だった。卑弥呼は魏志倭人伝による当字で、系図には日女命《ひめみこと》、一般的には倭途途日百襲姫《やまとととひももそひめ》、高知県では日御子が見られ、今でも龍宮神を祀っている部落がある。そして琉球では日の子、日子と書いて、それをテダコとかテルコと呼んでいる。日女即ち姫は天照らす太陽の霊力を得て、二世紀から三世紀にかけて大乱で疲弊した倭国の世直しを行った、実在した人物。その姫の精神を支えたのが、やはり『神』の指定したジュゴンであった。そしてその時生まれた言葉が「龍宮」というＤＵＧＯＮに対する当字だと思う。何故なら我が平安座島では、「龍宮」を「ドウグン」と言い、ＤＵＧＯＮを沖縄語風に発音するとそうなるからだ。もう一つある。宮崎の鵜戸の洞窟に始まる神武東征神話によれば、海神の娘「豊玉姫と玉依姫」から「神武」が誕生しているということだ。

海神とは沖縄各地で祀られている「海神祭・龍宮祭」の祭神ジュゴンにほかならない。そのジュゴンにはザン、ジャン、サンなどの別称があるが、「神武」とはその別称に対する当字であるということである。即ち「神武東征」とは、倭途途日百襲姫による「倭国世直し」の経路を伝えたもので、それ以外の話ではないはずだ。それなのに明治維新から現在に至る日本政府は、皇統の歴史を遥か紀元前六六〇年二月十一日に遡らせ、その日を初代神武天皇の即位日と定め、未だに日本の建国記念日として休日にし、祝っているから恐ろしい。これでは「神武」であるジュゴンが怒らぬ訳がない。このところの災害の多発が、内心ジュゴンの祟りではないかと思っている人は多いに違いない。辺野古新基地建設を強行するようであれば、『神の教え』を「真振」してこなかった日本人の、人類史上の壮大な実験、即ち「神の教えを蔑ろにして生き延びる実験」の終焉を迎えることになろう。

むしろ正しい天皇制国家に生まれ変わる、絶好のチャンス到来かもしれない。

設計図を描こう

川満信一

私は三〇年も前（一九八〇年）から、創憲主義者である。現憲法の改正を自民党が本気で唱えだしたのは、そのころだと思う。保守と野党各派の憲法をめぐる綱引きは、それ以前からあった。奇妙なことに革新を標榜する野党各派は、憲法に関する限り保守派に逆転する。保守の「改正」に対し革新は「守れ」である。一九五四年に発足した自衛隊は、年々の予算拡大で、世界列強と肩を並べるような軍隊に増殖してしまった。憲法九条の「非戦」という国家理念に対し、甚だしい矛盾である。この現実との矛盾に整合性を見つける手段として、保守の憲法改正が画策されてきた。九条の縛りを改めなければ、軍隊の位置づけも、国内の軍事関連産業の発展、大学における関連研究も制約を受ける。日本国が普通の国として自立の道を開くには、現憲法の改正しかない。戦勝国によって押しつけられた憲法だから、それを改正しないと日本の自主性は発現できないというのが保守の主張である。それに対して革新は、戦争の記憶を持ち出して「憲法を守れ」、あるいは「九条を守れ」と主張する。戦争の記憶は大事だが、ただ守れでは情況の変動に対応できない。

保守の憲法改正で、明治の日本帝国憲法の「国体概念」を踏襲している条文や、日米安保条約などの不当な条約を上位とする条文を改正するというなら大いに賛成だ。しかし改正ではなく、改悪の反動的な方向へ梶をきる構想だけがかけ声になっている。そして国民の目を逸らせる小細工だけである。

最近の目新しい情況の変化といえば、こうした自民党の暴走に異議を唱える若い層の「シールズ」運動の台頭である。一九五〇年代の対米反戦闘争、六〇年代の学生層を中心とする安保闘争、七〇年代のナイーヴな学園闘争を体験してきた世代にとっては、ああ、しばらく寝込んでいた若い者たちが、やっと昼寝から目覚めたか、という感慨はある。集団自衛権行使や特定秘密保護法の制定といった、数の暴力の目に余る横行に反抗しなければ、若い感性とは言えないだろう。その意味では「シールズ」運動の成長を支えるのにやぶさかではない。ただし彼らに欠けているのは未来への設計図ではないか。反動化する政権に現憲法の保障する権利を突きつける行為にとどまっている。掲げているスローガンは「これが民主主義だ」と、従来の運動スタイルを超えるまではよいが、向かうべき理念の在りかが見えないのである。

大それた物言いになるかもしれないが、日本国は現憲法のもとでは未来の設計図を描けない。あえて設計図を描こうとすると、やはり怪物に育った自衛隊の存在が難問となる。そして憲法との整合性をどうはかるかが課題になる。そのために保守政権は憲法改正に拘るのだが、安倍政権は、自衛隊の本格的な軍隊化という既成事実をまずつくり、改正憲法で整合性をはかるという逆の道を選択している。これはアジア諸国との歴史的関係を考えた場合、日本国の設計図としては駄作にしかならない。九条の理念を無意味にすると、アジア諸国との関係は余計に歴史の傷口をつつくことになるからだ。

ではどうするか。結論を先にいえば、国連の改革をすすめるのと併行して、自衛隊を国連軍にそっくり移行させてしまえばよい。そうすれば国連軍としての自衛隊は、国連参加各国の正当な意志決定でしか行動はとれないことになる。国連軍（自衛隊）の維持費は、国力相応の規模で日本が負担すればよい。こういう考えは、これまでにもちらちら発言されてきた。

いまのままだと、自衛隊は国内における「間接侵略」の名目で、体制権力を批判する市民運動まで弾圧する軍隊になりかねない。すでに辺野古沖ではつい最近、基地問題をめぐって軍艦を出動させている。こんごもっと好戦的な政権の誕生で、国外、国内問わず軍隊の威嚇に晒される可能性が高まるだろう。そんな体制のもとで生きるのは不条理もはなはだしい。

「憲法を守れ」と主張するといかにも革新的に聞こえるが、考えるほどにこれもナンセンスだ。解釈憲法のもとで「憲法を守れ」と主張してもむなしい限りである。国会で数の暴力に押し切られることを承知しながら、民衆の抵抗を逸らす結果に誘導している。沖縄復帰闘争のときの「沖縄を返せ、民族統一」のスローガンと類似の隠された意図がちらついてくるのである。憲法のもとへ沖縄を返したらどうなっているのか、民族が統一したらどうなっているのか。現実はすべて現憲法の解釈のもとで進行してきた。現憲法によって日米安保や地位協定が保障され、沖縄は法的に身動きできない状態に追い込まれている。日本国憲法によって、外国との条約が上位の法として位置づけられ、それによって沖縄の軍事植民地としてのくびきがかけられているからである。その点、公明党は日蓮教祖の教えを僭称しながら、生存の倫理に反する政策を後押ししている。

日米政府は「新基地は辺野古以外にない」と決めつけている。それに反対したらアメリカ議会は「日本国内の問題だ」と逃げる。これこそ日米安保条約を上位法とする日本国憲法の盲点を活用したアメリカの策略ではないか。

そういう盲点だらけの憲法を守っていたら、やくざに母屋を乗っ取られるだけである。沖縄の日米軍事基地は二百年先まで固定化することになる。今度こそ戦争体験から学んだ理念を現実化する新憲法を創造する気概をもつ必要がある。安倍政権の企む軍国化への道ではなく、さしあたりアジア全域から軍事対立を解消していく永久平和への方法を「民衆憲法」として提起しなければならない。そうでないと「闘う擬制の革新」は自衛隊よりも始末の悪い存在にしかならないはずである。

アメリカの正当な知性にロビーを開拓せず、好戦派だけを唯一の対米窓口にしている日本の政治の在り方を追究することもせず、焦点の定まらない質疑で国会の日程を引き延ばすだけが革新の役割ではあるまい。いまの情況には「シールズ」の若者たちも愛想をつかしている。若者たちは、愛想をつかした地点で「憲法を改正しよう」と勇気をだし、そして日本国の未来の設計図を描き出すために本気で立ち上がる。それが若い世代への希望である。

（二〇一五年十月三日）

日本近代史の史料の周辺

我部政男

戦後七〇年という節目の時に、この七〇年と生を共にした個々人は、何を考えどう思い社会と向き合ってきたのか、また、どう行動してきたのかが、改めて問われた会合であったように思う。歴史的な現代として、その時期の思想と行動のあり方というテーマで、私がどの程度、編集者の意図を理解し、応えることができたかどうか、心もとない限りである。それぞれの思いが率直に語られたようにも見える半面、十分に語りつくせぬまま終わった対話もあったようにも思う。この補足的な役割を果たす部分では、座談会での内容から離れて自由に語ることにする。

私自身に関して言えば、やはり自分の来し方、戦後七〇年間の出来事の断片的な記憶が、気になるところである。これまで何をして生きてきたのかが問われた時、責められ追い詰められているように感じたとしても不思議ではない。生活の空間や時間が異なるので、一概に平面的な比較はできないはずである。しかし、かかわりのあった具体的な課題を超えて、それに向き合う問題意識や時代感覚のあり方、ないしその変遷にかぎって言えば、あるいはその流れを追うことが、おおかたできそうな気もしないではない。ここで、すべてのことに触れることは、不可能なので、特に私が関心を持って取り組んだ日本近代史の資料の調査・収集について、その内容を若干述べることにしたい。その理由は、時間的にそれに集中したこと、同時に、その調査・収集の意義を感得し実行した事実があるからである。およそ学問研究もそのよって立つ土台がしっかりしてないと、建物は立たないことである。歴史学の場合は実証的にそれを構成する史料のことを土台と表現したい。普遍化して、もう少し付け加えるならば、資料の調査収集が自由でない社会には、真の学問の自由も、言論の自由も存在しないからである。無条件に近い情報公開への希求が必要であり、近代史への出発に際し、根底の足固めを感じ取った結果であったかもしれない。

七歳の幼児期の戦争体験のことは、先の座談会の席上でも述べたので、そのままにしておくが、その体験が、その後の私の歩みの中でどのような影響を与え、痕跡を残すのかの検証は、意識の古層としての意味でも興味を引く。その後の変容の過程にも目を向けてみたい不思議な気持ちにかられる。思い返してみると、敗戦の年の一九四五年が、青空教室の幼稚園に入る時期と重なる。総じて、終戦直後の学校教育は、廃墟の中に立つ施設も貧しく、小学校四年間は、教科書もなく、学習指導が十分に行なわれるはずもなかった。その馬小屋校舎と名付けられる境遇の中でも教師たちは、ガリ版刷りの教科書をつくるなどし、生徒に希望を与え、大きな夢を描いていたことと思う。薄暗い教室の中には、机や椅子もなく、箱や、セメントの袋の上に坐し、教師の話に聞き入っていた。戦前にアメリカに移民した人たちは、郷里の児童の境遇を思い学用品のノート、鉛筆を送ってくれた。裸足で栄養不良の肉体の貧しく不自由な生活の中にも、教育については、自覚的な教師による深い愛情の指導があったと考えられる。かやぶきの掘っ立て小屋の教室は、暗く湿っぽく居心地もよくはない。夏の強烈な台風の襲来ごとに崩壊し吹き飛ばされた。

いくらか落ち着きを取り戻した社会となった中学や高校の頃の私は、将来の人生への見透しも描き切れず、漠然と時を過ごしていた。特別によくできる得意科目があったわけではないが、何となく社会科の歴史が好きで、教科書や参考書を繰り返しよく読んだ記憶が残る。その歴史の教科書は、坂本太郎先生と家永三郎先生の書いたもので、その著書の先生を尊敬するおぼろげな気持ちが徐々に育っていく。広い日本の世の中で、教科書を書ける偉大な先生の存在に目を開かれた一歩であった。大学は地元にある琉球政府立の琉球大学に入り、同世代のみなと一緒に祖国復帰、日本復帰運動に参加した。その目的・手段・方法は、「即時、無条件、全面返還」に凝縮されているが、このスローガンの言葉は、観念的には理解できても、具体的には多くの疑問も残した。言葉の不確実さ、不鮮明さが、明瞭な意味を持つ言葉以上に魅力的で多くの人の心に入る場合もある。指導者がその効果を狙った戦略であったのかと疑いたくなるくらいだ。小憎らしい抵抗戦術であったかもしれないと想像する。祖国、民族主義、ナショナリズムの言葉の概念を基底にすれば、何となくその幻想するイメージが理解できる内容であろう。

その後に基地撤去、憲法復帰等は、運動を牽引する重要な課題になる。基地の存在が制度的な差別の根源を形成していることに気付き始める。普通に世間でいう脅し、脅迫の言葉は、学の深い政治学では、抑止力と言い換える。安全保障論や、地政学等のお色直した言葉でいえば、想像を超えた概念になる。その言葉を国民の皆さんにご理解を願うのが日本の現実政治のように感じる。基地の存在が戦争への近道であることを先の沖縄戦争で学んでいる人たちに、安全保障であると言い含めることが可能かどうか。ご理解を得るハードルは高い。同意を必要としない場合は、話は別である。

同期の多くがそうであったように、私も卒業後は、中学校の教師になることも考え、免許もとり準備はしたが、学校の現場を歩き回ってはみても空きのポストはなく、結局のところ仕事にありつけず、アルバイトで生活を支える羽目に陥った。進路構想は大きく狂い始めてきた。

このままの状態に留まることもできないので、東京に出て大学院に進学することを考えた。そして選んだのが、家永三郎先生のいる大学院であった。私が、占領下の沖縄から来たので大学は門戸を大きく開いて受け入れたのが正直なところであろう。しかし、大学院のゼミや講義の内容についていくには、そう生易しいものではなかった。実際には、相当に調べていかないとついていけないレベルの高いものであった。基礎学力を欠き、単に沖縄のかかえる現実問題を解決したいという問題意識の突出した精神状況だけでは、到底、学問の深さや、厚さは乗り越えられないことをいたく痛感させられた。もちろん問題意識が消滅したわけではなかったが。

研究のテーマは、明治期の琉球併合、すなわち、琉球処分という沖縄の近代化の過程の探求である。この論文作成の過程で、大きな転換が迫られた。研究や論文をまとめるのには、これまでだれがどのような研究をしてきたのか、という研究史を丹念にたどることも重要であろう。私自身にとって、その先行研究よりも、もっと大切なことは、その研究の根底を支える資料がどこに存在するのかを探すことである。資料所在の確認作業の重要性に気付き始めたのである。明治期の沖縄関係の史料は、沖縄県史編纂のための資料収集が始められていたのでその作業に触発され、参考にすることができたのは幸いであった。しかし、同じことをやっているようにも見えたが、その沖縄県の事業と私の研究が交わることはなかった。

中野好夫先生の主催する沖縄資料センターとの接触は、私に資料収集の社会的な意義と史料そのものの大切さ、収集の技術的な側面をも向上させてくれた。沖縄返還課題と史料の持つ情報の意義を絡ませて提示したのが、沖縄資料センターの存在であったように思う。広い意味で解釈をすれば、国民意識の覚醒、啓蒙を自覚し意図していたとも考えられる。中野好夫編『戦後資料・沖縄』の刊行はその目的の結実したものかもしれない。

本格的な資料調査は、琉球大学に職を得てからである。調査した資料は、マイクロフィルムにして収集するのが、一般的な方法である。協力者も見つかるようになり、共同研究者の同志も膨らんでいった。開館間もない国立公文書館は、大いに利用させてもらった。明治文庫、憲政資料室にも大変にお世話になった。私の調査作業は、沖縄近代史関係史料の収集から始まり、いつしか日本近代史の分野にまで関心は拡大していった。収集のための予算的な支援も得ることができるようなり、沖縄戦で消滅したと思われていた資料の発掘にも連動していった。対象は東京地域が中心であったが、沖縄戦争の写真史料に関しては、ワシントンの公文書館まで足を延ばした。

持続的な問題意識は、資料の調査を推進させ、新しい資料の発見は、研究内容を深化させ精密化させる。沖縄の近代を日本の近代史の全体像の中に位置づけて分析する手法も確立しつつある。この作業の結果を一九九七年に『日本・沖縄近代史関係史料収集マイクロフィルム目録』として発表した。その中からごく一部が活字になり出版された。例を挙げると『地方巡察使復命書』(二冊)『明治建白書集成』（九冊）『自由民権機密探偵史料集』（一冊）『大津事件関係史料集』（二冊）等がある。これらの史料群は、収集したものの一％にも満たない分量でしかない。これら日本近代史の基本史料集が刊行出来た背景には、その意義を共有することのできた共編者、編集者がいたからである。このことはある意味で、私には幸運の時代の記念碑となるであろう。戦争によって失われた沖縄関係資料の一部ではあるが、調査・収集を終えて出版に漕ぎ付けたことは、ある心の渇きを癒す行為にも連なる。

沖縄が沖縄であり続けるために

三木健

正直のところ、この顔ぶれで座談会はうまくかみ合うのだろうか、という危惧の念があった。それぞれ分野も違えば、立場も違う。失礼を顧みずいえば、よりによって「個性派」ばかり集めて、話はどこへ行くのか、そんな余計な心配がないわけではなかった。

ところがやってみて、分野の違いや立場の違いが、かえって多面的な沖縄の現状や、奥行きの深さを浮き立たせることになったのでは、とそんな思いをしている。しかし、それは読者がどう受け止めるかなので、これ以上のコメントは差し控えたい。

ところで、では、私はどういう立ち位置で話せばいいのか、とまどいがあった。座談会初めの自己紹介を兼ねた出自の話で、首里勢に対抗するつもりはないが、なんとなく八重山から発言するような立場になった。それはそれで沖縄のさらに南の空間にまで話を広げることになると思い、その立ち位置にこだわったが、そのために発言も偏ってしまったのでは、と終わってから反省している。そこで言い残したことなども含めて、記しておきたい。

＊　＊　＊

戦後七〇年、日本は今、大きな歴史の転換期に差しかかっている。一言でいえば、七〇年間の戦後期が終わり、新たな戦前期に突入する、ということか。集団的自衛権の容認や、一連の安保法制で自衛隊と米軍の一体化が進み、海外での戦争を可能にする道が開かれた。すでに秘密保護法の制定や、武器輸出三原則の解禁など、外堀は埋められつつある。

在日米軍専用施設の七三％が集中している沖縄では、日米の合同訓練が先取りして行われている。これらの機能をより強固なものにするため、新しい基地が建設されようとしている。辺野古の新基地建設である。現在のキャンプシュワーブ基地に新たに海域を埋め立てて建設するものだ。

宜野湾市内の米海兵隊の普天間基地の移設先として建設されるが、北側の岸壁が軍港として整備されるなど、その機能は格段に膨らむ。もともと米軍当局が一九六〇年代に計画していたもので、米軍は普天間基地の移設をチャンスとみていた。政府が移設先を「辺野古が唯一だ」とこだわるゆえんだ。しかも政府は「普天間の危険性除去が最優先」と恩着せがましく繰り返している。

二〇一四年の名護市長選、衆議院選、県知事選挙、と続いた一連の選挙は「辺野古是か否か」を問う事実上の住民投票であった。そしていずれも「辺野古反対」の民意が示された。とりわけ一〇万票の大差をつけて当選した翁長雄志知事は「あらゆる手段を駆使して阻止する」と述べ、二〇一五年年末に工事差し止めを求めて、国を相手に差し止め訴訟に踏み切った。

辺野古基地のゲート前には、連日、反対の行動が繰りひろげられている。参加者の多くは六〇代、七〇代の高齢者が多い。その多くは沖縄戦などの戦争体験者だ。自らの戦争体験が危機感を呼び、老体をおして基地建設の現場に向かわせている。

もともと普天間基地の移設の話は、一九九五年に起きた米海兵隊員による少女暴行事件に端を発している。当時、知事に就任したばかりの大田昌秀氏が、怒り押さえがたく、契約期限の近づいた軍用地主に代わって借地契約を交わす代理署名を拒否した。

その頃、私は琉球新報の編集局長として報道現場にいたが、知事が代理署名拒否に踏み切った時、「これで山が動く」と思った。地主との契約ができず、米軍基地は違法状態に置かれる。日米安保体制の根幹を揺るがす問題である。当然、全国の注目を集めた。

報道現場から大田知事の行動を伝え、それを後押しした。それが「沖縄の新聞は偏向している」と、本土の一部マスコミや言論界から攻撃を受けた。「偏向報道」に対して、私は憲法記念日に署名入りの論説で「沖縄県民の利益を守るのを偏向というのなら、それに甘んじよう」と反論した。「偏向報道」呼ばわりの新聞潰しは、二〇年後にまた起きた。

それはともかく、事態の重要さに気づいた政府首脳が、普天間基地撤去を求めた大田知事の意向を受けて、米側から返還合意を引き出した。ところがそれは沖縄県内で移設先を確保する、という条件つきであった。その移設先が辺野古だ。

あれから二〇年、紆余曲折を経て今日にいたっているが、そこから浮かび上がる構図は、沖縄を力でねじ伏せる日本政府の暴力的な姿勢である。特に安倍政権になってからは、目に余るものがある。キャンプシュワーブ基地のゲート前では、非暴力による抵抗運動が連日行われている。これに警視庁から派遣された警官が襲いかかり、海上では海上保安庁のゴムボートが、建設に抗議するカヌー隊を取り押さえている。これまでにない暴力的な権力行使が展開されている。抵抗運動はあくまで非暴力を貫いているが、今後、民衆の怒りがいつどのような形で噴出するか、だれにも予測はできない。

時あたかも基地の街・コザで、一九七〇年一二月二〇日未明に起きた「コザ暴動」から四五年目である。ベトナム戦争下の沖縄で、米軍統治二五年目にしておきた民衆の爆発であった。それにちなむ写真展やシンポジウムも開催された。写真展では「キーストーン・オブ・パシフィック」(太平洋の要石)と表示されたナンバープレートの米軍人車両百数十台が、黒焦げに焼かれて道路にひっくり返っていた。辺野古の今とオーバーラップして、写真に見入っていた人も多かったろう。このまま民意を封殺して事態が進めば、いずれ沖縄の全ての基地が問われる時がくるだろう。

最近、辺野古の基地建設現場から土器が発見された。かつてこの土地に生活を営んでいたいにしえ人たちからのメッセージだ。座談会でも出てきた考古学の話は、過去の物語ではない。今につながる文化の問題である。沖縄が沖縄であるための問題として考えていかなくてはならない。

＊　＊　＊

私はかつて一九八九年に、沖縄の将来について、次のように書いたことがある。

「二一世紀に向けて沖縄が生きていくためには、沖縄が沖縄であり続けること以外にはないであろう。沖縄が沖縄であり続けるためには、日本の国家的な枠組みにとらわれることなく、沖縄の持つ特性を最大限に生かしていくことである。それは沖縄社会の内実を豊かにするばかりでなく、日本をも豊かにしていくことにつながるはずである」と。

続けて次のようにも書いた。

「沖縄の多様性を生かしていくためには、一つには、太平洋の島嶼社会としてその内面的なシステムを確立していくことである。いま一つは、歴史的に培われた国際性を確立していくことである。前者は島嶼社会としての沖縄内部に農業や医療、教育、情報といったさまざまな分野での知識や技術を蓄積し、発展させていくことである。後者は、海外交易、海外移民、異民族支配という日本の枠組みからはみ出した沖縄の特異性を、二十一世紀の国際社会へと生かしていくことであろう」(「沖縄きのう・きょう・あす」『沖縄・脱和の時代』所収、一九九二年、ニライ社)

基本的にその考えは、今も変わらない。しかし、あれから三十年近くたち、状況は私の考えに近づいた面もあれば、逆に遠のいたところもある。基地問題にいたっては、地域主権が中央政府に剥奪されてきた歴史である。自分たちの土地を、自分たちで使う権利が剥奪されたのだ。これは今、「自己決定権」の問題として提起されている。沖縄が沖縄らしく生きていくために、「自己決定権」は不可分の権利である。

辺野古の海域には、豊かな自然がある。私もかつてこの海でカヌーを漕いだことがあるが、目を見張るようなサンゴ礁群である。貴重なジュゴンの棲む海域でもある。そこへ巨大なコンクリートブロックを投入している姿は、沖縄潰しそのものである。自然破壊に沖縄の未来はない。「軍事の要石」から「平和の要石」への転換こそが、戦火を潜り抜けてきた沖縄の生きる道である。それが沖縄民衆の願いなのだ。そのことを記して本稿を閉じたい。「座談会を終えて」の追記にしては、いささか長くなったが、時下の緊急問題に触れて、あえて記した次第である。

沖縄の老人を侮ってはいけない——コザ暴動世代と辺野古

安里進

この座談会では話題に上らなかったが、沖縄戦後史の重要事件に「コザ暴動」がある。沖縄が日本に復帰する二年前の一九七〇年に基地の街・コザで発生した反米暴動だ。米軍支配時代の事件として忘れられつつあるが、決して過去の事件ではない。コザ暴動は、辺野古の新基地建設に反対する沖縄県民の最後の抵抗権の在り方として重要な意味を持ちはじめている。

現在、名護市辺野古では、沖縄の民意を無視した新たな米軍基地の建設が日本政府によって「合法的」手段と警察力で強引に推し進められている。このまま基地建設が強行されると、沖縄県民の怒りは、「辺野古暴動」として爆発するのではないか。そして「辺野古暴動」の中心になるのは、コザ暴動世代である六〇代、七〇代の「老人」かも知れないのだ。

コザ暴動といっても、沖縄の若い世代や本土の人は、暴動前夜の沖縄社会の空気や暴動の内容、そして特徴についてはほとんど知らないだろう。コザ暴動については、米国側の情報公開資料から分析した『米軍が見たコザ暴動』（沖縄市一九九九年発行）という優れた報告書がある。同書に掲載された保坂廣志氏の「解説コザ住民暴動」をもとに紹介しよう。

暴動の背景には、沖縄戦につづく二五年間の米軍支配による抑圧と差別があり、人権侵害に対する積年の怨念もあった。沖縄住民は、沖縄返還の交渉過程から排除され、見えてこない復帰以後の沖縄の将来に対する疑問や煩悩を抱えていた。住民世論調査では、「沖縄の返還交渉」に対し八割以上が「不満・わからない」と回答し、「復帰に不安がある」も五割を超えている。時代の閉塞感が社会の人心を暗澹とさせ、沖縄の将来についての諦めや恐怖、不安が渦巻いていた。

その年の九月には、糸満で酒に酔い速度違反をした米兵が主婦を轢殺した事故に対し、軍事裁判が無罪を言い渡していた。この一年間でも米軍がらみの交通事故が一千件を超え、死傷者は四二二人に上っている。また、外人事件のうち約四割がコザ市に集中していた。これらの事件・事故に対し琉球政府をはじめ立法院、政党、各種団体などが、抗議声明や住民大会を開いて不当性を糾弾してきたが一向に改善されなかった。

そして一二月二〇日未明、沖縄住民の怒りが爆発した。キッカケは、コザ市中の町で起きた米軍人が住民をはねた交通事故だった。事故処理にあたったＭＰ（米軍憲兵隊）と通りがかりの米兵に対し、集まり始めた住民が投石で襲撃。さらにＭＰ車両や、米軍関係車両（黄ナンバー）に次々と放火。暴徒の数は数百人となり、これをとりまく群衆は数千人から一万人にも膨れあがっていた。暴徒鎮圧のために、武装兵約四〇〇人、憲兵隊関係約三〇〇人、琉球警察約五〇〇人が出動したが、もはや暴徒と化した住民の統制は不可能だった。

暴徒の一部は嘉手納基地の第二ゲートを突破して、基地内の警備室、米人学校、消防車、米軍車両に次々と放火した。一方、島袋三叉路では暴徒が放火、投石、火炎瓶で米軍を追い詰めていた。とうとう米軍は、威嚇射撃と銃剣そして催涙ガス弾で暴徒の鎮圧に乗り出し、朝七時頃に暴動はようやく収拾した。放火された米軍関係車両は八二台、負傷者は米側六一人、住民側二七人におよんだが、死者は一人も出なかった。略奪もなかった。

暴動後、琉球警察は一五〇人以上を取り調べ、検察庁は「騒擾罪」を適用しようとした。しかし、暴動のあり方からその適用を見送らざるを得ず、一般刑法で少年三人を含む一〇人が起訴され、最終的には四人に執行考猶予つきの懲役一〇カ月〜一年の判決が下った。

さて、コザ暴動は、偶発的で首謀者もいなかったにもかかわらず、略奪をともなう無秩序な暴動とは大きく異なっていた。コザ暴動は、異民族支配への抵抗という形をとっているが、そこで追求されたのは裁判権の民移管、人権擁護、差別の撤廃など人間としての正当な権利の回復だった。そして、暴動の現場では、米軍車両だけを狙った放火、白人から差別されていた黒人兵への暴行回避、略奪行為を行わないなど、群衆の行動は「冷静」で「合理的」だったと指摘され、抑圧された者の「最後の抵抗権」の行使として評価されている。

こうしたコザ暴動は、沖縄住民から支持されただけでなく、沖縄のマスコミや地方自治体の首長や議会からも共感が寄せられた。検察庁も騒擾罪の適用を見送って一般犯罪として起訴せざるを得なかった。コザ暴動は、米軍支配下で沖縄住民が人権回復のために行使した抵抗権であり、その方法は沖縄的で極めて効果的だったといえる。

コザ暴動の前夜と辺野古の新基地建設をめぐる現状は、抑圧し差別する側が米軍から日本政府に変わっただけでよく似ており、コザ暴動は辺野古の問題でも重要な意味を持ちはじめている。

辺野古の新基地建設については、「世界一危険」な普天間基地の「危険除去」だと日本政府は説明するが、県民の約八割は建設中止を訴えている。危険の県内たらい回しというだけでなく、今後二〇〇年間も使用可能で一層機能強化された新たな基地建設と受け止めているからだ。米軍基地は危険というだけでなく沖縄経済発展の阻害要因になっているという認識も定着している。

しかし、辺野古の新基地が完成すると、日本政府の中国やイスラムテロ組織との対決姿勢で、沖縄が再び戦場になる現実味はコザ暴動前夜よりはるかに増大しており、沖縄の将来への不安が県民に重圧となってのしかかっている。そして、数万人、十万人規模で新基地建設反対の県民大会を開催し決議しても、選挙で何度も圧倒的な民意を示しても無視されつづけるという状況は、コザ暴動当時の差別的で威圧的な軍政と何ら変わらない。

翁長知事が法にもとづく知事権限で、辺野古の新基地建設の埋め立て承認を取り消しても、政府は承認取消の執行停止を決定する。さらに、知事権限を剝奪する代執行手続きも進めている。しかも日本政府は、これらに対抗する沖縄県側の訴訟に備えて、福岡高裁那覇支部の裁判官のあからさまな人事異動までも実行する。このような状況は、米軍に裁判権を剝奪されていた復帰前と実態はあまり変わらない。

二〇〇九年に自民党政権から民主党政権に交代したときは、沖縄県民は普天間基地が辺野古ではなく県外または国外に移設されると大きな期待を寄せたものの、あっさりと裏切られた。そして、こうした日本政府の背後には、本土防衛のためには沖縄への米軍基地集中を容認する大多数の本土国民がいることを思い知らされたのだ。日本の民主主義の手続きでは、国民の一%の人口しかない沖縄の民意は無視されつづける。しかし、このまま辺野古への新基地建設を許してしまえば、子や孫にまで米軍基地の被害を背負わせてしまうという袋小路に県民は追い込まれている。

現在行われている辺野古への新基地建設に対する沖縄県民の「非暴力の抵抗」は、こうした日本の民主主義の限界と無力感、そして子や孫への責任感のなかで、ぎりぎりのところで怒りを抑えながら行われているのだ。コザ暴動前夜のようなやり場のない怒りのエネルギーが、沖縄県民のなかで膨張しつつある。そして辺野古訴訟が敗訴した場合は、司法による救済という手段も閉ざされることになり、最後の抵抗権としての「辺野古暴動」が何かのキッカケで発生する可能性は高まっている。

コザ暴動は、米軍基地の矛盾が集中した基地の街・コザで、バーのボーイやマネージャーなどが中心になって引き起したというが、「辺野古暴動」は何処から発生するのだろうか。オスプレイなど米軍航空機の重大事故が引き金になるのかも知れない。辺野古の現場での機動隊や海上保安官による強引な住民排除で住民側に死者が発生する時かも知れない。

そして、「辺野古暴動」の中心は、若者ではなく六〇代、七〇代の「老人」かも知れないのだ。私も六〇代の老人だが、辺野古現場の抗議集会にバスで一時間もかけて馳せ参じる県民の大多数が我々の世代だ。コザ暴動を直接見聞きする体験をしたこの世代は、暴動前夜の沖縄社会の雰囲気を肌で感じて知っている。その多くがコザ暴動肯定派で、辺野古の新基地建設の強行に大きな怒りを溜め込んでいる。保坂氏が「一度人権に目覚めた人々は、同じ過ちを繰り返させない感慨を胸に秘めてもいよう」としたコザ暴動世代である。沖縄地上戦を体験した親をもち、自分らの世代が子や孫までに米軍基地による被害を背負わせてしまうことに強い責任を感じている老人世代だ。

沖縄の老人を侮ってはいけない。年金生活者は仕事を失って路頭に迷う心配がなく、キッカケさえあれば暴動を起こすくらいの体力と気力はまだ残っているからだ。先祖を敬い子孫を大切にする沖縄の思想からすると、子や孫のためにそう長くはない命を捧げる覚悟の方々がいても何の不思議もない。沖縄の県民を、沖縄の老人を「辺野古暴動」に追い込まないためにも日本政府と米国政府は辺野古の新基地建設を断念すべきである。

最後にもう一度申し上げたい。

うちなーぬ　とぅすい　うしぇーてーないびらんどー（沖縄の老人を侮ってはいけない）。

アジアのひろがりの中で、沖縄の自治を考える

安里英子

今、団塊の世代の多くが、親や家族の介護の問題を抱えている。私も、二年ほど前に夫が脳梗塞でたおれ、かなり回復したとはいえライフスタイルを大きく変えざるを得なくなった。夫は要介護の身となり、私は介護と家事が一日の大きな比重を占めるようになった。しかし私は自らの精神的活動、すなわち「書く」という仕事を続けなければ、逆に介護もできなくなるという確信があるので、仕事はこれまで同様続けることにしている。精神のバランスを崩すと介護は一日とて続けられない。そんなわけで依頼された原稿はほぼ断ることなく書き続けている。ありがたいことに一〇年以上中断していた、「島々の聖地巡礼」の連載をしないかと、沖縄のある雑誌に頼まれた。三カ月に一度の掲載なので負担なく続けられている。取材に出るときは夫を老人施設にショート・ステイしてもらう。問題は市民活動である。夫は月曜から日中はデイサービスに行ってもらっている。五時に帰宅。市民活動は、その間にやれる範囲内ということになる。したがって今、最大の重要課題である辺野古新基地建設阻止の闘争現場に参加することはできない。幸い、多くの人々や仲間たちが連日現場で座りこんで

いる。翁長知事が前知事がおこなった埋め立ての「承認」を「取り消し」ても、政府はこれを無視して、ついにその数日後に埋め立て工事をはじめた。まさに釘の刺さった靴で腹をふんずけられた思いである。

そのような家庭の事情から、市民活動を抑制してきたが、どうしても手を抜けない問題がある。それは私が代表をやっている朝鮮人軍夫問題である。「沖縄恨之碑の会」がそれで、韓国在住の元軍夫や遺族の方々との交流や、碑の建立、毎年の追悼会などをやってきた。そもそも私がこの問題に関わりはじめたのは、九六年に碑を建立した際、碑文を私が書くはめになったからだ。その碑文を以下に記す。

この島はなぜ寡黙になってしまったのか
なぜ語ろうとはしないのか
女たちの悲しみを
朝鮮半島の兄姉のことを

引き裂かれ、連行された兄たち
灼熱の船底で息絶え
沖縄のこの地で手足をもぎ取られ
魂をふみにじられた兄たちよ

戦が終わり、時が経っても
この島から軍靴の音が絶えることはない
奪われた土地は、消えたムラ、女たちの悲鳴は続き
人々の心は乾いたままだ

兄たちよ
未だ供養されず石灰岩の裂け目に埋もれる骨、骨、骨
故郷の土饅頭の帰ることもかなわない
兄たちよ

私たち沖縄人は
未だ軍靴に踏みにじられたままの
兄姉たちの魂に
深く頭を垂れる

日本軍の性奴隷として踏みにじられた姉たち
軍夫として犠牲になった兄たちに深く頭を垂れる

やがて固く結んだ鳳仙花の種が弾け
相互の海を越えて花咲くことを信じて

兄姉よ、あなたたちの辿った苦難を語り継ぎ
地球上から戦争と軍隊を根絶することを
この地に果てた兄姉の魂に
私たちは誓う

（安里英子　作）

詩文は、日本兵が朝鮮の若者を連行するところを母親《オモニ》が叫ぶ様を表したブロンズ像のかたわらで共に風雨にさらされるにまかせている。

これまでの追悼会を開催するなどの活動に加えて、私たちは、新たに「朝鮮人軍夫問題研究会」を立ち上げ、これまで出された軍夫に関する資料の収集と読み込み、聞き取り調査、沖縄戦時における軍夫の足取り調査などの活動を開始した。

「慰安婦」問題や「軍夫」など次第にその事実や実態が明らかになりつつあるに関わらず、政府は戦後七〇年経ても未だに事実を認めようとはせず、植民地政策の反省・謝罪をしようとはしていない。日本の戦後の政治の出発の誤りは、第一にそのことが問われなければならない。その過ちは現在の朝鮮半島の分断政策へとつながり、北東アジアの平和を不安定なものにしている。本来日本は東アジアの核となって、平和外交を進めていかなければならない立場のはずだが、相変わらずアメリカに追従

して、自衛隊や米軍基地の増強に手を汚している。

戦後、沖縄がなぜ日本から解放されなかったのか。アジアや世界の近現代史の中で琉球・沖縄の位置をよく見ていく必要があるだろう。アジアや世界戦略の中で、アメリカは沖縄の軍事化を見据えていた。

大国に翻弄される沖縄ではなく、真に沖縄が主体として生きるすべを、私は探って行きたいと思う。これまで、八〇年代から私なりの自治論を「シマ論」として書いてきた。民族国家の形成ではなく、新しい「地域連合社会」の形成である。沖縄では、戦後様々な形で、独立論が沸騰してきた。今、比較的若い世代が独立の問題を議論し始めている。しかし、どのような社会を目指すかという議論はこれからであり、今の独立論はむしろ日本への抵抗運動としてとらえるべきなのかもしれない。琉球の単一的な民族国家の形成よりも私は、現在の国境を越えた地域連合の社会を目指したい。

独立独歩の気概を！

伊佐眞一

二日間にわたる今回の座談会に、どういう経緯でこのメンバーが集められたのか、いまもって私は何も知らない。がしかし、一九五一年生まれの私が、参加者中一番の年少者として、一九三〇年代と四〇年代生まれの方々が辿った戦前・戦中・戦後の体験を、じかにゆっくりと聞くのは愉しかった。つい聞き惚れてしまって、自分がしゃべるのがどうでもよくなったような気がしないでもなかった。私の発言がほかの方に較べて少なかったのは、そのせいである（活字になったのは、かなりの部分をあとで補足したからだとご承知おき願いたい）。

長時間にわたる座談を終えての感想だが、まず何よりも思ったのは、宮古島、石垣島、平安座島、沖縄島の琉球諸島に生をうけた者が、地域それぞれの特性に加えて、職業や専門、年齢差にもかかわらず、「琉球・沖縄」について何の違和感もなく、過去の来歴から現在までについて、すんなりと議論しあえるということであった。互いに旧知の間柄とはいえ、やはり一言してしかるべきだと思う。論じる内容はおもに「琉球処分」「沖縄戦」「日本復帰」の世替り後の社会に惹起した問題ではあったが、ときとして自然の流れのごとく近世や古代はむろんこと、万年単位の過去にまで一瀉千里に行きつ戻りつしながら対話ができるというのは、日本国内の他府県では非常に珍しいのではないだろうか。そこで、初日の冒頭において、①沖縄の現状をどう考えているか　②これからの沖縄をどうしたいのか　③未来世代の子供たちに何を残したいか、との設問があったので、その点をごく簡単に整理して私の総括としたい。

一番目の沖縄の現状といった場合、それが沖縄の何を具体的に指しているのかという細かいことはさておき、座談会では直接的な言及がなかったにもかかわらず、日本政府と沖縄県当局のあいだで尖鋭化している政治状況が、参加者全員の念頭にあったことはいうまでもありません。このあからさまな対立に沖縄の社会全体にわたる現状が集約的にあらわれているという意味です。そして、両者の緊張とつばぜり合いが代表民主制のトップの者だけでなく、多くの国民のそれでもある点が肝心だろうと思うのです。新聞の投書欄や普段の世間話のなかでも、このことが普通の話題として語られるのが何よりの証拠でしょう。

これまで、日本国のなかで特異な個性をもつ地域として、日本本土つまりヤマトとはかなり違う場所とみられてきたことは、亜熱帯の外国風リゾート、観光産業のターゲットとしてあり続けてきた土地との世評と結びついています。そのなかで暮らしている人間としてはそれとは大きく矛盾した姿をいつも意識していただけに、ここ数年の、米軍基地をめぐる日本政府の、沖縄におけるほとんどすべての選挙結果の民意・総意を無視した、文字通り有無を言わせず上から軍事基地を強引に押しつけていく態度に、さすがのテーゲーで温厚な？沖縄人も堪忍袋の緒が切れたようにみえるわけです。

しかし、こうした次々と繰り出される政府の理不尽極まる行為に対する怒りの爆発を誘発させたエネルギーは、いったい何がもとになっているのか。それは、沖縄が辿ったこれまでの歴史を知ったからだと思います。いや、知ったというのは正確ではなくて、わが身にひしと迫る追体験の歴史として、過去の陰鬱で重苦しい歴史に由来するとの自覚が起因のような気がするのです。人によっては島津の琉球侵略にまで遡ることもありますが、大抵は琉球王国を武力で併合し滅亡させた琉球処分以降の歴史につよく喚起されたでしょうし、沖縄戦のあとアメリカ軍統治下に切り捨てられた二七年間を意識してのひとも多いのかもしれません。まさにひとさまざまですが、差別というしかない沖縄の処遇、つまり自分たち沖縄はどう取り扱われたのか、との問題提起です。一九五〇年代にも「島ぐるみ」といわれるような沖縄をあげての運動がありましたけれども、沖縄民衆自身による積極的な自学自習が、私たち沖縄とヤマトとの関係はどうなっているのか、沖縄人とはそもそもどんな存在なのかという問いに、各人が結論を出した結果の集約が、沖縄の現状だと考えます。

では、二番目の設問、沖縄をどうするのかについては、これも多方面からの回答が中期的な目標、あるいは長期的なありうべき姿として提示されましょうが、一番目との関連からいえば、私は喫緊の行動として、何はさておいても辺野古への新基地建設を阻止する行動が求められていると考えます。ヤマトのメディアなどは、よく普天間基地の「移設」問題と言ったり書いたりしてますが、普天間のアメリカ海兵隊基地が辺野古にたんに場所移動するのではありません。沖縄では「新基地建設」というのが常識ですけれど、辺野古崎の埋め立てと同時に、大型艦船の接岸が可能となって、辺野古弾薬庫への核の貯蔵を含むあらゆる兵器類が自由に出入可能となるのです。そして、辺野古のキャンプ・

シュワブからのキャンプ・ハンセンなどに陸続き合体することで、壮大な一大軍事基地が浮かび上がるのです。基地の縮小どころか、埋め立て地が国有地になることで、今後さらに百年以上もの年月にわたって、最新鋭の基地が沖縄の北部に固定することを意味します。

沖縄戦の、言葉を失わせるとしか言いようのない、ありとあらゆる悲惨と人間の醜さを目にし、そのなかをやっと生きのびてきた沖縄人が、身にしみて思い知った教訓に照らし合わせれば、辺野古への新基地建設は何はさておいても絶対に拒否し、阻止すべきものです。

そして、最後の未来の子供たちに何を残したいか、のメッセージですが、第一と第二の回答からすれば、理の当然として、自衛隊をふくむ軍事基地化した島嶼から脱却した沖縄——その大きな目標に向かう決意を固め、日々私たちが実践し続ける行動を強調したいと思います。それと関連しますが、この座談会を閉じるに際し、藤原さんが伊波普猷の遺作、『沖縄歴史物語——日本の縮図』からの言葉を引かれました。「にが世」から「あま世」への世界を夢想した、沖縄の個性を存分に発揮した姿についての、あまりにも有名な箇所です。のちの世代に「斯くありたいと希望することは出来ても、斯くあるべしと命令することは出来ない」との箇所は、たしかに彼のいうとおりですが、近来の沖縄の人たちの自分自身をみつめる、内発的なアイデンティティの澎湃としたうねりは、必ずしも一時的な感情の高揚でないと私は感じています。それだけに、伊波さんが敗戦から二年後に口にした一節、「現在の世界情勢から推すと、自分の運命を自分で決定することの出来ない境遇におかれてゐる」との当時の認識は、いまの沖縄人にはすんなりと受け入れられないのではないかと思います。

伊波さんのこの遺言は、まったく無効だとまでは言いませんが、現在ではそれほどの力を持っているとは言い難いのではないでしょうか。自分たちのことは自分たちで決める「自己決定権」が、いまや沖縄では日本政府に対してのみならず、自己のありようを論じる際の切り札のごとき共通認識になっているからです。その点では、現在も沖縄に日米同盟の軍事的要石の役割を与えているヤマトとアメリカ、そしてすぐ目前に中国と向き合っている沖縄としては、伊波さんのいうとおり厳しい国内及び世界情勢下にあります。しかし、そうした現実を承知しつつも、伊波さんがいうように、沖縄人が幸福になれるかどうかは「沖縄史の範囲外にある」との思考は、二〇一五年現在の私たち沖縄人にはないはずです。

論より証拠、この原稿を書いている最中の九月二十一日に、翁長沖縄県知事がジュネーブの国連人権理事会で、日米両政府による沖縄の人権侵害を訴える英語演説をしました。人権侵害の最たる軍事基地が戦後七〇年ものあいだ、いかに歴史的存在としての沖縄を苦しめ、さらになおこれからも侵害し続けることに対する抗議と、沖縄には Self-determination and human rights があると宣言した世界への発信です。これを受けて、日本政府の嘉治という女性の次席大使は、沖縄には経済振興を施しているとか、日米両政府が合意し管理している米軍基地での人権侵害は討議になじまないなどと、顔をこわばらせて反論にもならない弁解をしたと新聞は伝えています。考えてみれば、「人権」や「自由」を権力との血みどろのなかで闘い取った経験のない国民には、そうした権利を自分の手で大きな代償を払って獲得した喜び、それを失ったときの悲惨さはとてもわからないでしょう。

伊波さんの先の著書は一九四七年に出ていて、琉球処分から六八年目のことでした。そして今年は彼の死からちょうど六八年です。まったくの偶然にすぎない数字ですが、自己決定権への高まりは、けっして東アジアの小さな列島だけのものではなく、昨年のスコットランドに続いて、つい一昨日九月二十七日にはカタルーニャ自治州議会選挙のニュースが世界を駆け巡りました。そうした人びとの動きとも沖縄の主張は共振しているように感じられます。自治、自立、独立、共和社会などなど、いろいろな用語に込められた沖縄の人びとの思いがどんな社会構想となって具体化していくのか、それはひとえに私たち自身にかかっています。私は、どれを目標にした方がいいのか意見はありますが、どんな社会を目指すにせよ、沖縄の若い世代もふくめて、すべての沖縄人に希望したいのは、みずからのことはみずから律して生きていくという、独立独歩の精神を忘れてならないということです。歴史や文化のみならず、地理的条件などがどんなに有利に揃ったところで、この自持心がなければどうにもなりません。協力や共同、共生もまずはこの昂然たる気概があって初めて、一歩を踏み出すことができると思います。痩せても枯れても他人の世話にならずに生きていくという、ごく平凡な結論になりますが、しかし、沖縄の歴史を振り返ってみて、これほど沖縄の人間にいま必要なものはないと私は信じています。

後列右から我部政男、川満信一、伊佐眞一、海勢頭豊、三木健、安里進。
前列右から　藤原良雄、安里英子。

編集後記

琉球はわたしの第二のふるさとである。十年前くらいであろうか、「瀬戸内の研究家である名護博さんから一冊の本が送られてきた。『邪馬台国総合説　赤椀の世直し』。この中に、約二千年前の西日本の弥生時代遺跡から沖縄産のゴホウラ貝で作った腕輪が大量に出土している。又、瀬戸内海の〝神の島〟といわれる大三島で伝わる歌謡からゴホウラ貝のことが出ている」と海勢頭豊氏から聞かされた。わたしのふるさと大三島の地と琉球がつながっている。それまでにも琉球に来るとふしぎな安らぎを感じてはいたが、海勢頭氏からこのことを聞くに及び、その距離は一挙に縮まった。

古来より、日本と琉球は交流があった。文書で残される以前から。近代国家が誕生して以来、国家間の紛争はより熾烈なものとなっていった。琉球と日本も然りだ。

この座談会の中でも、参加者は裃を脱いで率直に肉声を闘わせていただいた。司会の稚拙さも手伝ってあまりまとまったものにはならなかったかもしれないが、多様な各人の正直な思いは出していただいたのではないだろうか。

今、基地の島沖縄に住む人々は、声をあげて何とかして欲しいと、日本及びアメリカに訴えている。この米―日―沖の支配・従属構造は、戦後七十年間に作られて久しいが、米はともかく、独立国日本の支配者にこの構造・関係を変える気がないということか。沖縄に〝自治〟がないのはいうまでもないが、独立国日本にも〝自治〟はない。

本企画は、戦後七十年を機に、今一度〝自治〟とは何か、を琉球及び日本の関係から考察してみたかった。

（藤原良雄）

2009年　鳩山由紀夫民主党代表が沖縄人の前で米軍基地の「県外移設」を約束する。福岡高裁那覇支部の公金支出差し止め判決により泡瀬干潟埋め立て事業が中止となる。沖縄道州制懇談会が沖縄の特例型単独道州制を望ましいとする提言書を県知事に提出。

2010年　国連人種差別撤廃委員会が沖縄への基地集中を「人種差別」であるとして日本政府に改善を勧告。普天間基地の移設先を名護市辺野古、徳之島とする日米合意が締結。普天間飛行場の県内移設に反対する約9万人の集会が沖縄で開催。徳之島で普天間基地徳之島移設に反対する1万5千人規模の島民集会が開催。前原誠司沖縄担当大臣が泡瀬干潟埋め立て事業を再開させる。

2011年　東日本大震災。仲井真弘多知事、訪米し県外移設を要求。民主党政権は名護市辺野古への移設方針を崩さず。米国務省日本部長、沖縄防衛局長の沖縄に対する暴言。第5回世界のウチナーンチュ大会。沖縄振興一括交付金が創設。中国人観光客を対象に数次査証（ビザ）を導入。

2012年　MV22オスプレイを普天間飛行場に配備。県議会超党派、全41市町村が参加した県民大会に10万人超が結集し、配備に抗議。米兵による集団女性暴行致傷などの事件が続き、深夜外出禁止令。沖縄振興法、跡地法の2法が成立し、一括交付金が創設される。沖縄科学技術大学院大学が開学。

2013年　普天間飛行場の県外移設とオスプレイ配備撤回を求め、全41市町村の首長や県議会各会派が「建白書」を携え東京行動。琉球民族独立総合研究学会（ACSILs）設立。キャンプ・ハンセンへの米軍ヘリ墜落事故。「南ぬ島石垣空港」開港。県外移設を掲げて当選した沖縄県選出の自民党国会議員が辺野古移設容認に転じ、県連も方針転換。仲井真弘多知事が辺野古の埋め立てを承認。

2014年　辺野古移設反対の稲嶺進名護市長再選。辺野古基地移設反対のため保守・革新の対立を超えた「オール沖縄」を訴えた翁長雄志知事が誕生。沖縄の人々の「先住民族」としての権利を保護するよう国連の人種差別撤廃委員会が日本政府に勧告する最終見解。衆院選で沖縄の四選挙区すべてで「辺野古ノー」を掲げた候補が当選。

2015年　翁長知事が仲井真前知事の埋立承認を取り消し。石井啓一国土交通相が取り消しの効力を停止。政府は承認取り消しは違法として代執行訴訟を高裁に提起。

1996年　普天間飛行場の返還が決定。基地問題で全国初の県民投票。沖縄特別振興対策調整費が計上。基地の強制使用のための駐留軍用地特別措置法が改正。大田昌秀知事が最高裁で行われていた代理署名訴訟で敗訴。

1997年　日米両政府は普天間飛行場の移設先を名護市辺野古に決めるが、同年、行われた名護市民投票で移設反対の意見が過半数を占めた。

1998年　大田知事、海上ヘリ基地の受け入れの拒否を表明。不況打開を打ち出した稲嶺恵一氏が知事選で当選。辺野古の海上基地建設予定地でジュゴンを確認。珊瑚の白化現象が琉球弧全体に拡大。

1999年　稲嶺知事、海上ヘリ基地の受け入れを表明。アマミノクロウサギ、アマミヤマシギ、オオトラツグミ、ルリカケスを原告に奄美「自然の権利」訴訟が行われる。

2000年　「琉球王国のグスク及び関連遺産群」の世界文化遺産への登録、G8サミットが沖縄島で開催。

2001年　米国同時多発テロにより観光業が大打撃をうける。長期不況で県内失業率が過去最悪の9.4%を記録。

2002年　「沖縄振興特別措置法」に基づく沖縄振興計画が実施。沖縄開発庁が内閣府沖縄担当部局に名称変更。米軍普天間飛行場の代替施設を名護市辺野古沖のリーフ上に建設決定。

2003年　菅直人民主党代表が那覇市で「米海兵隊がいなくなっても極東の安全は維持できる」と述べる。

2004年　鹿児島地方法務局瀬戸内出張所廃止。「改正奄美群島振興開発特別措置法」が実施。沖縄国際大学に普天間基地所属の米海兵隊ヘリコプターが墜落。西表島の大型リゾートがオープン。

2006年　米軍再編により在沖海兵隊員8000人のグアム移設、辺野古の新米軍基地の形態や位置、沖縄島中南部の基地削減、米軍と自衛隊との共同訓練の強化等が決定。米陸軍、沖縄に弾道ミサイル迎撃用のPAC-3を配備。

2007年　文部科学省が沖縄集団自決を歴史教科書から抹消しようとする教科書検定に対して約11万人の反対集会が沖縄で開催。

1971年　「沖縄返還協定」が日米間で調印。屋良主席が下地島空港に関する「屋良覚書」を日本政府に提示。

1972年　施政権が日本政府に返還され、沖縄県となる。東京に沖縄開発庁が、那覇市に沖縄総合事務局が設置。沖縄振興開発金融公庫の設立。「沖縄振興開発特別措置法」、第1次沖縄振興開発計画の実施。

1973年　石油備蓄基地建設を巡り屋良朝苗知事と「金武湾を守る会」が対立。沖縄特別国民体育大会（若夏国体）の開催。東亜燃料が枝手久島に石油コンビナート建設を計画。

1974年　「奄美群島振興特別措置法」を「奄美群島振興開発特別措置法」に改正。

1975年　沖縄国際海洋博覧会が開催。

1976年　徳之島町議会、核燃料再処理工場建設反対を決議。

1978年　一国一交通方式に基づき、車の道路右側走行が左側走行に変更。久高島のイザイホーが12年ぶりに行われる。

1979年　与那国島で石油備蓄基地誘致問題が浮上。下地島空港が開港。

1980年　「平和をつくる沖縄百人委員会」結成。平安座島の石油備蓄基地、沖縄ターミナルから石油が流出。

1981年　沖縄県知事が沖縄開発庁長官に対し、「沖縄振興開発特別措置法」の10年延長と高率補助の継続を要請。

1982年　嘉手納基地周辺住民が爆音訴訟を起こす、第2次沖縄振興開発計画の実施。

1986年　君が代、日の丸の実施を巡り卒業式、入学式が混乱。

1990年　沖縄県庁が「リゾート沖縄マスタープラン」を作成。世界のウチナーンチュ大会開催。

1992年　首里城復元。新石垣空港問題で、県は宮良案を提示。

1994年　「奄美群島振興開発特別措置法」の改正。

1995年　「平和の礎」完成。米兵による女子児童暴行事件の発生。大田昌秀知事、米軍基地の代理署名を拒否。日米地位協定の見直しを要求する沖縄県民総決起大会が開催され、「復帰」後最大規模の反基地集会となる。

1954年　米国民政府が地代の一括払い方針を提示。米軍が沖縄島で1万8000ヘクタールを買い上げ、3500世帯を八重山諸島に移住させると発表。「奄美群島復興特別措置法」公布。南琉球に住む奄美出身者に対し、臨時外国人登録を実施。アイゼンハワー米大統領が一般教書において「沖縄を無期限に管理する」と言明。

1955年　米軍人による幼女暴行惨殺事件（由美子ちゃん事件）が発生。

1956年　プライス勧告の発表。島ぐるみ闘争が始まる。「沖縄土地を守る会総連合」結成。八重山開発期成会が開催。米陸軍が西表島で軍事演習を実施。アイゼンハワー米大統領が予算教書において「沖縄の無期限確保」を言明。

1957年　米陸軍、西表島・石垣島で落下傘下降演習を実施。

1958年　B円からドルに通貨変更。米国民政府が西表島開発計画を発表。琉球国民党結成。

1959年　石川市宮森小学校に米軍機が墜落（死者17人、負傷者121人）。西表島開発期成会が結成。奄美群島復興特別措置法改正。

1960年　アイゼンハワー大統領が南琉球訪問。沖縄県祖国復帰協議会の結成。西表調査団（林四郎団長以下43人）が西表島を開発調査。南琉球において奄美出身者の永住が認められる。沖永良部島で米兵による傷害事件が発生し、米兵の逮捕を求めて群衆が交番を取り囲む。

1963年　キャラウェイ高等弁務官が「自治神話」演説を行う。アマミノクロウサギが特別天然記念物に指定。

1964年　「奄美群島復興特別措置法」を「奄美群島振興特別措置法」に改正。奄美空港の開港。

1966年　名護市辺野古の海を埋め立てて滑走路、軍港を建設する計画を米海兵隊と米海軍が作成。

1967年　嘉手納基地から廃油が住民地区に流出。

1968年　初めての公選知事に屋良朝苗が選出。戦略爆撃機Bの嘉手納基地常駐化、ベトナム爆撃に向かう。

1969年　佐藤・ニクソン会談で1972年の南琉球返還が決定。奄美群島振興特別措置法が改正。

1970年　コザ市で反米騒動。戦後初の国会議員選挙の実施。

1909年　特例府県制が施行され、初めて県会議員選挙が実施。

1911年　河上肇の「舌禍事件」（来沖講演で、琉球の独自性と非国家主義を賞賛して物議をかもす）。

1912年　衆議院議員選挙法施行（宮古・八重山地域は除く）。

1919年　衆議院議員選挙法改正（宮古・八重山地域を含め定員5人）。

1924年　ソテツ地獄が発生（昭和初期頃まで）。

1934年　沖縄県振興15箇年計画の実施。

1940年　柳宗悦らによる方言論争が始まる。

1944年　学童疎開船・対馬丸が米潜水艦に撃沈され、1661人死亡。

1945年　沖縄守備軍三二軍による組織的戦闘が終了。米軍政府、沖縄諮詢会を設立。石垣島において八重山自治会が結成され、12月15日から23日まで住民自治による行政が行われる。

1946年　マッカーサー、日本と南西諸島の行政分離を宣言。沖縄議会発足。奄美群島臨時北部南西諸島となり、大島支庁がおかれる。

1947年　沖縄民主同盟結成。奄美諸島と日本列島との間の航海が全面的に禁止。奄美共産党結成。昭和天皇が連合国最高司令官政治顧問に沖縄の米軍統治に関する「天皇メッセージ」を出す。

1948年　宮古島の住民が計画移民として西表島に入植。

1950年　日本列島と奄美諸島との定期航路が復活。GHQが「沖縄に恒久的基地建設を始める」と発表。沖縄群島政府、沖縄群島議会が発足。沖永良部島に米軍基地が建設される。

1951年　サンフランシスコ講和条約が調印され、北緯29度以南の琉球弧が米国の統治下におかれる。沖縄群島議会が日本復帰要請決議案を採択。奄美大島日本復帰協議会が結成。

1952年　琉球政府発足。第1回立法院議員選挙の実施。琉球政府奄美地方庁が設置。

1953年　奄美諸島で第26回日本復帰断食祈願群民大会開催。奄美諸島が「日本復帰」。土地収用令公布、土地の強制収用が実施。西表島に大富共同売店が設立。

1871年　宮古島島民54人が台湾において殺害される。廃藩置県により、奄美諸島は鹿児島県の一部となる。家人(ヤンチュ)解放令が発出。

1872年　明治政府、琉球藩を設置、尚泰を藩王とし、華族にする（「琉球処分」～1879年）。日本政府、琉球藩の外交権を停止させ、外務省の管轄とする（在番奉行を廃止し、外務省出張所を設置）。王府、清国に進貢使を派遣。

1873年　海軍省水路寮、琉球全島の測量を開始。奄美諸島において黒糖自由売買運動が始まる。

1874年　琉球藩、内務省の管轄となる。台湾問題につき日清議定書調印。

1875年　徳之島と奄美大島において家人たちによる解放運動が始まる。

1879年　明治政府の琉球処分官・松田弘道が、300名の兵隊と160余名の警察官を率いて首里城明け渡しを命じる。沖縄県をおく。

1880年　県庁に会話伝習所を設置、日清間で分島・改約問題を協議。分島改約の予備交渉において李鴻章は琉球を中国や日本の領土でない独立の国と明言。日清両国は、沖縄島以北を日本領、宮古八重山を清国領とする「琉球分割条約」に合意するものの調印にいたらず。

1882年　第1回県費留学生が日本の諸教育機関に派遣。

1884年　古賀辰四郎、尖閣列島を探検。

1887年　中学校・師範学校で兵式訓練開始。伊藤博文総理大臣、大山巖陸軍大臣、仁礼景範海軍軍令部長等が軍事視察のため来県。

1892年　宮古島で人頭税廃止運動がおこる。

1894年　謝花昇、杣山開墾問題で奈良原繁知事と対立。

1896年　尖閣列島を八重山諸島に編入。軍事目的で那覇と鹿児島間に海底電信が敷設。

1898年　沖縄島に徴兵令施行（宮古・八重山諸島は1902年より)。

1899年　沖縄県土地整理法公布。第1回ハワイ移民団が出発。

1900年　玉置半右衛門、南大東島の開墾開始。サトウキビ栽培のモノカルチャーが同島に拡がる。

1903年　土地整理が完了し、宮古・八重山諸島の人頭税廃止。大阪の勧業博覧会で人類館事件が発生。

1905年　宮古島の漁民がバルチック艦隊通過を石垣島の電信局に通報。

琉球近世・近代史年表（1609-2015）

1609年　島津氏が軍勢約3000名で奄美大島、徳之島、沖永良部島、沖縄島に侵略、制圧。尚寧王捕虜となる。

1610年　尚寧王、島津家久に従って徳川家康に会う。島津氏、琉球で検地を実施。

1624年　島津氏、奄美諸島を琉球王国から切り離し、サトウキビを強制耕作させるなど、過酷な支配体制を敷く。

1631年　島津氏、那覇に琉球在番奉行をおく。

1634年　幕府に慶賀使を初めて派遣（「江戸上り」はじまる）。

1650年　羽地朝秀が『中山世鑑』を編集。

1714年　新井白石、荻生徂徠が程順則（琉球国使節）と会見。

1719年　玉城朝薫の組踊が始めて上演。

1728年　蔡温が三司官となる。

1734年　蔡温が農務帳を公布。

1771年　明和の大津波により先島諸島で1万1851人死亡。

1816年　イギリス船来航。

1844年　フランス軍艦来航し、通好・貿易・布教を要求、宣教師2人を残す。

1845年　イギリス船が八重山諸島を測量。

1846年　フランス船来航し、通好を要求。

1853年　ペリー艦隊、日本渡航の前に来琉し、首里城訪問。

1854年　ロシアのプチャーチン来航、琉米修好条約締結。

1855年　琉仏修好条約締結。

1859年　琉蘭修好条約締結。

1866年　清国から最後の冊封使来琉。

1867年　パリ万博に薩摩藩が琉球国勲章を出品。

これからの琉球《りゅうきゅう》はどうあるべきか

2016年 1 月30日　初版第 1 刷発行©

編　者　藤原書店編集部

発行者　藤　原　良　雄

発行所　株式会社　藤　原　書　店

〒 162-0041　東京都新宿区早稲田鶴巻町 523

電　話　03（5272）0301

F A X　03（5272）0450

振　替　00160 - 4 - 17013

info@fujiwara-shoten.co.jp

印刷・製本　中央精版印刷

落丁本・乱丁本はお取替えいたします

定価はカバーに表示してあります

Printed in Japan

ISBN978-4-86578-060-4

沖縄研究の「空白」を埋める

沖縄・一九三〇年代前後の研究

川平成雄

「ソテツ地獄」の大不況から戦時経済統制を経て、やがて戦争へと至る沖縄。その間に位置する一九三〇年前後。沖縄近代史のあらゆる矛盾が凝縮したこの激動期の実態に初めて迫り、従来の沖縄研究の「空白」を埋める必読の基礎文献。

Ａ５上製クロス装函入　二八〇頁　三八〇〇円
（二〇〇四年一二月刊）◇978-4-89434-428-0

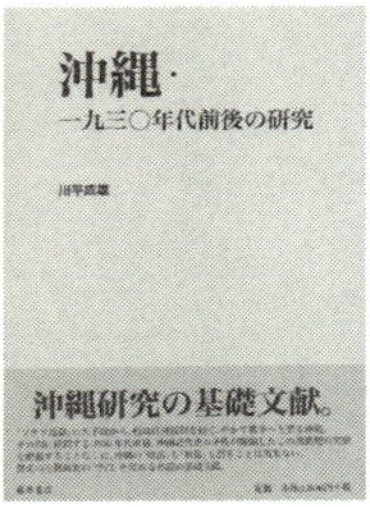

沖縄はいつまで本土の防波堤／捨石か

ドキュメント 沖縄 1945

毎日新聞編集局　玉木研二

三カ月に及ぶ沖縄戦と本土のさまざまな日々の断面を、この六十年間に集積された証言記録・調査資料・史実などを駆使して、日ごとに再現した「同時進行ドキュメント」。平和・協同ジャーナリスト基金大賞（基金賞）受賞の毎日新聞好評連載「戦後60年の原点」、待望の単行本化。

写真多数

四六並製　二〇〇頁　一八〇〇円
（二〇〇五年八月刊）◇978-4-89434-470-9

「沖縄問題」とは「日本の問題」だ

「沖縄問題」とは何か

（「琉球処分」から基地問題まで）

藤原書店編集部編

大城立裕／西里喜行／平恒次／松島泰勝／金城実／島袋マカト陽子／高良勉／石垣金星／増田寛也／下地和宏／海勢頭豊／岩下明裕／早尾貴紀／後田多敦／久岡学／前利潔／新元博文／西川潤／勝俣誠／川満信一／屋良朝博／真喜志好一／佐藤学／櫻田淳／中本義彦／三木健／上原成信／照屋みどり／武者小路公秀

四六上製　二八〇頁　二八〇〇円
（二〇一一年二月刊）◇978-4-89434-786-1

新史料発掘による画期的成果！

近代日本最初の「植民地」沖縄と旧慣調査 1872-1908

平良勝保

「琉球藩設置」（一八七二）と「琉球処分」（一八七九）で「琉球国」は「沖縄県」となるが、「島嶼町村制」施行（一九〇八）までには〝植民地併合〟の如き長い過程があった。「琉球／沖縄」という歴史の主体から捉え直した「近代沖縄」の歴史。

Ａ５上製　三八四頁　六八〇〇円
（二〇一一年一一月刊）◇978-4-89434-829-5

琉球文化の歴史を問い直す

別冊『環』❻

琉球文化圏とは何か

〈対談〉**清《ちゅ》らの思想**　海勢頭豊＋岡部伊都子

〈寄稿〉高嶺朝一／来間泰男／宇井純／浦島悦子／安里英子／石垣金星／渡久地明／高江洲義英／松島泰勝／名護博／嘉手納安男／安里進／真久田正／豊見山和行／後田多敦／比嘉道子／又吉盛清／島袋まりあ／前利潔／下地和宏／石垣博孝／上勢頭芳徳／米城惠／比嘉政夫／西岡敏／波照間永吉／具志堅邦子／金城須美子／ルバース吟子／高嶺久枝／前嵩西一馬／多和田真助／田川満信一／島袋純／高良勉／屋嘉比収／目取真俊／仲康博／与那嶺功／米倉外昭／幸喜良秀／仲本瑩／宮城公子／西里喜行／比屋根照夫／伊佐眞一／石川友紀／中根学／真栄平房昭／三木健／宮城信勇／稲福日出夫／宮城晴美／由井晶子／新崎盛暉

〈シンポジウム〉岡部伊都子／川勝平太／松島泰勝／櫻井よしこ／上原美智子／我部政明／仲地博／大城常夫／高良勉

菊大並製　三九二頁　**三六〇〇円**　（二〇〇三年六月刊）

◇978-4-89434-343-6

沖縄から日本をひらくために

真振 MABUI

海勢頭豊

写真＝市毛實

沖縄に踏みとどまり魂（ＭＡＢＵＩ）を生きる姿が、本島や本土の多くの人々に深い感銘を与えてきた伝説のミュージシャン、初の半生の物語。喪われた日本人の心の源流である沖縄の、最も深い精神世界を語り下ろす。

＊ＣＤ付「月桃」「喜瀬武原」

Ｂ５変並製　一七六頁　**二八〇〇円**　（二〇〇三年六月刊）

◇978-4-89434-344-3

卑弥呼はヤマトの救世主だった！

卑弥呼コード

龍宮神黙示録

海勢頭豊

沖縄の聖域ウタキと日本の聖地との係りから、卑弥呼は沖縄の平和思想を広め、倭国の世直しをした救世主だったことを明かす。平安座島の龍宮神を祀る家に生まれた著者が、島の言葉やしきたりの謎を解いていくドキュメンタリーに、小説「神の子姫子の物語」を織り交ぜ、ヤマトが知らなかった卑弥呼の真実に迫る。

Ａ５並製　三七六頁　**二九〇〇円**　（二〇一三年五月刊）

◇978-4-89434-916-2

いま、琉球人に訴える！

琉球の「自治」

松島泰勝

軍事基地だけではなく、開発・観光のあり方から問い直さなければ、琉球の平和と繁栄は訪れない。琉球と太平洋の島々を渡り歩いた経験をもつ琉球人の著者が、豊富なデータをもとにそれぞれの島が「自立」しうる道を模索し、世界の島嶼間ネットワークや独立運動をも検証する。琉球の「自治」は可能なのか⁉

附録　関連年表・関連地図

四六上製　三五二頁　**二八〇〇円**　（二〇〇六年一〇月刊）

◇978-4-89434-540-9

歴史から自立への道を探る

沖縄島嶼経済史
(一二世紀から現在まで)

松島泰勝

古琉球時代から現在までの沖縄経済思想史を初めて描ききる。沖縄が伝統的に持っていた「内発的発展論」と「海洋ネットワーク思想」の史的検証から、基地依存／援助依存をのりこえて沖縄が展望すべき未来を大胆に提言。

Ａ５上製　四六四頁　**五八〇〇円**
(二〇〇二年四月刊)
◇978-4-89434-281-1

いま、琉球人に訴える!

琉球の「自治」

松島泰勝

軍事基地だけではなく、開発・観光のあり方から問い直さなければ、琉球の平和と繁栄は訪れない。琉球と太平洋の島々を渡り歩いた経験をもつ琉球人の著者が、豊富なデータをもとにそれぞれの島が「自立」しうる道を模索し、世界の島嶼間ネットワークや独立運動をも検証する。琉球の「自治」は可能なのか!?

附録　関連年表・関連地図
四六上製　三五二頁　**二八〇〇円**
(二〇〇六年一〇月刊)
◇978-4-89434-540-9

中国vs台湾——その歴史的深層

中台関係史

山本　勲

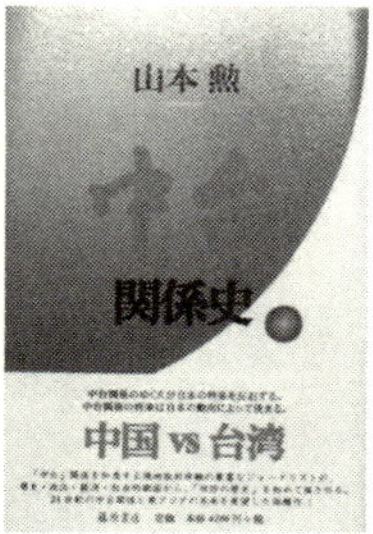

中台関係の行方が日本の将来を左右し、中台関係の将来は日本の動向によって決まる——中台関係を知悉する現地取材体験の豊富なジャーナリストが歴史、政治、経済的側面から「攻防の歴史」を初めて描ききる。新時代の中台関係と東アジアの未来を展望した話題作。

四六上製　四四八頁　**四二〇〇円**
(一九九九年一月刊)
◇978-4-89434-118-0

最後の〝火薬庫〟の現状と展望

「東アジアの火薬庫」
中台関係と日本

丸山勝＋山本勲

人口増大、環境悪化が進行する中で海に活路を求める大陸中国と、陳水扁総統就任で民主化の新局面に達した台湾。日本の間近に残された東アジア最後の〝火薬庫〟＝中台関係の現状と展望を、二人のジャーナリストが徹底分析。日本を含めた東アジア情勢の将来を見極めるのに最適の書。

四六並製　二六四頁　**二二〇〇円**
(二〇〇一年二月刊)
◇978-4-89434-220-0

今、アジア認識を問う

「アジア」はどう語られてきたか
（近代日本のオリエンタリズム）

子安宣邦

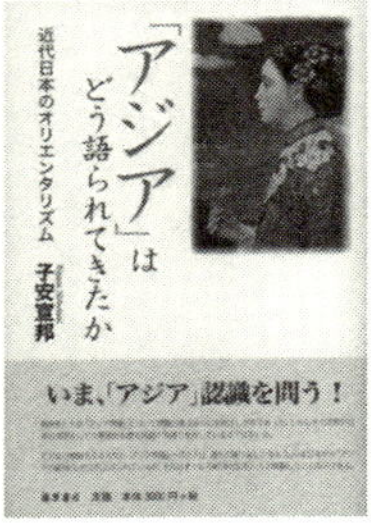

脱亜を志向した近代日本は、欧米への対抗の中で「アジア」を語りだす。しかし、そこで語られた「アジア」は、脱亜論の裏返し、都合のよい他者像にすぎなかった。再び「アジア」が語られる今、過去の歴史を徹底検証する。

四六上製　二八八頁　三〇〇〇円
（二〇〇三年四月刊）
◇978-4-89434-335-1

日韓近現代史の核心は、「日露戦争」にある

歴史の共有体としての東アジア
（日露戦争と日韓の歴史認識）

子安宣邦＋崔文衡

近現代における日本と朝鮮半島の関係を決定づけた「日露戦争」を軸に、「一国化した歴史」が見落とした歴史の盲点を衝く！　日韓の二人の同世代の碩学が、次世代に伝える渾身の「対話＝歴史」。

四六上製　二九六頁　三二〇〇円
（二〇〇七年六月刊）
◇978-4-89434-576-8

トインビーに学ぶ東アジアの進路

文明の転換と東アジア
（トインビー生誕一〇〇年アジア国際フォーラム）

秀村欣二監修
吉澤五郎・川窪啓資編

地球文明の大転換期、太平洋時代の到来における東アジアの進路を、トインビーの文明論から模索する。日・韓・中・米の比較文明学、政治学、歴史学の第一人者らによる「アジアとトインビー」論の焦点。「フォーラム全記録」収録。

四六上製　二八〇頁　二七一八円
（一九九二年九月刊）
◇978-4-938661-56-4